Comunicação, Consumo e Espaço Urbano: novas sensibilidades nas culturas jovens

Comunicação, Consumo e Espaço Urbano: novas sensibilidades nas culturas jovens

Everardo Rocha
Maria Isabel Mendes de Almeida
Fernanda Eugenio
(organizadores)

EDITORA PUC RIO

Mauad X

Mauad Editora
Rua Joaquim Silva, 98 – 5º andar
Lapa – Rio de Janeiro – RJ
CEP: 20.241-110
Tel.: (21)3479-7422
Fax: (21)3479-7400
Site: www.mauad.com.br

Revisão de Originais
Débora de Castro Barros

Capa e Projeto Gráfico
José Antonio de Oliveira

Editora PUC-Rio
Rua Marquês de S. Vicente, 225 – Projeto Comunicar
Praça Alceu Amoroso Lima, casa Editora
Gávea – Rio de Janeiro – RJ – CEP 22451-900
Telefax: (21)3527-1760/3527-1838
Site: www.puc-rio.br/editorapucrio
E-mail: edpucrio@vrc.puc-rio.br

ISBN: 85-7478-202-5

Comunicação, consumo e espaço urbano: novas sensibilidades nas
culturas jovens / Everardo Rocha... [et al.], (orgs.).
Rio de Janeiro : PUC-Rio : Mauad Ed., 2006.
305 p. ; 21 cm
Inclui referências bibliográficas
1. Juventude. 2. Jovens como consumidores. 3. Juventude - Conduta.
4. Ciberespaço – Aspectos sociais. I. Rocha, Everardo.

CDD: 305.23

Sumário

7 Sobre os Autores

9 Apresentação

15 Coisas estranhas, coisas banais: notas para uma reflexão sobre o consumo
Everardo Rocha

35 Sob a regência da presença: subjetividade e cálculo entre jovens consumidores de *ecstasy* no Rio de Janeiro
Maria Isabel Mendes de Almeida e *Fernanda Eugenio*

53 Jovens e celulares: a cultura do atalho e da sociabilidade instantânea
Ana Maria Nicolaci-da-Costa

71 Inventando novas vidas em novas realidades
Carla Faria Leitão

89 Ciberespaço, ciberamantes, ciberamigos
Márcio Souza Gonçalves

103 "Como tábula rasa": intercâmbio no exterior e construção de identidade juvenil
Cláudia Barcellos Rezende

115 Nomadismos metropolitanos
Kátia Almeida Tracy

131 Jovens paulistanos: formas de uso e apropriação do espaço urbano na metrópole
José Guilherme Cantor Magnani

143 As culturas jovens como objeto de fascínio e repúdio da mídia
João Freire Filho e *Micael Herschmann*

155 *Rappers*, *funkeiros* e as novas formas musicais da juventude urbana carioca
Frederico Coelho

175 Eu não sou cachorra, não! Não? Voz e silêncio na construção da identidade feminina no *rap* e no *funk* no Rio de Janeiro
Kate Lyra

197 O trabalho das sensações: a experiência das festas de música eletrônica
Tatiana Bacal

215 Referências Bibliográficas

Sobre os Autores

Ana Maria Nicolaci-da-Costa – PHD em Psicologia pela Universidade de Londres. Professora e pesquisadora do Departamento de Psicologia da PUC-Rio.

Carla Faria Leitão – Doutora em Psicologia Clínica pela PUC-Rio. Professora e pesquisadora associada ao Semiotic Engineering Research Group (Serg), do Departamento de Informática da PUC-Rio.

Claudia Barcellos Rezende – Doutora em Antropologia pela London School of Economics. Professora do Departamento de Ciências Sociais da UERJ.

Everardo Rocha – Doutor em Antropologia Social pelo Museu Nacional/UFRJ. Professor-adjunto do Departamento de Comunicação da PUC-Rio e professor colaborador da Coppead/UFRJ.

Fernanda Eugenio – Doutora em Antropologia Social pelo Museu Nacional. Pesquisadora do CESAP/UCAM (Centro de Estudos Sociais Aplicados da Universidade Candido Mendes) e professora do Departamento de Sociologia e Política da PUC-Rio.

Frederico Coelho – Doutorando em Literatura pela PUC-Rio. Pesquisador do Núcleo de Estudos Musicais do Centro de Estudos Sociais Aplicados da Universidade Candido Mendes (Cesap/Ucam).

João Freire Filho – Doutor em Literatura Brasileira pela PUC-Rio. Professor-adjunto da Escola de Comunicação da UFRJ, onde integra o Núcleo de Estudos e Projetos em Comunicação.

José Guilherme Cantor Magnani – Doutor em Ciências Humanas pela USP. Professor do Departamento de Antropologia da USP, coordenador do Núcleo de Antropologia Urbana (NAU) e membro da comissão editorial da *Revista de Antropologia*.

Kate Lyra – Compositora, atriz, roteirista. Pesquisadora do Núcleo de Estudos Musicais do Centro de Estudos Sociais Aplicados da Universidade Candido Mendes (Cesap/Ucam).

Kátia Almeida Tracy – Doutora em Antropologia Social pelo Museu Nacional/UFRJ. Professora visitante da Case Western Reserve University, Cleveland/EUA.

Márcio Souza Gonçalves – Doutor em Comunicação pela Escola de Comunicação da UFRJ. Professor da Faculdade de Comunicação Social da UERJ.

Maria Isabel Mendes de Almeida – Doutora em Sociologia pelo Iuperj. Professora do Departamento de Sociologia e Política da PUC-Rio e coordenadora do Centro de Estudos Sociais Aplicados da Universidade Candido Mendes (Cesap/Ucam).

Micael Herschmann – Doutor em Comunicação pela Escola de Comunicação da UFRJ. Pesquisador do CNPq. Vice-coordenador do Programa de Pós-graduação em Comunicação e Cultura da Escola de Comunicação da UFRJ, onde coordena o Núcleo de Estudos e Projetos em Comunicação.

Tatiana Bacal – Doutoranda em Sociologia e Antropologia pelo IFCS/UFRJ. Professora do Departamento de Sociologia e Política da PUC-Rio e pesquisadora do Núcleo de Estudos Musicais do Centro de Estudos Sociais Aplicados da Universidade Candido Mendes (Cesap/Ucam).

Apresentação

Se a diversidade marca as chamadas "culturas jovens urbanas", o eixo de convergência entre os grupos de *ethos* que ocupam as grandes capitais metropolitanas pode ser apontado no recurso sistemático ao consumo como ferramenta para a construção de identidades e pertenças. Este livro oferece um conjunto de reflexões sobre os processos socioculturais nos quais se pode ler a elaboração de novas identidades e sensibilidades jovens, expressas na cunhagem e na ressignificação de espaços de interlocução, códigos afetivos, estéticas musicais, gramáticas corporais e comportamentais, bem como no uso das tecnologias de informação e na ocupação diferenciada e flutuante da cidade.

O artigo de Everardo Rocha, "Coisas estranhas, coisas banais: notas para uma reflexão sobre o consumo", abre a coletânea com uma ampla discussão sobre o consumo como construção cultural, como sistema classificatório permanentemente inclusivo, por meio do qual seguidamente fazemos trafegar valores e significados, ao mesmo tempo em que fabricamos distinções e semelhanças entre grupos e pessoas. O autor chama a atenção para a importância de se elaborar um conhecimento sistemático sobre o fenômeno do consumo, cujas dinâmicas de operação podem funcionar como perspectiva privilegiada para a compreensão da cultura contemporânea.

É com um olhar afim que, no artigo "Sob a regência da presença: subjetividade e cálculoentre jovens consumidores de *ecstasy* no Rio de Janeiro, Maria Isabel Mendes de Almeida e Fernanda Eugenio abordam o consumo de *ecstasy* nas festas de música eletrônica, apontando para uma identidade juvenil que se constrói e aparece, como fenômeno, justamente na combinação simultânea e "competente" de múltiplos recursos para a sensibilização dos corpos. Salta aos olhos nesses contextos uma nova configuração da idéia de "bem-estar" como princípio norteador das economias internas dos sujeitos pesquisados, em suas interações tanto com as substâncias sintéticas quanto com as cenas eletrônicas.

Um novo campo para interlocução funda-se a partir da multifacetada apropriação de tecnologias recentes, como o telefone celular e a Internet, operada pelos grupos jovens urbanos. Sob diferentes pontos de vista, Ana Maria Nicolaci-da-Costa, Carla Faria Leitão e Márcio Gonçalves dedicam-se a pensar de que maneira as tecnologias digitais funcionam como suportes de significado e ferramentas de comunicação.

"Jovens e celulares: a cultura do atalho e da sociabilidade instantânea", de Ana Maria Nicolaci-da-Costa, é o resultado de pesquisa desenvolvida com jovens dos setores médios urbanos cariocas, usuários de celulares, e cuja faixa etária variava entre 18 e 25 anos. Seu artigo fornece-nos importante diagnóstico sobre as novas formas de sociabilidade desenvolvidas a partir do uso desses aparelhos. Contrariando o panorama sombrio e de pânico moral presente nas análises de alguns estudiosos das relações contemporâneas entre subjetividade e tecnologia, Ana Maria demonstra que o tipo de uso que esses jovens fazem dos celulares vem contribuindo para a solidez, permanência, intimidade e solidariedade das relações interpessoais entre os mesmos.

Carla Faria Leitão, em "Inventando novas vidas em novas realidades", dedica-se ao exame dos impactos subjetivos que a instauração de um novo espaço – o espaço virtual – gera entre os psicanalistas no contexto de suas práticas clínicas. Em pesquisa realizada por meio de entrevistas junto a 16 desses profissionais (psicanalistas e gestaltterapeutas), podemos acompanhar igualmente as representações destes últimos sobre a clientela jovem e suas interações e expectativas com o novo espaço da Internet.

Em "Ciberespaço, ciberamantes, ciberamigos", Márcio Souza Gonçalves oferece-nos uma grande provocação capaz de desnaturalizar o olho do pesquisador para as reflexões sobre as formas de relacionamento atuais em interação com as novas tecnologias digitais. Na visão de Márcio, para abordar com propriedade os relacionamentos virtuais de nosso tempo, faz-se indispensável situá-los na tradição ocidental dos relacionamentos humanos. É, pois, esse o convite que ele nos faz ao nos conduzir pela sinuosa trilha dos ciberamores.

O uso e a significação alternativos do espaço urbano são discutidos por Cláudia Barcellos Rezende, Kátia Almeida Tracy e José Magnani. Trata-se de pensar as formas diferenciadas de estar no mundo expressas nas ocupações juvenis da cidade, que reconfiguram de modo incessante e dinâmico sua geografia, recortando-a em fluxos, mobilidades e trânsitos – traços emblemáticos dos novos nomadismos metropolitanos.

O artigo de Cláudia Barcellos Rezende, "'Como tábula rasa': intercâmbio no exterior e construção de identidade juvenil", retoma um tema de grande importância na trajetória de jovens de setores médios em um contexto de contato entre fluxos culturais distintos. Mais especificamente, a autora debruça-se sobre o discurso relacionado à vivência de um movimento espacial particular: jovens que fazem intercâmbio escolar no exterior, analisando como suas experiências de trocas culturais afetam suas elaborações identitárias, tanto em termos de mudanças quanto de continuidades.

Em "Nomadismos metropolitanos", Kátia Almeida Tracy toma como eixo central de seu argumento os novos nomadismos metropolitanos, e a partir deles examina o fenômeno da *night* carioca compreendida como uma espacialidade, onde grupos de jovens deslocam-se incessantemente entre lugares, reconfigurando o espaço urbano e transformando a trajetividade em um fim em si.

José Magnani, em "Jovens paulistanos: formas de uso e apropriação do espaço urbano na metrópole", propõe tratar a mobilidade e os nomadismos urbanos em sua necessária contrapartida com a percepção das regularidades e permanências. Tomando como referência a cidade de São Paulo, o autor analisa três movimentos de jovens: os *straight edge* (uma variante dos *punks* nas características visuais e estilo musical) – adeptos radicais do vegetarianismo –, os pichadores e o movimento do forró universitário. A mobilidade, nesse caso, entre outros atributos, tem menos a ver com a posição de jovem e mais com as condições de inserção de suas práticas no espaço público, onde pontos de referência e ancoragem permitem constituir, consolidar e tornar visíveis suas trocas e experiências coletivas.

Os artigos de João Freire Filho e Micael Herschmann, Frederico Coelho, Kate Lyra e Tatiana Bacal tematizam o que poderíamos chamar de "sons urbanos", os circuitos musicais e a relação das culturas jovens urbanas com estéticas que vêm passando por um intenso processo de realocação e ressignificação, como o *funk*, o *hip-hop* e as músicas eletrônicas. O objetivo é não apenas mapear como se dá a fruição desses sons, mas também de que modo o envolvimento com seus universos respectivos pode funcionar como ferramenta de composição e de afirmação de identidades.

Em "As culturas jovens como objeto de fascínio e repúdio da mídia", João Freire Filho e Micael Herschmann se valem da categoria "pânico moral" para pensar de que maneira o *funk* carioca teria sido discursivamente construído, por meio do papel decisivo dos meios de comunicação de massa, em "ameaça social" mais ou menos permanente – erigindo-se ao seu redor toda uma paisagem de gangues e facções criminosas, denúncias de relações sexuais e brigas entre jovens nos bailes, gírias e vocabulário pornográfico, machista, ou ainda de apologia ao crime. A partir de ampla análise de material jornalístico, os autores questionam o modelo analítico do "pânico moral", sugerindo a importância de revisá-lo, a fim de superar uma visão de mão única, endurecida, no que toca à produção e ao consumo midiático. Apontam, ainda, para a "multivascularidade da indústria cultural" – na qual convivem vozes dissonantes e uma multiplicidade de interesses comerciais e ideológicos –, salientando que a campanha de "estigmatização" do *funk* carioca gerou, como contrapartida, uma publicização sem precedentes desse estilo de vida, contribuindo tanto para sua demonização quanto para sua glamourização.

O trabalho de Frederico Coelho em "*Rappers*, *funkeiros* e as novas formas musicais da juventude carioca" nos oferece um rico mapeamento da adesão juvenil aos movimentos *rap* e *funk* como formas de participação social, atentando ao mesmo tempo para o papel dessas iniciativas na composição do universo musical da cidade e para a influência da música popular na construção identitária desses jovens. Ao estudar a trajetória do *funk* e do *rap* cariocas na década de 1990, Frederico acompanha como o investimento nesses ritmos, vinculados à "realidade das periferias urbanas", funcionou como meio para que uma juventude pudesse colocar-se como agente atuante, não apenas entre seus pares, mas também no espaço público mais amplo da metrópole – acionando todo um repertório que combina hedonismo e participação política.

É também sobre esse mesmo universo musical que se debruça Kate Lyra em seu artigo "Eu não sou cachorra, não! Não? Voz e silêncio na construção da identidade feminina no *rap* e no *funk* no Rio de Janeiro". Seu estudo, contudo, volta-se para o universo das *performers* femininas de *rap* e *funk*, dedicando-se a analisar os discursos aí produzidos, nas letras das músicas e na fala das moças entrevistadas, como parte de um projeto político de visibilidade social. Trata-se de um projeto confrontado ao mesmo tempo pela presença predominantemente masculina entre os funkeiros e *rappers* e pela "seletividade" do *mainstream* musical. Por meio de um discurso marcado pela "ousadia", as jovens *performers* cunhariam um "feminismo" repaginado, que reluta em se dizer como tal.

A vivência da pista de dança, na relação entre os "dançantes" e o DJ, é o tema da reflexão de Tatiana Bacal em "O trabalho das sensações: a experiência das festas de música eletrônica". Empenhada em refletir sobre "as conseqüências do som", Tatiana enfoca três aspectos-chave da experiência sensorial juvenil nas festas de música eletrônica: o espaço performativo dos clubes, a repetição rítmica como "produtora" de sensações e o DJ como agente fundamental de sua "catalisação". Movendo-se no campo teórico da antropologia das emoções, Tatiana aciona a terminologia da "sensação" para se referir simultaneamente à esfera das emoções e à dos sentidos, a fim de pensar sobre os trabalhos do corpo no "jogo de intensidades" da pista de dança.

Em suma, o leitor poderá acompanhar aqui uma instigante seleção de reflexões sobre o caleidoscópico cenário das grandes metrópoles. Nelas imprime-se a marca criativa e inusitada das culturas jovens, que testemunham a polivalência de estilos de vida e de gramáticas de consumo, além de funcionarem como uma caixa de ressonância das transformações por que vêm passando as subjetividades contemporâneas.

Os organizadores

Coisas estranhas, coisas banais: notas para uma reflexão sobre o consumo

Everardo Rocha

I. Este artigo procura refletir sobre alguns aspectos das relações entre cultura e consumo. Acredito que o consumo seja o sistema de valores central na vida cotidiana, e, portanto, investigar seus significados é como abrir uma janela com vista panorâmica para dimensões essenciais do imaginário da cultura contemporânea. É necessário estudar suas representações e práticas para entender o que está em jogo na ordem cultural e é sistematicamente atualizado nas nossas experiências de compras, *shopping*, marcas, grifes, modas. Estudar o consumo é, também, uma forma de refletir sobre a cultura de massa impregnada (no limite, sustentada) por situações de consumo como vemos, rotineiramente, nos filmes, novelas, programas de auditório, *shows*, colunas sociais, cadernos jornalísticos, matérias de revistas e, sobretudo, na publicidade. É importante lembrar que a publicidade é um enfático discurso sobre o consumo e, por isso mesmo, sustenta o edifício da mídia, minimizando substancialmente nossos custos de fruição daquilo que é ali veiculado. O fato é que o consumo, seja no plano das práticas ou das narrativas, perpassa a vida social do nosso tempo com uma força que poucos fenômenos possuem.

Assim, um primeiro ponto deve ser destacado: é preciso estudar o consumo como parte do projeto de conhecer a cultura moderno-contemporânea. Não se trata de pensar o consumo como superficialidade sujeita a toda sorte de críticas políticas, estéticas, morais; ou como ferramenta para vender produtos e serviços; ou como resposta biológica para necessidades; ou como reação individual condenada a uma ditadura de desejos ocultos. O consumo não pode ser explicado, na extensão de seu impacto social, por meio de visões moralizadoras, mercadológicas ou reducionistas. A perspectiva é dar ao estudo do consumo seu devido lugar como fenômeno dotado de ampla capacidade para afetar a vida de todos nós e, portanto, objeto de inestimável força pelas possibilidades que abre para o conhecimento de nossa cultura.

O consumo possui uma óbvia importância – tanto ideológica quanto prática – no mundo em que vivemos. Afinal, trata-se de um fato social que atravessa a cena contemporânea de forma inapelável. O consumo assume posição proeminente como estruturador de valores e práticas que regulam relações sociais, definem mapas culturais e constroem identidades. Este artigo, portanto, pretende indicar certas pistas para a interpretação de sua lógica cultural como via de acesso ao imaginário do nosso tempo e, em particular, a dimensão desse imaginário que se reflete na cultura de massa.

Vale a pena iniciar estas considerações reproduzindo uma cena de consumo acontecida em um contexto tão improvável quanto a revolução cultural chinesa em meados dos anos 1960. Ela nos dá um bom exemplo da força diferenciadora e do poder classificatório do consumo. A narrativa fala sobre grupos de jovens que se reuniam nas ruas da cidade de Chengdu, na província de Sichuan, no sudoeste da China. Como veremos, a utilização que esses adolescentes faziam das roupas e cores, entre as poucas opções disponíveis naquele contexto, mostra a força do consumo como elemento de diferenciação e construção de identidade.

> Em seus dias de guardas vermelhos, os filhos das altas autoridades preferiam velhos uniformes do exército comunista, pois eram as únicas pessoas que tinham acesso a eles, por meio de seus pais. Alguns garotos de rua arranjavam os trajes velhos no mercado negro, ou tingiam suas roupas de verde. (...) Mais tarde os filhos das altas autoridades passaram a usar jaquetas e calças azul-escuro. Embora a maioria da população estivesse

> usando azul na época, o deles era de um tom particular, e também era incomum usarem as duas peças da mesma cor. (...) O mesmo se aplicava a um certo tipo de sapatos: trançado negro em cima e solas de plástico branco, com uma tira de plástico branco aparecendo em cima. (Chang, 1994:348)

Também o *estilo* de usar camisas, jaquetas, tênis e quepes marcava uma forma específica de diferenciação pelo consumo e pela moda:

> Alguns membros de gangues inventaram seu próprio estilo. Usavam muitas camisas por baixo da roupa externa, e punham todas as golas para fora. Quanto mais golas, mais elegantes eram considerados. (...) Abrigos de ginástica tinham de aparecer por baixo das normais, encurtadas. Também usavam tênis branco sem cadarço, e ostentavam quepes militares, com tiras de papelão enfiadas por dentro para fazer a pala se projetar, dando-lhes um ar imponente. (Chang, 1994:349)

Os cabelos e as tranças das meninas eram também parte desse sistema classificatório, no qual a construção de um *estilo*, o investimento no gosto, a busca da moda reforçavam a idéia do consumo como forma de estabelecer a proximidade e a diferença entre grupos sociais.

> Eu usava uma jaqueta xadrez rosa e branco, um padrão que acabava de ser liberado para a roupa das jovens. Podia-se novamente usar cabelos compridos, mas só em duas tranças, e eu me agitava durante horas sobre como usar as minhas. Deviam ficar juntas ou separadas? Retas ou um pouco curvas nas pontas? A parte trançada devia ser maior que a solta, ou ao contrário? As decisões, todas pequenas, eram intermináveis. (...) Era um verdadeiro teste de engenhosidade parecer diferente e atraente, mas ainda assim semelhante o bastante a todo mundo para ninguém com um dedo acusativo indicar o que, exatamente, era herético. (Chang, 1994:370)

Todas essas práticas dos jovens – e os afetos e valores a elas vinculados –, ao usarem seus tênis, tranças, camisas e cores, seus estilos, enfim, realizam um sistema de classificação de diferenças e semelhanças, traduzindo a idéia de identidades e relações que se aproximam e distanciam em um sistema de consumo.

Alterando o contexto e entendendo que os limites culturais do consumo podem sempre ser ampliados em um sistema permanentemente inclusivo, é interessante conhecermos uma experiência bem radical de consumo percebida estatisticamente nos últimos anos. Trata-se de um curioso fenômeno: crianças cujos nomes são marcas de produtos. Um estudo recente, apoiado nos dados do *Social Security Administration*, revelou que, nos Estados Unidos, já adquire uma certa relevância estatística o fato de pessoas receberem nomes como Armani, Porsche ou L'Oréal. (Lopes, 2005:14) Esse fenômeno pode ser considerado um caso-limite da inserção de elementos do consumo na construção da subjetividade, construindo uma identificação radical entre produtos e pessoas, derivando daí um sistema classificatório absolutamente impressionante:

> Entre os quatro milhões de bebês nascidos em 2000, nos Estados Unidos, puderam ser identificados seis Timberlands (botas), cinco Delmontes (alimentos processados), 49 Canons (câmeras) e dois ESPNs, batizados como o canal de TV especializado em esportes. Do sexo feminino são 164 Nauticas, 298 Armanis e 269 Chanels, todos inspirados em produtos do segmento de moda e vestuário. Entre os carros podemos citar 25 Infinitis, 55 Chevys, cinco Celicas e 24 Porsches. Quanto às bebidas, vamos desde o champanhe Cristal (...) até refrigerantes como Fanta e Pepsi. Também foram encontradas por Evans, crianças nomeadas como a cerveja Guiness, o *whiskey* Chivas Regall, o conhaque Courvoisier e a água engarrafada Evian. (Lopes, 2005:15)

Aqui a experiência contemporânea do consumo – e também da nominação – é radicalizada estabelecendo uma espécie de caso-limite em que os seres humanos, através de seus nomes, passam a possuir uma relação indelével com marcas de produtos e serviços cujas identidades são construídas por planos de *marketing* e anúncios publicitários. Assim, alguém que se chama ESPN ou Fanta estará, em alguma medida, vinculado a uma identidade mercadologicamente definida. Um extraordinário fenômeno de relação entre pessoas e discurso publicitário estabelece uma radical experiência de enlaçamento ao consumo. O consumo é, de fato, algo que, além de sua presença sistemática na vida de todos nós, ainda pode alcançar contextos e práticas absolutamente surpreendentes.

Esse é o caso, por exemplo, do anúncio do lançamento mundial do álbum *Like a Prayer*, da cantora Madonna, em 1989. O anúncio começa com uma bela imagem de alguém que caminha em uma paisagem desértica. O caminhante é um homem, mas não um homem qualquer. Ele é especial. Lembra um aborígine australiano. Ao menos é o que se pode depreender pelas pinturas corporais e pela lança que carrega. Sua imagem caminhando contrasta, em rápidos cortes, com músicos ensaiando, com a cantora maquiando-se no camarim onde, sobre a mesa, aparece uma lata de Pepsi-Cola. Enquanto o homem caminha, o som do anúncio é de testes em aparelhos – guitarras, microfones, monitores. Um locutor em *off* diz: "não importa em que lugar do mundo você vai estar em 2 de março, sente na frente de sua televisão e veja Pepsi apresentar Madonna no lançamento mundial de *Like a Prayer*". O aborígine alcança uma cabana no deserto. Precária, pobre, contingente e completamente desproporcional à moderníssima antena parabólica encravada no teto. O aborígine senta-se em frente à televisão e um outro homem – chapéu de caçador e inevitáveis roupas cáqui – olha para ele. Ambos tomam Pepsi enquanto imagens da cantora se sucedem no aparelho. O locutor diz: "Pepsi, o sabor da nova geração". (Rocha, 1995)

Ainda há mais: a ideologia do consumo pode ser um ótimo pretexto para a produção ou transformação das subjetividades. Esse é o caso, cada vez mais freqüente, dos programas de televisão de tipo *reality show*. Essa tendência, que começa com o famoso *Big Brother*, tem assumido, cada vez mais, o caráter de intervenção na vida dos participantes. Os *reality shows* mais conhecidos pelos confinamentos em *casas* e desafios de *sobrevivência* parecem estar mudando de um formato da vigilância das câmeras para processos de transformação permanente que oferecem novas formas de ser, agir, sentir ou transformar o corpo e o rosto.

Nos canais de televisão, tanto abertos quanto fechados, programas como *Jardim surpresa*; *Minha casa, sua casa*; *Entre quatro paredes*; *Esquadrão da moda*; *Tudo é possível*; *Queer eye for a straight guy*; *Extreme makeover*; *I want a famous face*; *Beleza comprada*; *Antes e depois*; *Missão MTV*; *O grande perdedor*; *Patrulha do design* e *The Swan* são propostas para transformações, em diferentes planos, das vidas das pessoas em uma direção mais condizente e adequada com uma trajetória ideal de consumo. Esses programas produzem e transformam subjetividades em cinco grandes dimensões: "habitação", "comportamento", "roupa", "rosto" e "corpo". Dessa forma, são projetos de remodelação e reprogramação dos corpos e da vida. Em muito deles, são comuns cenas em que os participantes pedem, ou freqüentemente imploram aos prantos, para que sejam motivados, excitados, turbinados, plastificados, radicalmente transformados, enfim. (Rocha; Dias, 2005)

Nos programas de intervenções cirúrgicas, os participantes ganham novos narizes, seios, barrigas, estômagos reduzidos, novas faces e sorrisos. Fazem lipoaspirações, *liftings*, *peelings*, ginásticas, regimes e musculação.

> Já nos programas de transformação de ambiente, da aparência, do vestuário e do comportamento, ganham novas casas, móveis, jardins, guarda-roupas, cortes de cabelo, maquiagens, hábitos de consumo e até de higiene pessoal. Aprendem também a ser quem nunca foram. Ou seja, uma verdadeira pedagogia e tecnologia de como ser aceito e parecer belo, seguro, confiante e bem-sucedido está disponível nesses programas. (Rocha; Dias, 2005:2)

A frase mais pronunciada pelos participantes/personagens é exemplarmente paradoxal: "É preciso mudar para que nos aceitemos como somos." Também é comum, ao término da transformação, a gratidão pela nova vida, o novo corpo, o renascimento, o recomeço. A regra geral é o adeus à vida anterior – excluída do sucesso, da beleza e do consumo – e a celebração da nova. Despedir-se de barrigas, narizes, sofás, quilos, roupas, seios, idéias, descartando o que não é próprio das subjetividades integradas nos modelos idealizados, é a chave desses programas. Apenas fotografias antigas não são descartadas. Elas representam a evidência da vida pregressa. Possuem *valor de verdade*, atestando as mudanças sofridas. São, também, peças-chave para garantir a eficiência dos profissionais da transformação.

> Esses profissionais, principalmente os cirurgiões plásticos, julgam-se artistas ou escultores em busca da forma perfeita, harmônica. Fundamentados em uma dita autocriação moderna, negam a beleza natural e procuram constantemente recriá-la em seus paradigmas, arquitetando, graças ao instrumental da tecnologia científica, rostos, corpos e vidas. Em *Extreme makeover*, um dos cirurgiões plásticos explicita, enquanto trabalha no rosto de uma das personagens: "A nova Ângela será uma criação renascentista, esculpida pela medicina, arte e arquitetura. Da Vinci dizia que um artista deveria ser um bom pintor, escultor e arquiteto. Na cirurgia plástica é igual". (Rocha; Dias, 2005:3)

Os programas assumem que os seres humanos sofrem de algum tipo de *falta, lacuna* ou *defeito* em suas vidas que deve ser imperiosamente preenchido por uma experiência mais completa e, portanto, mais próxima de um padrão midiático de beleza e sucesso. Para tanto, altera-se, no que for preciso, qualquer aspecto da vida pessoal dos participantes. Essa alteração, evidentemente, só faz sentido com a absoluta cumplicidade dos telespectadores. Realizada a transformação, o participante alcança a felicidade, uma vez que se torna mais *encaixado* em um modelo estético, comportamental e ideológico sancionado pela mídia, e apto, portanto, para uma existência na qual a própria subjetividade vira, sobretudo, uma sofisticada experiência de consumo.

O consumo é, desse modo, algo central para pensar a sociedade moderno-contemporânea. E isso se revela não apenas na banalidade das nossas rotinas nos *shoppings*, bancos, livrarias, hotéis ou supermercados. Como um sistema simbólico sempre inclusivo, o consumo também está em fronteiras tão improváveis quanto na *moda jovem* em plena revolução cultural chinesa; no casal – o Timberland e a Chanel

– que podemos vir a conhecer; na forma *blasé* com que alguém assiste a um *show* e toma Pepsi-Cola em pleno deserto australiano; ou ainda nos comportamentos, corpos, casas, rostos e roupas que transformam as subjetividades na televisão.

Assim, como vimos, o consumo nos faz conviver com coisas estranhas e coisas banais, como diz o título deste texto. O que vamos pensar agora são alguns caminhos no sentido de diluir sua complexidade e, assim, procurar entender um pouco mais o que ele ensina sobre nós e nosso modo de vida.

II. No entanto, resta ainda outra surpresa que o consumo nos reserva. Trata-se do fato de que incide sobre ele um paradoxo que precisa ser superado. Por que razão um fenômeno fundamental na experiência contemporânea convive com um investimento intelectual relativamente pequeno em seu estudo sistemático? Esse paradoxo – um fenômeno marcante em nosso tempo, contrastando com uma produção intelectual rarefeita – tem sua razão de ser. Só recentemente o consumo começou a sair do abandono a que foi relegado pelas ciências sociais, e podemos detectar uma relativa consciência de que estudá-lo é algo básico no projeto de conhecimento da cultura contemporânea. Mas, ainda assim, o que se produziu não é proporcionalmente compatível com a expressividade social que o consumo possui. Estudar o consumo é abrir espaço para uma troca intelectual capaz de desenvolver um debate profundo, visando a conhecer um dos fenômenos mais marcantes do nosso tempo.

Mas quais seriam as razões do relativo *silêncio* das ciências sociais em relação ao consumo? Penso que uma delas está no fato de que gravita em torno dele uma pletora de idéias que congestionam, obliteram, confundem e obscurecem a possibilidade de reflexão. É como se o consumo, por ser algo que todos vivenciam rotineiramente, provocasse, de alguma forma, emoções e sentimentos intensos, fazendo com que todos se sintam autorizados a oferecer opiniões, teorizações apressadas ou idéias descosturadas. É uma daquelas coisas eleitas para o exercício da precipitação de juízos, de imprudência e de impulsividade na conduta intelectual. O consumo, em geral, é objeto de irreflexão, descuido, temeridade.

Na verdade, esse tipo de problema não é novo, e o consumo não é o primeiro nem único caso de algo sobre o qual incidiu uma proliferação de discursos que alicerçavam sua autoridade em função da experiência direta. Tampouco o processo de construção de uma teoria do consumo seria original ao sofrer desse tipo de vertigem discursiva, em que todos expressam certezas sustentadas em suas próprias práticas, ideologias ou emoções. Freud chamou a atenção para esse problema, pois uma das dificuldades que enfrentou na construção da teoria psicanalítica foi, precisamente, a resistência advinda do fato de que, como todos têm processos psicológicos, todos achavam que *conheciam* o psiquismo (ao menos o próprio), e seriam, portanto, possuidores de um *saber* sobre ele. O mesmo se aplica à noção de cultura, e vários antropólogos já se referiram a isto: a experiência da cultura compartilhada por todos nós é bem diferente de uma *teoria* da cultura. Também Umberto Eco, desde o prefácio do clássico estudo *Apocalípticos e integrados*, apontou algo semelhante sobre a *indústria cultural*, fazendo referência ao fato de que a expressão achava-se *congestionada*. (1976:7) Tudo isso indica que as visões repletas de juízos de valor – emocionais e ideológicos –, ao congestionarem um tema, mais dificultam que auxiliam na construção de teorias com o rigor que se deseja para a construção de um pensamento consistente, ou, se quisermos, mais próximo da prática científica.

Esses são alguns aspectos do desafio de construir um conhecimento mais amplo desse complexo universo do consumo, entendendo, por meio dele, o mundo contemporâneo e, em particular, certas dimensões dele, como a comunicação e a cultura de massa. Conhecer a lógica que reúne a estrutura intrínseca e o significado cultural dos objetos; os eixos de significação que os produtos e serviços transmitem através de seus nomes, embalagens, cores ou texturas; seu simbolismo e sua aparência; sua relação com as práticas sociais; seu sentido classificatório, seu etnocentrismo e poder de exclusão; e, até mesmo, sua possível mágica de guardar memórias e transportar esperanças. Essas e tantas outras são questões que devemos enfrentar para entender o consumo como uma experiência de cultura – com certeza marcante; talvez até constitutiva da singularidade de nosso tempo.

O consumo como expressão da cultura contemporânea pode ser mapeado por caminhos complexos – ora hesitantes, ora enfáticos – em fragmentos, pistas ou retalhos de textos, como um quebra-cabeças cujas peças precisam ser encaixadas para revelar a figura escondida. Idéias que, de forma mais ou menos explícita, se podem encontrar em estudos como Veblen (1965 [1899]), Mauss (1974 [1924]), Lévi-Strauss (1970 [1962], 1975 [1962]), Sahlins (1979), Douglas (1978), Baudrillard (1973, 1981), Eco (1976), Barthes (1964, 1967), Goffman (1979), Hall (1973), Lipovetsky (1989), MacCraken (1988), Campbell (1987), Canclini (1996), Roche (2000), entre outros.

Assim, vamos examinar agora algumas pistas que a *leitura* (muito particular, talvez) de três textos clássicos pode oferecer como referência para a área que Mary Douglas chamou, nos anos 1970, de *antropologia do consumo*. Vamos ver como certas idéias pavimentam um caminho interessante para a reflexão sobre o consumo. São idéias inspiradas em textos seminais como: *A teoria da classe ociosa*, de Veblen, *Ensaio sobre a dádiva*, de Mauss, e *O pensamento selvagem*, de Lévi-Strauss. Esses estudos permitem mostrar algumas linhas que, costuradas como um tecido de idéias, são capazes de dar enquadramento inicial ao consumo como um sistema cultural. Acredito que eles guardem chaves mestras para entender o consumo, mas é preciso explicitar que apenas um desses textos tinha como tema explícito próprio o consumo. De fato, somente Veblen estava estudando o consumo, pois o tema de Mauss era a troca e o de Lévi-Strauss, os sistemas de classificação. Ainda assim (ou, talvez, por isso mesmo), esses dois estudos também são fundamentais para construir uma visão do consumo como um código capaz de expressar aspectos da cultura contemporânea.

III. O texto que abriu uma perspectiva inovadora em relação ao consumo, marcando seu lugar como algo típico da cultura do nosso tempo, foi escrito no final do século XIX. Trata-se do famoso *A teoria da classe ociosa: um estudo econômico de instituições*, de Thorstein Veblen, publicado em 1899. Esse livro foi o que primeiro indicou que o consumo não era um fenômeno menor, um simples efeito reflexo da produção. A força intelectual do livro está em mostrar que o consumo era um discurso sobre as relações sociais, ultrapassando o utilitarismo, que prevalecia no viés economicista. Veblen deu a devida atenção à dimensão cultural contida nesse fenômeno e em suas práticas.

Por outro lado, o texto também demonstra uma percepção do consumo como *fato social*. (Durkheim, 1977 [1895]) Veblen permitiu ver que o consumo compartilha da natureza intrínseca do *fato social* por ser *coercitivo*, *extenso* e *externo* ao indivíduo. Sua associação – enfática, diversificada, constante – com nossas práticas cotidianas é inequívoca. Isso quer dizer que, como fato social, ele requisita uma *sociológica* como modo privilegiado de interpretação. O consumo tem poder *coercitivo*, uma vez que constrói um sistema de representações que, coletivamente compartilhado, atua como força social em relação ao indivíduo. Força *externa* efetivamente, pois existe fora das consciências particulares, definindo uma espécie de arena onde circulam e se traduzem significações coletivas. O consumo é também geral, espalhado, socializado, *extenso* – no limite, obrigatório –, na medida de uma dada cultura. Sua tendência de *extensão* é planetária, atingindo quase todas as culturas contemporâneas. O consumo não é só *fato social* no plano das práticas, pois também é experimentado na cultura como um sistema de *representações coletivas*, cuja matéria-prima está além das representações individuais. As *representações coletivas*, como ensinou Durkheim (1970:33 [1924]), são autônomas em face dos substratos individuais dos quais decola.

O consumo como representação coletiva é uma idéia central que pode ser depreendida do estudo de Veblen. O consumo é um *fato social* que gera *representações coletivas*, sendo refratário a explicações que o reduzam às escolhas individuais. Antes, de outra maneira, o consumo é sensível às interpretações – e práticas também – que envolvam o que é cultural e público. Enfatizo esse ponto porque existe uma tendência, nos estudos *aplicados*, em ver o consumo como algo individual. A própria expressão que nomeia o campo – *comportamento do consumidor* – revela a tradição *behaviorista*, reificando o indivíduo como o eixo a partir do qual se pensa o consumo.

Esse é um ponto essencial. Penso que o consumo pode induzir a algo semelhante ao que acontece com o entendimento mais imediato e ingênuo da linguagem. Na língua e no consumo existem coisas que podem iludir e fazer crer que ambos têm origem no indivíduo. Um excelente exemplo disso é dado por Rodrigues (1992:159), por meio de um curioso evento ocorrido em sala de aula. Ao debater com seus alunos sobre a origem da capacidade humana de falar, um deles contra-argumentou que, *um* dia, *um* homem teria sido *o* primeiro a falar. Bem, caberia perguntar de volta, como fez o professor: afinal de contas, o primeiro a falar *com quem*? Esse tipo de percepção pode ser atribuído à reificação do individualismo e ao fato de que a instância de acontecimento e verificação empírica da linguagem pode ser o discurso articulado através de indivíduos concretos. O problema está em tentar entender a lógica de um fenômeno, absolutizando sua instância de verificação, pois a língua (e o consumo) é fato social, coisa própria da cultura, do público e do coletivo. No consumo acontece coisa semelhante. Sua instância de verificação mais óbvia é o momento em que o indivíduo gasta, concretamente, seu dinheiro para comprar alguma coisa. Essa *cena* de compra é, sobretudo, a realização – o *acontecimento* – individual de um fenômeno cuja lógica está além dela, em um código construído e sustentado em significados compartilhados no plano coletivo. Qualquer compra é social em vários sentidos. Mas, mesmo no plano dessa instância de verificação – a *cena* da compra –, ela também não seria individual, pois sustenta uma relação de troca com o vendedor.

Em outras palavras, o consumo, de qualquer ponto de vista, mantém sua natureza de *fato social*, e este não se reduz às vontades individuais. As práticas de consumo, ou os significados que os bens fazem circular, são sociais. No consumo nada se cria ou se frui que não tenha por substrato a significação *pública*. O consumo é governado por *representações coletivas*, emoções codificadas, sentimentos obrigatórios, sistemas de pensamento e pela ordem cultural que o inventa, permite e sustenta.

Mas Veblen vai mais além. Ele mostra que a ocupação foi a grande divisora de classes na cultura antiga, a superioridade social e o *status* alto se expressavam e se faziam representar pelo ócio. Ter disponibilidade para a ação não produtiva, a experiência do ócio, significava o domínio do tempo e, portanto, "demonstra a capacidade pecuniária de viver uma vida inativa". (Veblen, 1965:54) Na sociedade moderno-contemporânea, o consumo supera o ócio como sinalização preferencial de *status*. Na vida cotidiana que experimentamos hoje – corrida, confusa, misturada –, o consumo se torna um signo mais visível que o ócio, pois o mundo em que vivemos exige que "a marca da força pecuniária da pessoa deva ser gravada em caracteres que mesmo correndo se possa ler". (Veblen, 1965:90)

Quero reter aqui uma idéia importante para entender consumo, e que deriva do estudo de Veblen: trata-se do consumo como indexador simbólico. Veblen sublinha a expressividade do consumo abrindo uma pista oportuna, pois, se o consumo é modo de comunicação de *status*, também opera um sistema de classificação. Isso quer dizer que pode agrupar e/ou separar as pessoas e as coisas e, conseqüentemente, construir uma estrutura de diferenças. O consumo é um discurso eloqüente, aberto a *leituras*; são múltiplas mensagens em um código, permitindo, como operador de um sistema de classificação, aproximar e diferenciar grupos de pessoas através das coisas, e vice-versa. Séries de produtos e serviços, os bens de consumo se articulam com séries de pessoas, grupos, estilos de vida, gostos, perspectivas e desejos que nos envolvem a todos em um permanente sistema de comunicação de poder e prestígio na vida social.

IV. Outra referência fundamental é o clássico *Ensaio sobre a dádiva: forma e razão de troca nas sociedades arcaicas*, de Marcel Mauss, publicado em 1924, que permite pensar a cultura como decisiva nas situações de troca, relativizando a prevalência do viés utilitarista e da razão prática. As trocas são fenômenos coletivos, e a circulação da riqueza é *apenas um dos termos* dentro do contrato amplo e constante entre os envolvidos. As trocas respondem a *necessidades* culturais e não só econômicas, implicando retribuição, honra, prestígio, poder e, principalmente, o dar e o receber como obrigação inerente, pois a recusa do jogo das trocas significa negar a aliança e a comunhão. Para Mauss, a sociedade moderna revela práticas compatíveis com essas regras estruturais das trocas, permanecendo, de certa forma, vinculada à atmosfera da dádiva e da obrigação. Nem tudo, na troca, está subsumido à *razão econômica*. Coisas como posições sociais, sentimentos, rituais, espaços simbólicos etc. também desempenham funções-chave em nosso sistema de trocas. A estrutura é semelhante: é necessário retribuir dádivas, a obrigatoriedade da troca representa o desejo da relação social. Isso pode explicar desproporções de gastos materiais, desequilíbrios entre meios e fins dos quais o consumo nos oferece vários exemplos. O consumo moderno, muitas vezes, expressa o que o senso comum chama de *irracionalidade econômica*, ou, em outras palavras, prevalência da dimensão simbólica sobre a perspectiva instrumental ou utilitária. É isso o que nos mostra Roberto DaMatta:

> A lógica e o drama do consumo, portanto, são francos em revelar inversões e subversões que os produtores têm que forçosamente aceitar. Está aí, como nos dramas de publicidade (...), a fábula da cigarra e da formiga como um exemplo sutil e grosseiro ao mesmo tempo dos castigos e benesses de quem vive para consumir e de quem vive para produzir. Diríamos que a formiga jamais usaria um canhão para matar um passarinho. Para ela, meios e fins estão calibrados. Mas a lógica consumista e "potlatchiana" da cigarra se aproxima das festas de subúrbio: aqui o que se quer é precisamente utilizar o canhão para matar o passarinho. E tome pastel, salgadinho, sanduíches, cervejas, chopes, refrigerantes, e mais pastéis na moçada. Até que se faça o famoso "banho de cerveja" ou "guerra de pastéis" como prova suprema do jogo invertido da abundância material que é um dos mitos mais bem articulados do domínio do consumo. (DaMatta, 1985:15)

A troca é, portanto, troca simbólica, e, independentemente da natureza diversa do que se troca, é arena para o acontecimento da relação social, com os múltiplos significados que, através dela, são postos em circulação. De fato, troca-se muito mais coisas do que poderia supor a razão utilitária. Assim, desse trabalho seminal de Marcel Mauss, podemos depreender que a troca é um processo que envolve um simbolismo complexo, no qual a obrigação de dar e de retribuir aponta na direção de sua importância coletiva como um modo de relação social.

Nesse sentido, é importante perceber a troca como sistema social total que vai além daquilo que é trocado, pois o conteúdo das trocas é relativo. No entanto, o que se recebe na troca não é inerte, uma vez que é parte do doador e, assim, a recusa da troca é recusa da aliança. Tudo isso indica que a troca pode ser vista como uma forma de comunicação entre pessoas através de coisas. Na cultura contemporânea, o consumo também atualiza essa lógica e se transforma em uma arena onde acontece uma grande circulação de elementos simbólicos. Um sistema que, através de produtos e serviços, marca diferenças, agrupa semelhantes, articula bens e pessoas, realizando, em parte, essa função simbólica da troca. No consumo, a cultura material – os bens – é veículo privilegiado para a comunicação entre pessoas, a manutenção de vínculos ou o estabelecimento das relações sociais.

V. Um terceiro ponto de referência essencial na construção da *antropologia do consumo* se encontra nos dois textos clássicos de Lévi-Strauss sobre o totemismo – *Totemismo hoje* e *O pensamento selvagem* –, ambos publicados em 1962. Neles, Lévi-Strauss interpreta o totemismo, indicando que este é, sobretudo, um sistema de classificação que articula diferenças e semelhanças entre natureza e cultura.

Nesses textos ele escreveu duas frases que viraram epígrafes especialmente famosas. Uma – *as espécies naturais não são escolhidas por serem boas para comer, mas por serem boas para pensar* (*Totemismo hoje*) – sublinha o aspecto simbólico do mundo natural e indica a passagem da matéria inerte para a *cultura* material. A outra – *classifica-se como pode, mas classifica-se* (*O pensamento selvagem*) – revela o desejo humano de classificar a qualquer preço: juntar coisas, combinar peças, articular diferenças, dentro do princípio lógico de sempre poder opor termos, relacioná-los. Para

Lévi-Strauss, os sistemas totêmicos tiram seu valor operatório do caráter formal que possuem: são *códigos*, levando e trazendo mensagens entre séries distintas.

A inspiração crucial aqui para a questão do consumo é o fato de que a noção de *natureza* é relativa. Ela é, culturalmente, definida. Para Lévi-Strauss, as muitas concepções culturais da *natureza* compartilham um traço comum: ser o espaço de onde a dimensão humana se ausenta e, em certo sentido, a *natureza* pode ser tudo, contanto que não seja o lugar do *humano*. A natureza é o *outro*. Isso é uma indicação importante para pensar o consumo, pois, na sociedade moderna, o lugar privilegiado de onde o humano se ausenta, o lugar governado pelo econômico e onde a razão utilitária impera soberana se chama *produção*. Foi esse paralelismo entre natureza/cultura e produção/consumo que procurei desenvolver no livro *Magia e capitalismo*. (Rocha, 1985) Em nossa sociedade, o sistema totêmico – como código que converte mensagens entre natureza e cultura – tem seu lugar ocupado pela publicidade, que converte mensagens entre produção e consumo. A esfera da produção precisa ser revestida da dimensão simbólica que vai lhe dar sentido. E o consumo é a arena onde, efetivamente, esse sentido ocorre.

A *produção* é algo que só adquire lugar social quando repassada de significado. Ela, como processo de transformação da natureza, só alcança seu destino de ser consumida – sem o que não precisaria existir – através da construção de significados que humanizam produtos e serviços. A esfera da produção, sem atribuição de significado, é a esfera da falta que coloca na disjunção as palavras (significado) e as coisas (produtos e serviços). Atribuir significado ao mundo da produção quer dizer criar um código que faça daí nascer o consumo. A produção em si mesma não é nada, ela não *diz*. Em certo sentido, como lembra Sahlins (1979), *uma casa vazia não é uma casa*.

É preciso revestir a produção de um código que complete produtos e serviços lhes dotando de sentido, sob a forma de usos, razões, desejos, instintos ou necessidades. A produção só cumpre seu destino de ser consumo, por meio de um sistema que lhe atribui significação, permitindo participar de um idioma e ser expressão em uma linguagem. O consumo é, portanto, o sistema que classifica bens e identidades, coisas e pessoas, diferenças e semelhanças na vida social contemporânea. Por isso, podemos dizer que os produtos e serviços falam entre si, falam conosco e falam sobre nós. Os brinquedos infantis, por exemplo, só existem em *séries* e sistemas. As roupas *dialogam* com as personalidades. O mobiliário *explica* a casa. Produtos e serviços *expressam* desejos, sentimentos ou momentos em nossas vidas. Por isso a idéia tão corriqueira de que *as coisas combinam*. Todas as coisas, as nossas e as dos objetos: se o sapato combina com a bolsa, a calça pode combinar com o estado de espírito e o terno, com a posição social.

Assim, o projeto de investigar a relação entre cultura e consumo pode ser muito beneficiado pelas pistas deixadas por esses textos. O potencial das idéias e as possibilidades que abrem devem ser aprofundados. São referências clássicas e, pela força seminal que possuem, podem trazer a necessária densidade intelectual, fazer a interlocução segura e integrar as reflexões neste estudo do consumo, um tema eminentemente multidisciplinar e complexo.

VI. Para concluir, quero acentuar alguns pontos que me parecem *bons para pensar* o consumo e suas relações com a cultura contemporânea. Em primeiro lugar, o consumo é um sistema de significação, e a principal *necessidade* que supre é a necessidade simbólica. Em segundo, o consumo é um código, e por meio dele é traduzida boa parte das nossas relações sociais e são elaboradas diversas dimensões de nossas experiências de subjetividade. Em terceiro, esse código, ao traduzir sentimentos e relações sociais, forma um sistema de classificação de coisas e pessoas, produtos e serviços, indivíduos e grupos. O consumo permite um exercício de classificação do mundo que nos cerca a partir de si mesmo e, como é próprio de códigos abertos, é sempre capaz de incluir novos elementos. O consumo é inclusivo em, pelo menos, dois sentidos: de um lado, os novos produtos e serviços que a ele se agregam e são articulados aos demais e, de outro, as identidades e relações sociais definidas e negociadas em larga medida, a partir de sua inclusão no sistema de consumo.

Finalmente, o quarto ponto é que esse código possui uma instância que o viabiliza, ao fazer dele uma referência coletiva. Essa é a função essencial dos meios de comunicação de massa na sociedade moderno-contemporânea. A mídia – particularmente o discurso publicitário – é a grande operadora da dimensão pública desse código, fazendo com que nos socializemos para o consumo de forma semelhante. Conhecemos o consumo por meio das micro-histórias, dos pequenos mundos, das narrativas que se passam *dentro* dos anúncios, do cinema ou das novelas. É aí que se *inscreve* o consumo na nossa vida social e, ao fazer essa reprodução do cotidiano, também define publicamente produtos e serviços como *necessidades*, explica-os como modos de *uso*, confecciona *desejos* como classificações sociais.

O *marketing*, a publicidade, os meios de comunicação são as instâncias que interpretam a esfera da produção, socializando para o consumo ao oferecer um sistema classificatório que permite ligar um produto ou serviço a cada outro e todos juntos às nossas experiências de vida. Este é precisamente o objetivo que subjaz ao edifício de representações da vida social construído *dentro* da mídia: classificar a produção, criando um processo permanente de socialização para o consumo. Assim, uma especificidade da cultura contemporânea, uma de suas singularidades históricas, reside nesse sistema de integração simbólica da diferença entre produção e consumo, por meio da distribuição dos sentidos que, partindo da esfera da produção, realizam o destino de produtos e serviços na direção dos consumidores e dos mercados. É nesse jogo mágico, envolvendo confecção de mitos (narrativas de anúncios, por exemplo) e práticas rituais (idas aos *shoppings*, por exemplo), que acontece o consumo, instância privilegiada para realizar um exercício permanente de classificação que, ao estilo de um sistema totêmico, fornece os valores e as categorias por meio das quais concebemos diferenças e semelhanças entre séries de objetos e grupos humanos.

Tudo isso pode indicar caminhos para a exploração sistemática do significado do consumo na cultura contemporânea. Um deles seria a realização de estudos etnográficos de grupos de consumidores, procurando obter um quadro preciso dos múltiplos códigos que ordenam as práticas de consumo. As etnografias permitem conhecer mais de perto as formas pelas quais os grupos sociais atribuem significados, estabelecem usos, incluem ou excluem bens de consumo e produtos em suas vidas. Também seria possível captar as formas pelas quais os grupos, através do consumo, traduzem afetos, desejos e relações, construindo determinada visão de mundo. A etnografia sempre foi um modo privilegiado de análise cultural e, por isso, pode desempenhar um papel essencial no entendimento dos sistemas simbólicos que articulam os objetos de consumo e a vida cotidiana dos atores sociais.

Um outro ponto importante seria pesquisar o imaginário que se inscreve em produtos e serviços através de significados que lhes são transferidos pelo discurso publicitário. A idéia é estudar como os bens de consumo adquirem sentido quando repassados pelo ambiente humano propiciado pelas situações sociais encenadas na cultura de massa. Os produtos e serviços adquirem identidade diante de nossos olhos em razão do trânsito que possuem em inúmeras cenas que reproduzem a vida cotidiana. Os bens de consumo são freqüentadores habituais das mais variadas cenas – em filmes, novelas e, sobretudo, anúncios publicitários –, nas quais se envolvem com seres humanos em situações sociais e, assim, acabam por adquirir significado e compartilhar dessa humanidade. São transformados em sentimentos e emoções, ganham existência nas subjetividades e, a um só tempo, compartilham relações sociais e são humanizados no fluxo das trocas. Investigar as formas pelas quais acontece a humanização de produtos e serviços nas inúmeras cenas nas quais aparecem embebidos em experiências sociais seria importante, pois é sobretudo assim que são construídas parcelas substanciais de suas identidades. A cultura de massa – cinema e novela de forma mais sutil, publicidade de forma explícita – fornece uma abundante variedade de cenas nas quais seres humanos vivem suas vidas. Cenas que emolduram uma experiência que é humana por excelência e, lá *dentro*, participando da estrutura ou do desfecho narrativo, os bens de consumo absorvem – com maior ou menor grau de fragmentação ou diversidade – partes desses significados.

Essa idéia aponta na direção de uma outra perspectiva interessante. Trata-se de entender as múltiplas combinações que produtos e serviços podem apresentar, percebendo como cada um deles se encaixa em um sistema de objetos, em cenários apropriados, em determinados modelos classificatórios. Nessas redes simbólicas, os produtos e os serviços se *prendem* uns aos outros, tornam-se reciprocamente dependentes e dialogam com outros tantos produtos e serviços, *chamando* para perto, *colando*, *aproximando* e, finalmente, *fixando* estilos de vida, tipos de pessoas e variações de ambientes. Os produtos *falam* uns com os outros. Um novo sofá na sala *denuncia* o tapete velho, a cortina e a mesa de centro. O sapato da moda *grita* contra a bolsa imprópria. Os bonecos das crianças funcionam em sistemas onde só existem em reunião com outros (muitos, evidentemente) parceiros e/ou inimigos. Assim como os álbuns de figurinhas, cuja lógica é a da falta: até se completarem revelam a solidão – uma vez completos já não fazem mais sentido algum.

Esses são alguns aspectos do desafio de construir um conhecimento mais amplo desse complexo universo do consumo e, através dele, entender algumas dimensões centrais da cultura contemporânea. Conhecer a lógica que reúne a estrutura intrínseca e o significado cultural dos objetos; os eixos de significação que os produtos e serviços transmitem através de seus nomes, embalagens, cores ou texturas; seu simbolismo e sua aparência; sua relação com as práticas sociais; seu sentido classificatório, seu etnocentrismo e poder de exclusão; e, até mesmo, sua possível mágica de guardar memórias e transportar esperanças. Essas e tantas outras são questões que devemos enfrentar para entender o consumo como uma experiência de cultura – com certeza marcante; talvez até constitutiva da singularidade de nosso tempo.

Sob a regência da presença: subjetividade e cálculo entre jovens consumidores de *ecstasy* no Rio de Janeiro

Maria Isabel Mendes de Almeida
Fernanda Eugenio

O cenário atual das culturas jovens dos setores médios urbanos de nossa sociedade e sua associação com o consumo de substâncias sintéticas em festas de música eletrônica vêm se convertendo em relevante foco de observação para o acompanhamento de mudanças significativas no plano da subjetividade, das formas de organização da sociabilidade e seus regimes de administração dos afetos, das emoções e das visões de mundo aí compreendidas. Seguindo as pegadas de um espírito de época mais abrangente que se faz acompanhar pelo deslocamento, pela imprecisão e pela mobilidade permanentes de valores, crenças e sentidos de verdade, tal cenário vem depositando sobre o sujeito a necessidade de tomada de decisões, formulações de escolhas e construções de traçados sobre seus destinos.[1] Esta vem se configurando, portanto, como um espaço/tempo atravessado pelo signo da mudança, que tem como

[1] Destacamos aqui, por exemplo, o trabalho de Le Breton, *L'adieu au corps* (1999), no qual a referência à produção pessoal das identidades na contemporaneidade conecta-se a modalidades de bricolagem culturais em que as influências sociais exaltam predominantemente a importância do ar dos tempos em detrimento das regularidades mais profundas e duráveis. Bezerra Jr. (2002), em seu diagnóstico de época, ressalta a dimensão de sobrecarga da decisão individual na sociedade contemporânea no que diz respeito à ideologia, identidade, aparência, padrão moral de conduta. Tal condição diz respeito ao esvaziamento do poder normativo e ao questionamento da legitimidade de antigas referências à tradição, classe, família, cultura local etc.

característica central a exigência de um esforço de reflexão teórica simultâneo à emergência e ao impacto cruciais de tais transformações. Considerando, então, a natureza ensaística e "laboratorial" desse arriscado desafio, optamos por estabelecer, no âmbito dessa reflexão, um recorte analítico em torno de um segmento jovem de freqüentadores de *raves*, clubes, festas e festivais de música eletrônica. Tal opção de lazer e de modalidades de sociabilidade e agregação entre jovens vem se configurando como importante índice de transformação das relações entre tempo e espaço, assim como daquelas entre formações subjetivas e suas articulações com novas acepções relativas aos usos e significados do corpo.

Além desses aspectos, chama a atenção nos dias de hoje a significativa representatividade numérica dos jovens participantes dessas festas de música eletrônica. Cerca de 50 mil jovens estiveram presentes, por exemplo, na quinta edição do Festival *Skol Beats* de música eletrônica, realizado em São Paulo, em abril de 2004. Além de eventos como esse, o maior festival urbano do País, temos igualmente podido acompanhar números maciços de jovens, cuja afluência às *raves* tem sido em média de duas a três mil pessoas.

A pesquisa que vem sendo realizada ao longo dos dois últimos anos[2] inclui uma amostra de jovens de classe média do Rio de Janeiro, cuja idade varia em torno do que se convencionou chamar dos "*twenties something*". Ou seja, uma escala etária inscrita em um certo padrão de autodefinição que trafega pelas imprecisões estatísticas traçadas entre a faixa que vai dos 20 aos 30 anos. A formatação de valores, padrões de conduta, estilos de vida e opções existenciais do grupo em questão estará aqui subsumida ao univer-

---

[2] Apresentamos aqui os resultados parciais da pesquisa em andamento "As substâncias e as cenas: culturas jovens urbanas e espaços interativos", que vem sendo realizada pelo Centro de Estudos Sociais Aplicados da Ucam, desde 2003, entre jovens das camadas médias urbanas cariocas freqüentadores de festas de música eletrônica e consumidores de *ecstasy* e outras substâncias sintéticas. Gostaríamos de registrar e agradecer a ativa e inteligente colaboração de nossos assistentes de pesquisa, João Francisco de Lemos e Helena Gomes, que têm participado de todas as etapas da pesquisa, do campo às entrevistas, da constante troca de idéias à elaboração das reflexões aqui apresentadas.

so mais amplo de suas adesões a um *ethos* jovem que opera como uma espécie de frouxo amálgama.

Trata-se, aqui, de jovens *tranceiros* – cuja eleição preferencial de lazer e consumo vem se construindo em torno da música *trance* e de uma "retomada" atualizada da estética *hippie* – e daqueles que se autodefinem como *modernos* – cuja marca identitária procura distinguir-se de um repertório de atitudes geralmente classificado como "*mainstream*". Tranceiros e modernos diferenciam-se quanto às formas de apresentação de si, mas não no que se refere às modalidades de gerenciamento subjetivo diante das experiências e da dinâmica com o universo das substâncias sintéticas. Os primeiros, agentes atualizadores de uma estética neo-*hippie*, deixam-se reger por um discurso de simplicidade e despojamento, assim como pelo conforto, pela descontração e pelo amplo uso de cores vivas. Entre estas, destacam-se as chamadas flúor, cores ácidas, como o verde e o abóbora, cujo efeito sob a luz negra – indispensável ao *environment rave* – promove o impacto fluorescente essencial nessas ocasiões. É notória sua identificação com uma visão de mundo lúdica e holista, coadunada à sua predileção pelos festivais afastados dos centros urbanos e sua articulação com a referência musical do *trance*. A ênfase atribuída à funcionalidade do traje também salta aos olhos na configuração da estética *trance*. São usados acessórios tais como bermudas, calças ou mesmo saias curtas, que, além de muito confortáveis, devem dispor de vários bolsos e recursos práticos, como as cartucheiras usadas pelas meninas, espécies de pochete com dois grandes "porta-trecos" laterais, cheios de subdivisões. A todos esses acessórios somam-se pequenas mochilas capazes de guardar maços de cigarros, carteiras, celulares, chaves, biquínis e sungas, além das garrafinhas de água. Estas últimas inscrevem-se como produto imprescindível para se ter em contextos em que se verifica o consumo maciço de substâncias sintéticas como o *ecstasy*. Acima de tudo, é importante que o corpo seja capaz, a um só tempo, de servir como suporte de instrumentos e acessórios indispensáveis à fruição da festa e de se converter em instância limite de um bem-estar a ser alcançado.

O *setting* dominante nesses espaços é a própria natureza em si, espaços a céu aberto, grandes áreas livres, geralmente afastadas dos centros urbanos e "adornadas" pela presença de mar, cachoeiras, rios, lagos, montanhas, trilhas de terra etc. Grande parte das festas ou festivais realiza-se preferencialmente nesses ambientes e prolonga-se por mais de 24 horas, exigindo de seus freqüentadores uma distribuição ágil e calculada do tempo, com seus ritmos e seqüências atravessados por minuciosas contabilidades.

Os modernos, por sua vez, protagonizam uma modalidade de inserção na "cena" da música eletrônica que é fundamentalmente urbana, estribada, como se diz na linguagem nativa, na "montação dos corpos"; ou seja, na conjugação estratégica, por exemplo, de roupas de brechó com meias arrastão, no caso das meninas, corpetes e saias plissadas, toques de maquiagem que vez por outra se associam a um visual andrógino permeado por tecidos sintéticos, acessórios metálicos, munhequeiras de couro, *piercings* e tatuagens. A opção pela cor preta é praticamente unânime no universo dos modernos. Ela veste corpos que se destacam pela brancura, pela impressão anoréxica e pela palidez. Um certo *glamour* decadente enfeixa essa apresentação de si e desdobra seus efeitos em torno de um estilo que muitas vezes confunde-se com uma atmosfera aparentemente soturna, que recorre ironicamente a uma estética da agressividade. Apesar dessa conotação, é importante assinalar que essa estética parece estar sempre sintônica e adequada à exibição e ao trabalho dos músculos, embora isso não seja explicitamente valorizado. Entre os rapazes o visual é mais homogêneo: camisetas, calças *jeans* "grifadas" e tênis de marcas, como Adidas e Puma, articulam-se a formas planejadamente desgrenhadas de ostentar os cabelos. Muitos entre os rapazes modernos investem em cortes de cabelos descontínuos, irregulares, que convivem sem conflito com mechas espalhadas e revoltas. A preferência musical desses grupos recai sobre os gêneros eletrônicos do *techno* e do que vem se convencionando chamar de *electro* e *electroclash*, referência que ultrapassa a dimensão estritamente musical, impondo-se como uma "atitude". Atitude *electro*: aquela que, além de evocar traços do mundo *punk*, investe na postura agressiva, diferindo-se nitidamente do *trance*, cuja identificação musical é mais próxima dos segmentos *new age*.

Os clubes e festas de música eletrônica, em sua maioria situados na Zona Sul do Rio de Janeiro, inscrevem-se como o *setting* dominante de diversão dos modernos. Existem variações e múltiplas combinatórias estéticas nesse circuito substâncias-cenas, onde a fiscalização e o escrutínio dos olhares convergem para uma espécie de filtragem da adequação das pessoas ao ambiente. Corpos se ajustam à decoração do ambiente e se distribuem por espaços que muitas vezes se assemelham a uma caixa metálica, atravessados pelo jogo de luzes da pista e pela imprevisibilidade das batidas eletrônicas.

A perseguição do bem-estar como estética da existência

Referimo-nos anteriormente às linhas de confluência que podem ser traçadas entre esses dois grupos, aparentemente tão díspares em suas arquiteturas visuais e estéticas. Tais linhas assentam-se sobre as modalidades de gerenciamento de si e de seus corpos na interação dos sujeitos com o universo das substâncias sintéticas. A radiografia desse gerenciamento pressupõe, em primeiro lugar, uma discussão atenta sobre as noções de competência, eficiência, pragmatismo e vigilância sobre corpos, espaços e sujeitos. Paralelamente a essa gestão, não se pode deixar de assinalar a inserção precisa da noção de bem-estar na economia interna dos sujeitos envolvidos.

A fim de que se possam demonstrar o registro e a inserção particular assumida por essa noção no contexto estudado, devemos ter em mente certas descontinuidades históricas verificadas nas décadas de 1960-1970 e nos movimentos contraculturais a elas associados. Não pretendemos aqui aprofundar a visão de mundo e os estilos de vida das gerações emblematizadas pelo movimento *hippie* e suas cruciais implicações no repertório cultural da época. Para nossos fins, cumpre destacar o registro preciso assumido nos anos 1960-1970 pela idéia do uso e do consumo da "droga" como efetivamente "droga" – tratava-se de um ato de rebeldia que se servia da (e não rompia com a) lógica moral vigente da dicotomia legal/ilegal e veneno/remédio, tal como formulada pelos discursos jurídicos e biomédicos. Em contrapartida, o que hoje observamos é o recurso àquilo que seria considerado como droga desalojado de seu caráter estigmatizante – uma vez que também seu uso não é mais encarado como suporte para a bandeira da rebeldia. Daí optarmos pela referência generalizada ao termo substâncias, já que nossos informantes não submetem o que consomem àquele filtro moral discriminador, procedendo a uma diferenciação das substâncias a partir de um critério de adequação espacial. Isso significa dizer que são ocasiões, espaços e contextos – cada qual solicitando o incremento fornecido por um tipo de substância – que investem de sentido aquilo que é consumido. Às *raves*, o *ecstasy*; à conversa de botequim, o chope. Assim, sob o registro mais abrangente da noção de substâncias, estão compreendidos não somente os itens que seriam classificados como drogas ilegais, mas igualmente os anabolizantes, os emagrecedores, as *smart drugs*, e até mesmo as barras de cereais, as vitaminas e as bebidas alcoólicas em geral. Em uma palavra, o amplo universo de substâncias disponíveis para a sensibilização e a incrementação dos corpos.

Ao lançarmos mão dessa referência comparativa com as décadas de 1960-1970, nossa intenção é apenas problematizar as formações subjetivas aí compreendidas *vis-à-vis* aos achados de nossa pesquisa naquilo que se refere à dinâmica relacional dos sujeitos com as substâncias e com seus corpos. Um dos mecanismos centrais que orienta as motivações em jogo no consumo contemporâneo de substâncias é o do *acesso* e não o do *escape* da realidade circundante. Sob a regência da presença, o *ecstasy* é encarado como portal para um adensamento do estar, e não para uma fuga.

> Você não perde a sua consciência, você está ali o tempo inteiro. O seu superego não sai dali. É um bem-estar potencializado. É tudo misturado, na verdade. Estar fritando, derretendo. Quando você está dançando, você absorve a música. É uma doideira. (André, 24 anos)
> Nada me faz cair, nada me faz perder o controle. Eu tenho um senso de responsabilidade muito forte. Até passando mal,

alucinada... É uma fuga controlada, entendeu? Não é uma coisa assim, "vou tomar e foda-se". Não é uma coisa que te deixe fora da realidade. Você quer naquele momento esquecer seus problemas e se divertir, mas você sabe que no dia seguinte você vai ter aula, vai trabalhar, vai dormir e acordar e fazer o que tem que fazer. (Mariana, 21 anos)

Esses depoimentos – que resumem uma espécie de "bula comportamental" sobre a boa administração do consumo do *ecstasy* – reúnem um conjunto significativo de elementos que apontam para as particularidades das novas articulações estabelecidas entre substâncias e bem-estar. Tais associações vêm encontrando variantes significativas de sua pertinência no mundo farmacológico dos psicotrópicos como formas de modelização do comportamento e do humor, deslocadas de sua acepção patológica (Le Breton, 1999).

Afastada de sua tradicional conotação marginal e transgressora, a "alegria sintética" resultante do consumo da substância aparece aqui traduzida como potencialização máxima da presença, do acesso e da conquista do bem-estar. O parentesco do mundo da "droga" com a ilegalidade, a transgressão e a degradação, assim como com a idéia de evasão e escape, parece perder sua significação norteadora para os sujeitos em questão. A regência apriorística da obtenção do bem-estar e do vinco imprescindível da "presença" afasta da "cena" as interferências poluidoras e sujas associadas ao universo das "drogas", assim como se distancia das idéias de aviltamento do corpo e da própria dimensão da dor.

> Eu cheirava cocaína e parei. Primeiro, porque meu namorado não curte, por respeito e tal, e depois porque, sei lá, eu gosto muito do *ecstasy*, então eu acho que eu achei uma droga legal, que me faz bem, que me deixa bem... (Laura, 23 anos)

A asseptização da "droga" e sua vinculação a um eixo de atitudes pragmáticas e calculadas na busca contínua do bem-estar e do cuidado de si obrigam-nos a estabelecer uma rigorosa contrapartida com as paradigmáticas viagens lisérgicas das décadas de 1960 e 1970. Estas últimas podem ser aqui identificadas pela valorização dos critérios intensivos de produção de corpos "onde o vigor do instante de vida se impõe sobre a duração da vida em extensão". (Viana Vargas, 1998:131) É possível, portanto, identificar na travessia da viagem lisérgica uma espécie de desbalanceamento entre transcendência (vertigem) e cálculo ou acesso ao real. Isso significa dizer que o equilíbrio entre intensividade e extensão rompia-se em favor da primeira como peça-chave de viabilização da evasão e do escape.[3] É possível, ainda, acrescentar que essas configurações subjetivas aliavam-se a aspectos cujo regime de funcionamento encontrava-se mais próximo da "eternidade do instante" (Maffesoli, 1996) e da aposta no curto prazo, além de fazerem parte de um *ethos* psicológico baseado na ênfase sobre a introspecção, sobre os solitarismos e sobre o recuo do mundo. Tanto a dor como o aviltamento do corpo não se caracterizavam como variáveis importantes de serem controladas nessa modalidade de agenciamento de si. Acima de tudo, tratava-se, nas décadas de 1960 e 1970, da soberania do escape da realidade e da perda de si, atuando em contraponto ao conjunto de profilaxias e avaliações extensivas sobre a duração da vida.

Esse cenário, cujo aprofundamento torna-se impossível nos limites deste artigo, sofre um sensível processo de ressignificação no âmbito das abordagens contemporâneas das drogas sintéticas, e a instalação da condição da "hiperpresença", do "estar ali como nunca se esteve" confere a medida dessa especificidade.

Acompanhando, portanto, o nosso espírito de época para o qual "estar melhor do que bem" (Bezerra Jr., 2001) funciona como tônica, nossos informantes controlam e alternam com particular maestria uma vida de extensão com momentos e intervalos de intensidade. (Viana Vargas, 1998) A radiografia desse bem-estar encontra eixos de conexão com os processos contemporâneos da

[3] O privilegiamento de um desses pólos deve ser entendido no âmbito da tradicional relação entre o dispositivo da sensibilidade e o dispositivo da sexualidade, que caracterizam as culturas ocidentais modernas (Dias Duarte, 1999).

"gestão farmacológica da existência", cuja intolerância diante das asperezas da vida é, a cada dia, mais significativa e inquietante. (Le Breton, 1999)

Uma entrega calculada e pontuada de cuidados que dosam e monitoram a intensidade, equilibrando os tênues limites e contornos da "consciência" e de seu ajuste ao contexto – é o que evidencia o depoimento de Laura, 23 anos:

> Mas não perco a consciência de maneira alguma, também. Perder, eu não perco. Eu estou sabendo tudo que eu estou fazendo, agora, eu só tenho mais liberdade para fazer. Eu me sinto mais à vontade para chegar nas pessoas e conversar, para abrir um sorriso para uma pessoa que eu nunca vi na minha vida. Mas eu sei o que eu estou fazendo. Se eu quero beber água, se eu quero ir ao banheiro, se eu quero falar com você. Sei muito bem quem está do meu lado, eu não perco a consciência. Não saio do meu estado.

A associação entre drogas e bem-estar verifica-se no consumo convertido em acesso e portal da presentificação da experiência. Algo como a obtenção de uma "transcendência materializada", dissociada de significados, valores ou ideologias, parece estar em jogo aqui. "Introspecção?", nos interroga Laura, 23 anos, espantada: "De maneira alguma. Você fica exposto, você precisa falar, você fica para fora. Você precisa se comunicar. Você precisa chegar nas pessoas, você precisa falar, tocar."

A entrada no "portal-substância" atua como uma espécie de *double bind* (Bateson, 1985) para os sujeitos, uma vez que o "estar lá" não cancela o "estar aqui", só torna este último um tanto diluído e sem importância. Se o "aqui" está desanimado, o banheiro sujo, a festa vazia, o DJ equivocado, a lama (no caso das *raves*) se espalhando pela pista – tudo isso se converterá em mero "apesar", diante de um universo paralelo muito divertido, acessado através do prosaico contrato de um asséptico e portátil comprimido: uma alegra sintética, tão *fake* quanto excepcionalmente maravilhosa.

> A bala é muito funcional, você toma e não precisa mais fazer nada, é só aproveitar. Você não precisa preparar uma carreira, você não precisa fazer nada... (Roberto, 28 anos)

A economia interna de Mariana, 21 anos, é exemplar a respeito da administração dos humores na interação com as substâncias. Ela nos permite acompanhar uma espécie de contabilização pragmática e de delicado equilíbrio dos efeitos do *ecstasy* sobre sua agenda de compromissos e sua rotina com a mãe:

> As pessoas ficam assim: "vamos tomar mais, vamos tomar mais". Não, eu não vou tomar porque eu sei que daqui a pouco eu tenho que sair, porque marquei com minha mãe de chegar em casa às oito horas, então tenho que chegar às oito. Eu ligo: "Mãe, estou aqui e vou demorar mais 15 minutos, mas está tudo bem." Com três balas na cabeça: "Mãe, blá-blá-blá, te amo! Tchau!"

Essa fina e minuciosa *expertise*, cuja matriz assenta-se sobre o primado indivisível da competência e do espírito pragmático, desatrela-se dos referentes disciplinares, herdeiros da instância do biopoder clássico (Foucault, 1999). Referimo-nos aqui a formações subjetivas articuladas a princípios outros de controle, que inserem a ingestão das substâncias nos rituais de administração corporal, passando a exigir do consumidor todo um material cuidado de si assentado na perseguição do bem-estar.

A montagem do corpo perito

Compreender a experiência subjetiva envolvida no consumo jovem de substâncias sintéticas como o *ecstasy* envolve compreender o tipo de trabalho sobre si acionado por esses jovens para gerenciar corpos, estocar memórias e forjar discursos. Falamos de uma experiência subjetiva encarnada e coletivizada, que se organiza como volátil fluxo, acionando o corpo ao mesmo tempo como "protagonista e emblema do *self*". (Le Breton, 1999) Entretanto, afirmar que o corpo tem se convertido simultaneamente em agente e paciente do "cuidado de si" contemporâneo, na fomentação do que Ortega (2003) chamou de bioidentidade, não quer dizer que esse novo sujeito, entregue a um "esforço contínuo de exteriorização" (Le Breton, 1999), possa prescindir do cultivo da interioridade e do trabalho sobre si. Esses movimentos, porém, não mais se dissociam de uma experiência encarnada; não mais se considera que o caminho do cultivo implica um continuado esforço de decantação, de superação e alheamento em relação às dimensões corporais do vivido. Implodindo dualismos já gastos, a forma de estar no mundo dos jovens que buscamos compreender aponta para um gerenciamento de si que muito se aproxima do que Ingold (2000) descreve como o processo de aquisição de *skills*. Situacional e completamente "embebido em ação", o aprendizado das *skills* é um trajeto idiossincrático de acúmulo de saber no corpo e de desenvolvimento de um estado de ininterrupta *atenção* ou *alerta* do corpo sobre si próprio, que, longe de converter o praticante experiente em um autômato, permite-lhe "estar mais ali do que jamais esteve".

Assim, poderíamos dizer que toda uma encarnada *bildung* precisa ser desenvolvida pelo jovem consumidor de *ecstasy* a fim de que este possa alçar-se da condição de novato, que não sabe administrar-se e precisa da orientação dos amigos, à de hábil perito de si mesmo. A poética a se operar, aqui, traduz-se na composição de um técnico que sabe fazer-se corpo auto-regulável, *atento* para que a experiência de entrega possa adequadamente deixar-se atravessar pelo cálculo e pelo pragmatismo que caracterizam nosso espírito de época.

É nesse sentido que é possível compreender a sentença aparentemente contraditória de Alice, 27 anos, ao explicar como se comporta quando sob o efeito das "balas": "Quanto mais descontrolada eu fico, mais controlada eu fico." O corpo, autor e objeto de todos os cuidados, converte-se em arena de um contínuo, fluido e amistoso duelo travado entre as demandas simultâneas da extensividade e da intensidade (Viana Vargas, 1998). Instado a entregar-se ao prazer e ao intenso e, ao mesmo tempo, a zelar pelos valores da ordem da extensão (a saúde, a longevidade, os estudos, a carreira profissional), o jovem consumidor dessas substâncias sintéticas forja para si um equilíbrio movediço, e se mantém em uma espécie de platô (Bateson, 1985). Idealmente, a experiência bem-sucedida envolve movimentar-se de modo a garantir que nem o cálculo excessivo impeça a fruição, e nem a entrega seja irrevogável. Afinal, como diz André, de 24 anos: "A diferença disso aqui para Woodstock é que lá a galera partia pra uma viagem sem volta. Aqui não, maluco. Eu vou pra festa, tomo bala, mas no dia seguinte tô lá engomadinho no trabalho."

A expressão "se joga!", que os amigos gritam uns para os outros nas festas de música eletrônica, dá a medida da focagem central que é depositada no corpo, simultaneamente protagonista e receptáculo das sensações *em jogo* ali. Um corpo flexível, volátil, atravessado pelo movimento e pela energia ao mesmo tempo densa e imaterial que faz "ferver" a pista. Falar em "jogação", "jogado", "me joguei muito", tudo isso aponta para a dimensão de *vertigem* que é buscada e sorvida pelos corpos em festa. Movimento de *arremesso de si*, a vertigem é uma ânsia que não se esgota: ninguém pretende que ela tenha um desfecho, que ela conduza a uma queda. Ao contrário, o objetivo de todos é uma espécie de *equilíbrio metaestável* (Simondon, 1995), continuamente estimulado, constante apenas na inconstância. Como se fosse possível estar sempre fervendo, mas nunca deixar-se evaporar. Como se fosse possível se jogar e não cair – brincadeira viável apenas porque é exercida sempre dentro dos contornos de um permanente estado de *alerta*.

O devido aproveitamento da festa-com-substâncias exige do freqüentador uma *expertise* em muitos níveis, e o trânsito em fluida atenção por todos eles denota o quão *skilled* é o sujeito. A coleção de saberes dos quais é preciso aprender a se servir é bastante ampla, dando conta do quão complexas, híbridas e múltiplas são as habilidades a desenvolver. O primeiro passo – saber comprar/obter a substância – já exige que o sujeito esteja minimamente inserido em uma rede de amigos ou amigos de amigos dos quais pelo menos um figure como um contato "quente", já que o *drugdealer* é um igual em se tratando de *ecstasy* – e isso por si só já aponta para uma relação que se pretende asséptica e segura com a substância, que não a associação ao vício, à marginalidade ou a qualquer outro tipo de degradação.

Também é preciso saber construir o *setting* adequado para o consumo, reunindo características que apontam para o bem-estar como um imperativo, algo com que já se deve contar de partida – afinal, não se toma a "bala" para ficar bem, mas sim para ficar "melhor do que bem". (Bezerra Jr., 2001) O corpo protagonista não admite limitações na ordem dos humores: estes sempre podem e devem ser potencializados por meio do incremento sensorial e da ampliação da superfície de contato com o mundo. Interessa, pois, cuidar da "ambiência", o que envolve a escolha de um espaço onde tudo tenha sido pensado para estimular os sentidos aflorados, bem como a montagem cuidadosa de um grupo-célula apto a prover o sujeito, ao longo da festa, ao mesmo tempo de uma imaterial película de segurança e de uma alegria contagiante, que opere mimeticamente produzindo e sustentando a *vibe*.

> Acho que tudo que está à sua volta tem que te proporcionar bem-estar e segurança para a onda fluir bem. Por isso que é importante com quem você está, onde você está, se está tudo direitinho, saber que, se alguém ali passar mal, vai ficar tudo bem. (André, 24 anos)

> Você tem que estar com pessoas boas. Você vê uma pessoa dançando e você vê que aquela pessoa está bem, está feliz. É contagiante. Você vê e você pega a felicidade da pessoa, e você fica bem de ver a pessoa bem, é um lance engraçado. Se uma pista está boa e está todo mundo vibrando bem, não tem como você não se contagiar. (Laura, 23 anos)

> Mas com a bala eu acho que ela pede um clima assim, eu acho que a bala pede uma música eletrônica, pede esse clima, e a festa pede uma bala. Para mim, uma festa sem uma bala não é uma festa. (Felipe, 25 anos)

O primeiro movimento necessário para construir uma boa experiência com a substância, portanto, passa por uma *expertise* "social": saber onde ir e em qual companhia. E isso porque, diferentemente de outras substâncias, como a cocaína ou a maconha, o *ecstasy* é uma experiência pensada como *necessariamente coletiva*, compartilhada com um grupo, além de exigir um espaço específico para seu consumo. A preferência do consumidor poderá recair nos espaços abertos das *raves* ou nos fechados dos clubes, no *trance* ou no *tecno/electro*, mas em todos os casos o consumo se inserirá irrevogavelmente dentro da geografia da noite, da *balada*. A substância por si só não proporciona a experiência perseguida; esta é um fenômeno resultante da combinatória substância *mais* cena.

Portanto, o básico, em termos de *skill* social, é saber se inserir no contexto adequado para o consumo – o que inclui espaço, música e pessoas. E estes dois últimos quesitos implicam compreender e incorporar uma estética específica: por um lado, todo um processo de alfabetização musical que permitirá distinguir e eleger preferências entre os diversos estilos de música eletrônica; por outro, um figurino que combine "beleza grifada" com o conforto e a praticidade do corpo portátil.

O passo seguinte será o desenvolvimento paulatino de um saber híbrido, biomatemático, acerca da relação entre a química da substância e a química do corpo. Trata-se de saber determinar o momento certo para ingerir o comprimido, a fim de garantir que o auge da festa coincida com o auge da "onda". Esse momento precisa ser calculado levando em conta unidades temporais variáveis de corpo para corpo, e aí se revela toda uma ciência concreta ocupada em conhecer as reações físicas, dominá-las e prevê-las: o tempo que a substância demorará para começar a agir, a duração do pico da "onda", o tempo que levará para a onda "baixar". Afinal, como explica Camila, 20 anos: "A onda perfeita é aquela que dura o tempo exato da festa." O efeito da substância é pensado como delicado produto de uma relação entre um corpo idiossincrático, cujo funcionamento é preciso aprender a mapear, um *setting* mutante e a composição química variável das "balas". Cada um de nossos entrevistados tinha algo diferente a dizer quando perguntávamos acerca de qual era a dosagem ideal para si – um comprimido, meio, um e meio, dois, três... etc. –, bem como acerca da distribuição desse consumo no tempo – duas metades com intervalo de algumas horas; *double drop* (dois comprimidos ingeridos de uma só vez); um comprimido inteiro e mais meio depois de algumas horas, ou mais outro inteiro; a metade adicional oferecida por alguém triturada e cheirada em comum com os amigos; a combinação do *ecstasy* com outras substâncias, maconha sendo a mais freqüente, mas também com o lança-perfume etc.

> Tem um certo planejamento. Mais ou menos as pessoas sabem a hora em que querem tomar. Dependendo de até que horas vai o lugar, tipo, eu numa *rave* tomaria uma bala às três e meia, digamos. Iria bater umas quatro e meia, depois às sete eu ia tomar outra e isso ia ficar até de manhã. Mas isso numa *rave*. Pra você tomar umas três horas da manhã no Dama, vai bater quatro e meia e daqui a pouco já acabou. (Vinícius, 20 anos)

> Eu tomo sempre meia. É a minha dose. O Vinícius toma duas, três, mas ele tem quase dois metros. Eu sou pequena. Só tomo inteira se a bala for fraca. Agora, se for pancada, tomo meia. Se eu não souber, aí eu tomo meia primeiro e, se for o caso, mais meia. (Flávia, 26 anos)

> É bem melhor tomar inteira porque você sente logo a onda assim: "pá!". (Camila, 20 anos)

> A primeira liberação é que é a boa. Por isso que tomar duas não adianta tanto. Por isso que é melhor o *double drop*, você toma logo duas de uma vez. É muito bom! Imagina a onda ao quadrado. (André, 24 anos)

> Mas assim, eu não vou tomar um, vou tomar logo dois. Um não bate! Vou tomar uma droga para ter uma experiência, vou estragar meu corpo para não sentir nada? Se é para tomar, toma direito. (Mariana, 21 anos)

Aceder a essa espécie de perícia acerca das respostas do corpo ao estímulo oferecido é algo a ser aprendido através de um estocástico processo de tentativa e erro, que muito se aproxima do que Bateson (1985) chamou de *learning II* – aprender a se mover em contextos mutantes, adequando o conhecimento adquirido a qualquer situação que se apresente, redimensionando a cada instante a materialidade do vivido. Matemática concreta, física dos corpos, discurso biomédico como valor. A substância é pensada como mais uma das cápsulas de felicidade disponíveis no mercado para uma contínua operacionalização do bem-estar. O uso é regulado pelo pragmatismo, daí a dosagem "ideal", além de ser determinada por um *atento* e encarnado conhecimento, obedecer também a uma lógica calculada acerca da reação física ao *day after*. Isso responde em parte pelo caráter volante da cena, que faz com que a "cara" das festas e clubes mude conforme o dia da semana: ela pode se dar com diferentes níveis de intensidade e mesmo com um quê de improviso ocasionalmente. Alguém pode estar disposto a ingerir apenas meia bala em uma quinta-feira, já que o dia seguinte será de trabalho, e três em um sábado, já que terá o domingo inteiro para recuperar o cansaço de um corpo que pulou por horas e horas, turbinado por uma "alegria de laboratório".

> Na época mais louca da minha vida, quando eu tomava mais, eu sempre fui muito controlada. Então, eu tomava e todo mundo ficava: "Vamos tomar mais um, vamos tomar mais um?" Eu podia ficar na rave por horas ainda, mas eu falava: "Não!" Porque na minha cabeça eu sei que se eu tomar mais eu vou ficar mais cansada amanhã, e quarta-feira eu tenho uma prova. (Mariana, 21 anos)

Entre tomar o comprimido e a onda "bater", porém, há um intervalo de tempo carregado de expectativa, sobre o qual também deve incidir um cálculo e uma autogestão. A *skill* em jogo aqui pode ser bem sintetizada na idéia de um *trabalho de "abstrair"*. Os amigos que tomam juntos aconselham-se uns aos outros ora a "esquecer que tomou e deixar vir" ora a "acreditar no E (*ecstasy*) que ele vem" – e isso porque se acredita que uma ansiedade muito aguçada terá no corpo um efeito de "trava". O ingresso no portal-substância inclui, assim, um necessário afrouxamento do controle no momento que imediatamente se segue à ingestão. Essa é a hora em que o corpo deve saber fazer-se *paciente*, cedendo o posto de protagonista para a substância: é ela quem irá *agir* (GELL, 1998), e isso se fará em um intervalo que varia entre 30 minutos e uma hora, dependendo de quem toma e da qualidade da "bala".

O diálogo a seguir, entre os amigos André, 24 anos, e Camila, 20 anos, dá a medida de como o *trabalho de abstrair* é tomado como algo de responsabilidade do sujeito: como se tudo o que ele precisasse fazer nesse momento da *margem* fosse *controlar o próprio autocontrole*. É interessante notar que uma eventual "falha" nesse processo, que venha a fazer com que a onda não aconteça, é atribuída indubitavelmente ao sujeito, e jamais à substância. Esta, segundo Marcela, 20 anos, "Não tem como não sentir. É que nem se você tomar um remédio. Vai fazer efeito, não tem como. Só se a pessoa ficar se travando demais", ou "se a pessoa for fraca, frágil psicologicamente" (Mariana, 21 anos), "pecado" talvez ainda maior nas sociedades do controle, que prezam uma competência formatada nos moldes empresariais. (Deleuze, 1992)

> *André*: Não depende só da substância, é muito psicológico. Tem gente que toma e não tem onda! Porque não relaxa: "Ai, será que já bateu? Estou sentindo alguma coisa, será que já é?" Tem que esquecer, abstrair!
> *Camila*: Tem gente que não tira o olho do relógio, esperando os 40 minutos.
> *A*: Isso todo mundo faz, não adianta que todo mundo faz! Mas você tem que esquecer!
> C: Eu abstraio, vou fumar um ali...
> *A*: *Você aprende*. Abstrair é essencial! Se você não fizer isso, sério, não tem onda! *A culpa é da pessoa!*
> C: Por exemplo, se cinco pessoas tomam a mesma bala, em quatro delas bate e em uma não, *o problema é da pessoa*!

Uma vez que o ingresso no portal-substância ocorra de modo bem-sucedido, estamos no terreno daquilo que é descrito ora como "fritar" ora como "derreter", metáforas carregadas de fisicalismo.

Os saberes necessários para gerenciar o corpo, aqui, incluem cuidar para que não haja desidratação, bebendo bastante água ("eu calculo, para mim, pelo menos umas 10 garrafas por *rave*. Já levo o dinheiro para 10 garrafas", diz Camila, 20 anos); descansar vez por outra nos espaços *lounge* destinados ao *chill out*; e estar atento e pronto a ajudar caso algum amigo passe mal. Além, é claro, de saber "segurar a onda" e "reagir" caso quem passe mal seja o próprio sujeito.[4]

Eis o trabalho sensorial dos corpos em festa: conjugar seguidas camadas de saberes, compondo uma memória inscrita na carne. Esta, continuamente acionada, permite que a experiência com as substâncias nunca escape aos contornos do cálculo: nem enfaixada e endurecida, nem tampouco assumindo o aspecto convulsivo e sujo de uma perda de si absolutamente "fora de moda". O mandamento uníssono a nortear todos esses procedimentos é o do corpo feito protagonista, tornado hiper-real e hiperpresente pelo atravessar simultâneo da música, das substâncias, das pessoas e do ambiente. Redenção profana, transcendência materializada, corpo-agente.

[4] Esse "mal-estar" pode incluir, alternadamente, algum "princípio de paranóia" ou "um pânicozinho", logo redirecionados para pensamentos alegres por amigos zelosos, ou vômitos rápidos, os quais, segundo os relatos, "são ótimos, porque aí é que a onda bate mesmo".

Jovens e celulares: a cultura do atalho e da sociabilidade instantânea

Ana Maria Nicolaci-da-Costa

A sociabilidade mediada por computadores e celulares: visões negativas

As novas formas de sociabilidade a distância, tornadas possíveis pela difusão da Internet e da telefonia celular, vêm se constituindo em uma fonte de preocupação para muitos de seus analistas, entre os quais se encontram predominantemente psicólogos, sociólogos e filósofos.

A sociabilidade instaurada pela difusão dos programas interativos em tempo real pela Internet, por exemplo, gerou muita comoção entre psicólogos. Pelo menos nos primeiros momentos dessa difusão, vários destes não viram com bons olhos um novo hábito adquirido pelos usuários da Rede: o de bater papo com todos os tipos de pessoas – conhecidas ou desconhecidas, geograficamente próximas ou distantes etc. – nos inúmeros canais de *chat* aos quais tinham acesso por meio de seus computadores. Na opinião desses profissionais, tais relações *on-line* – a seu ver, superficiais e passageiras – estavam substituindo vínculos interpessoais e emocionais importantes, na medida em que isolavam as pessoas de seus círculos familiares e sociais tradicionais.

E isso não foi tudo. Horrorizados perante a intensidade com a qual milhões de usuários da Internet ao redor do mundo passaram a se dedicar à manutenção desses novos relacionamentos, alguns psicólogos norte-americanos – notadamente Kimberly Young (1996, 1998) e David Greenfield (1999, 2000) – chegaram a alegar haver identificado a emergência de uma nova patologia, que acometia principalmente os jovens: a do vício na Internet.[1]

Entre sociólogos e filósofos, as novas formas de sociabilidade a distância, facultadas pela Internet e/ou pelos celulares, também geraram – e ainda geram – muita preocupação. Embora não se detenham em analisar suas possíveis conseqüências patológicas, estes se mostram apreensivos em relação a algumas de suas características. Tal como no caso dos psicólogos mencionados (e de muitos outros), dentre essas características destacam-se a fragilidade e a superficialidade dos relacionamentos sociais contraídos e/ou mantidos a distância. A suposta fragilidade dos laços interpessoais gerados pelas novas formas de comunicação a distância é, no entanto, para eles, fonte de inquietação por um motivo diferente: temem que a fragilização dos laços sociais possa resultar em um esgarçamento do próprio tecido social. Um bom exemplo desse raciocínio pode ser encontrado nas nostálgicas análises que Sennett e Bauman fazem da contemporaneidade, tomando a era moderna como contraponto.[2]

Segundo Sennett – principalmente em *A corrosão do caráter* (1998) –, a instantaneidade das comunicações mediadas por computadores e/ou celulares já atingiu diversos setores da vida em sociedade e pôs fim ao "longo prazo" da era moderna. O "curto prazo", por sua vez, tem efeitos desastrosos: corrói a confiança, a lealdade, o compromisso mútuo e, como conseqüência, corrói também o caráter dos homens e mulheres contemporâneos. Ou seja, ao menos na visão de Sennett, no curto prazo das comunicações eletrônicas, as relações interpessoais se tornaram passageiras, voláveis, superficiais.

[1] Esses psicólogos se apressaram a providenciar a inclusão da nova patologia na lista de problemas psicológicos catalogada no *Diagnostic and statistical manual of mental disorders*. Uma revisão crítica dos estudos sobre o vício na Internet pode ser encontrada em Nicolaci-da-Costa (2002a).

[2] Em ambas as análises, é possível identificar aquilo que Jameson (1991) chamou de *pathos* nostálgico (em relação à modernidade) na avaliação das novas formas de sociabilidade.

Já Bauman (1997, 2001) não é tão radical a ponto de falar de uma *corrosão* do caráter ou do tecido social. Mesmo assim, desenvolve raciocínio análogo. Tal como Sennett, registra o predomínio do "curto prazo" no mundo atual e, tal como este, deixa que a nostalgia contamine suas análises, pelo menos no que diz respeito àquilo que acontece no nível interpessoal.[3] Nestas, argumenta que a instantaneidade e a virtualidade das comunicações eletrônicas estão provocando o enfraquecimento e a decomposição dos laços humanos, das comunidades e das parcerias.

Não são, contudo, somente os psicólogos e os sociólogos que se preocupam com os aspectos negativos da nova sociabilidade inaugurada pela comunicação virtual (via Internet e/ou celulares). Virilio, entre outros filósofos que vêem as mudanças atuais com pessimismo (para outro exemplo, ver Baudrillard, 2000), faz afirmações e perguntas bastante desconcertantes a respeito desse tipo de sociabilidade. É de sua autoria, por exemplo, a seguinte pergunta: "Como se pode viver *verdadeiramente* se o aqui não o é mais e se tudo é agora?". (Virilio, 1993:103, grifo meu) Parte de sua resposta a essa pergunta revela um grande medo: o do encarceramento do ser humano em um ambiente "geofísico" reduzido a nada. Diz:

> Se estar presente é estar próximo fisicamente falando, apostemos que a proximidade "microfísica" das telecomunicações interativas fará com que amanhã nos ausentemos, não estejamos presentes para ninguém, encarcerados em um ambiente "geofísico" reduzido a menos do que nada. (1993:118)

Ao fazer essa afirmação, Virilio coloca eficazmente em palavras um medo que pode ser detectado em todas as visões negativas da nova sociabilidade mediada por computadores e/ou celulares

[3] É visível a diferença de tratamento que Bauman dá aos aspectos macro e micro das mudanças ocorridas na passagem da modernidade para a pós-modernidade. Enquanto os aspectos macro recebem tratamento objetivo (no sentido de serem registrados tanto seus pontos positivos quanto negativos), a maior parte das mudanças ocorridas no nível micro (inter ou intrapessoal) é avaliada sob a ótica da negatividade.

discutidas anteriormente: o de que desapareçam os contatos face a face.[4]

Além da nostalgia e do medo de aprisionamento na virtualidade, essas visões negativas têm também uma outra importante característica em comum: a de não levar em conta o ponto de vista daqueles que fazem uso das novas tecnologias para a manutenção de sua própria rede social.

No caso de Young (1996, 1998), Greenfield (1999, 2000) e Sennett (1998), essa postura se manifesta por meio da desqualificação – por meio do julgamento precipitado de novos comportamentos a partir de parâmetros antigos – daquilo que homens e mulheres contemporâneos têm a dizer sobre o seu próprio uso das novas tecnologias de telecomunicação para se relacionarem uns com os outros. Já no caso de Bauman (2001) e de Virilio (1993), essa mesma postura é expressa pelo desconhecimento (ou exame superficial) dos modos pelos quais milhões de pessoas ao redor do mundo usam computadores e celulares na manutenção de relacionamentos interpessoais dos mais variados tipos e intensidades.

A sociabilidade mediada por computadores e celulares: visões positivas

Em nítido contraste com os estudos que ignoram o ponto de vista daqueles que fazem uso de computadores e celulares para manter relacionamentos de diversos tipos, os estudos que adotam o ponto de vista destes revelam um quadro bem diferente. Seguem-se alguns exemplos relacionados ao uso de computadores.

No auge da difusão de visões apocalípticas sobre o uso da Internet nos Estados Unidos, Tapscott (1997) fazia questão de trazer a público suas investigações sobre o uso *saudável* que dela faziam as crianças. Turkle (1995) e Nicolaci-da-Costa (1998, 1999, 2002a), por sua vez, mostravam quanto são intensos e permanentes muitos dos relacionamentos sociais contraídos e/ou mantidos por meio de programas interativos. Já Costa (2001) revelava que, além

[4] O filme *Denise está chamando*, de Hal Salwer, é um bom exemplo desse medo (ver Birman, 1997).

de intensas e permanentes, as relações interpessoais mediadas por computadores podem ser sólidas e solidárias.

Já no que tange ao uso de celulares, ainda é cedo para se ter um quadro nítido. Sua difusão é muito recente, mesmo em países como o Japão, que estão à frente do desenvolvimento da telefonia celular. São, portanto, até o momento poucos os estudos – todos eles internacionais – que procuram investigar seus impactos a partir da ótica de usuários.

Dentre esses estudos internacionais, os mais conhecidos (porque amplamente divulgados na Internet) são, em grande parte, registros etnográficos (alguns por encomenda de empresas de telefonia celular) do uso que diferentes tipos de usuários – de diferentes nacionalidades e diferentes faixas etárias, classes sociais e profissões – fazem de seus celulares (ver, por exemplo, Plant, 2002; Rheingold, 2003; Kopomoaa, 2000; Roberts, Crabtree & Nathan, 2003).

Apesar de seu pouco aprofundamento, de seus diferentes objetivos e das diferentes populações que tinham por finalidade investigar,[5] esses estudos pioneiros revelam alguns resultados relevantes para a presente discussão. Sem fazer julgamentos de valor, revelam, por exemplo, que o uso de celulares vem modificando a organização e a administração da vida em família (dada a possibilidade de controle a distância dos filhos e da casa). Mostram, também, como os celulares permitem a formação de verdadeiras tribos virtuais, algumas das quais já desencadearam movimentos políticos de monta (ver Rheingold, 2003).[6] Constatam, ainda, que as formas de usar essa nova tecnologia são altamente sensíveis a características culturais, etárias e profissionais e, portanto, não são passíveis de generalização.

[5] Alguns desses estudos – como, por exemplo, os de Plant e Rheingold – tinham por objetivo investigar o uso dos celulares em diferentes partes do mundo, enquanto outros se concentraram em investigar os usuários de uma mesma cidade (Kopomoaa) ou de uma mesma nacionalidade (Roberts, Crabtree & Nathan).

[6] Rheingold (2003) observa que o que chama de "turbas inteligentes" (*smart mobs*) já conseguiu organizar diversos tipos de demonstração via celular, inclusive algumas em Manilha, que ajudaram a depor o presidente Estrada, em 2001.

Já no Brasil, nada pode ser encontrado a respeito das conseqüências pessoais do uso de celulares. Sua difusão aqui é tão recente que não parece ter havido tempo para que pesquisas fossem realizadas e/ou divulgadas.[7]

Assim sendo, apesar de não serem generalizáveis, os resultados dos estudos estrangeiros mencionados têm um efeito imediato sobre aqueles que se dedicam a investigar os impactos subjetivos de novas tecnologias sobre os usuários brasileiros. Fazem com que indaguemos o que estará acontecendo em nossa terra natal.

Uma pesquisa brasileira a partir da ótica dos usuários de celulares[8]

De modo a encontrar algumas respostas para essa indagação, foi levada a cabo uma pesquisa exploratória nos moldes daquelas que vêm caracterizando meu trabalho desde os primórdios da difusão da Internet no Brasil (ver, por exemplo, Nicolaci-da-Costa, 1998a, 1999, 2002a, 2002b e 2003). Para tanto, foi usado, como ponto de partida, o único resultado generalizável dos estudos internacionais mencionados: o de que, quase invariavelmente, os jovens estão entre seus maiores usuários.

Ao longo de 2002, foram realizadas 20 entrevistas individuais em profundidade com jovens pertencentes às camadas médias cariocas, cujas idades variavam entre 18 e 25 anos. Todos usavam celulares há minimamente dois anos. Essas entrevistas tinham por base um roteiro composto de 30 itens (a respeito da construção de roteiros, ver Nicolaci-da-Costa, 1989), a partir dos quais eram formuladas as perguntas durante a própria entrevista de modo a que soassem naturais (a entrevista deveria se assemelhar tanto quanto possível a um bate-papo informal). A maior parte desse roteiro

[7] Infelizmente, há um grande espaço de tempo entre a realização e a divulgação de pesquisas científicas nos meios convencionais.

[8] Dessa pesquisa participaram as seguintes alunas do Departamento de Psicologia da PUC-Rio: Erika Falcão Ramalho, Maria Engel de Oliveira, Claudia Puntel Pereira dos Santos, Carolina de Sousa Aguiar Figueiredo, Roberta Beckowski, Daniella Muller de Campos Dantas Brasil. Várias foram bolsistas de iniciação científica do CNPq (Pibic) e Faperj, instituições às quais dirijo meus agradecimentos.

era composta de itens/perguntas abertos (que permitem qualquer tipo de resposta) sobre como os entrevistados usam seus celulares e como se sentem em relação a esse uso. Quando necessários, eram incluídos itens/perguntas fechados (cujas respostas são sim e não), sempre seguidos de perguntas de aprofundamento, como: "por quê?"; "como?"; "onde?".

O discurso de todos os entrevistados foi transcrito e analisado segundo as técnicas de análise qualitativa de discurso, desenvolvidas por Nicolaci-da-Costa (1989, 1994; ver também Nicolaci-da-Costa, 2002a e b). A partir dos resultados dessa análise, é possível se ter uma visão bastante clara de várias características das novas formas de sociabilidade desenvolvidas, a partir do uso de celulares, por jovens das camadas médias cariocas.

Resultados

Todos os entrevistados têm seus celulares sempre por perto (geralmente na bolsa, no caso das mulheres, ou no bolso da calça ou bermuda, no caso dos homens). Flávia Dantas[9] explica em detalhes onde está seu celular em diferentes situações de rotina:

> Eu durmo com o celular do lado da cama, geralmente meu namorado me liga de madrugada, tipo de noite e tal, ou alguém pode me ligar de madrugada, aí o celular fica do lado da cama. Eu acordo, pego o celular, ponho ele dentro da bolsa, venho para faculdade de ônibus ou de carona com a bolsa. Então, eu pego o celular. Durante as aulas eu ponho ele no meu colo e no estágio eu deixo ele em cima de uma mesa, para os outros estagiários atenderem (...), mas tem que estar sempre visível, sempre perto.

Bruno Batista ainda vai mais longe. Admite carregar seu celular até para o banheiro:

> Ando com ele pra cima e pra baixo, em qualquer lugar que eu tiver eu tô com o celular, no banheiro eu tô com celular, pode ligar que vai me achar, e eu não desligo pra dormir.

[9] Todos os nomes são fictícios.

Tal como Flávia e Bruno, a grande maioria dos entrevistados nunca desliga seus celulares (os poucos que o fazem desligam-nos somente para dormir). Os depoimentos de Juliana Araújo e Bianca Falcão são típicos. Juliana mantém seu celular ligado:

> (...) sempre, até de madrugada. É raro, é raríssimo deixar ele desligado... Hoje em dia, eu vou ser sincera..., acho que nem em prova eu deixo mais desligado, eu boto pra vibrar. A dependência é tão grande, que você fica com medo de alguém te ligar e não te encontrar.

Bianca faz o mesmo, deixa seu celular ligado o tempo todo. Não desliga:

> (...) nem no curso, nem no cinema, sempre deixo pra vibrar. Você só vai encontrar meu celular desligado se tiver acabado a bateria e eu estiver na rua. Ele tá sempre ligado, ele fica ligado 24 horas por dia, até de madrugada.

E não é à-toa que os celulares estão sempre ligados e por perto. Eles só não atendem às chamadas quando realmente não podem fazê-lo (como, por exemplo, durante provas) e, nessas ocasiões, querem saber quem chamou para retornar mais tarde. São curiosos e não querem perder nada. Luís Mello, que é outro que não pode se separar do celular nem para ir ao banheiro, dá as suas razões para se comportar assim. Ele tem o celular sempre por perto:

> (...) pra não perder nenhuma ligação mesmo, mesmo que eu não possa atender eu quero saber quem me ligou. Tipo agora, eu poderia ter desligado o celular pra fazer a prova, mas eu falei não, vou deixar ele no silencioso, vai tocar 10 vezes, não vou atender, mas eu vou saber quem me ligou. E tá sempre por perto, às vezes eu tô nos lugares mais bizarros... Eu levo pro banheiro, entendeu.

Podendo atender, eles olham o visor e atendem independentemente de identificarem ou não quem está chamando. Priscilla Costa dá um bom exemplo desse tipo de comportamento:

> Atendo tudo. Atendo porque de repente é alguém que realmente precisa falar comigo, mas eu não gravei o número nem nada (...) eu sempre procuro atender todo mundo, ou então eu ligo de volta. Acho que mais por curiosidade, né?, de saber por que a pessoa tá me ligando.

Se sempre atendem, por que olham o visor antes de atender? Vanessa Sá e João Martins explicam. É para saber *como* atender, pois, no celular, o atendimento é personalizado. Vanessa diz que olha o visor:

> (...) porque eu quero saber quem tá me ligando e... não sei, é mais fácil de atender também, você vê que... vê, por exemplo, é uma amiga minha, já falo "Oi, fulaninha!" Diferente de ligação, tipo, em casa... É, em casa é aquele "alô!" Mas no celular, quando eu já sei que é uma pessoa, eu já falo oi, e tal...

E João complementa. Ele faz isso para: "Saber quem é para falar: 'Oi fulano!!!'. Fazer uma piada e tal..."

Para que isso possa acontecer, nomes e telefones têm de estar armazenados na agenda dos celulares. Na maior parte das vezes, os entrevistados usam a capacidade de suas agendas (que os fabricantes de celulares tornam cada vez maior) ao limite. Carla Nóbrega, por exemplo, afirma, com certo orgulho, que a sua agenda: "Tá lotada, não cabe mais nenhum. Acho que são 100." Outra entrevistada, Cecília Ramos, afirma só armazenar os telefones das pessoas para quem liga mais. Acaba revelando, no entanto, que armazena vários outros. Ter a agenda cheia parece ser uma medida de popularidade. Na época da entrevista, Cecília tinha armazenados os números de 99 pessoas. E achava que tinha poucos:

> É, mas, olha, e eu acho que tem pouco, sabe? Mas são as pessoas ou que eu ligo mais ou que me ligam mais, sabe? Óbvio, eu acho que dessas 99, eu acho que uns 60% são pessoas que eu tenho muito contato, outras eu tenho porque é aquela coisa assim... Você encontra alguém no meio da rua,

> nunca mais a gente se falou, não sei o quê, qual seu telefone e anota. Claro que existem pessoas aqui que eu nunca liguei e nem nunca me ligaram, é só aquela coisa na hora de troca, mas, pô, muito pouco.

Com tantos números armazenados, fica difícil não identificar quem está chamando, e as formas de atender raramente são impessoais, como no caso do telefone fixo sem identificador de chamadas.

Não são, porém, somente as formas de atender que são personalizadas. A difusão e a popularização dos celulares dão lugar a uma nova forma de personalização das chamadas: a do acesso direto e imediato à pessoa com quem se deseja falar. Os jovens entrevistados da pesquisa deixaram muito claro que não gostam de intermediários. Por isso, entre ligar para o fixo ou para o celular de uma pessoa, geralmente optam pelo celular (Caso o custo fosse o mesmo, muito provavelmente sequer pensariam em fazer ligações para ou de telefones fixos.).

Tomando os atalhos da área de trabalho do Windows como metáfora, pode-se dizer que ligar para o celular é o mesmo que usar uma forma de atalho para se ter acesso direto ao interlocutor desejado.

Carla Nóbrega revela como usa o celular com esse tipo de finalidade:

> A galera tá assim, geral, às vezes eu me pego fazendo isso também: eu vou ligar pra fulana, eu quero achar ela, vou ligar pro celular, porque eu sei que, mesmo que ela esteja em casa, ela vai tá com o celular ligado no quarto. Então, tipo, aí eu falo "ah, você tá em casa, então eu ligo pra aí". Eu acho que, às vezes, eu me pego fazendo isso também (...). Acho que... vem a facilidade, primeiro, de encontrar a pessoa; e segundo, tipo meio que ter certeza, certeza entre aspas, de que ela vai atender. Então, se eu quero falar com ela, por exemplo, minha mãe. Às vezes eu quero falar e tá no trabalho, então no escritório dela é assim, a telefonista que passa pra secretária dela que passa pra ela. Saco! Quero falar

> com ela. Aí, eu prefiro, tipo, tentar o celular dela, aí eu já falo direto com ela.

Mateus Oliveira e a maior parte dos outros entrevistados também têm a mesma opinião. Mateus a apresenta de forma compacta:

> O celular, você liga para a pessoa e acha, vai direto ao ponto, tem a certeza de que a pessoa vai atender, e o fixo, é... o fixo. Você liga para a pessoa e atende alguém da casa, tem que pedir par chamar. Celular, a pessoa ligou é para mim.

Luís Mello tem um depoimento a respeito do uso de atalhos, que complementa esses dois primeiros. Afirma não gostar que ninguém atenda seu celular, e explica:

> [Se] acontece de alguém atender seu telefone e a pessoa que liga reconhece que não é você e desliga. Porque só fala se for com você. É por isso que eu não gosto.

Ou seja, quem chama desliga se, ao usar um atalho, quem atende é um intermediário.

Os atalhos são muito apreciados e usados pelos entrevistados também por outros motivos: lhes dão autonomia e preservam sua privacidade. O uso de atalhos permite que liguem para os amigos (e deles recebam ligações) a qualquer hora do dia e da noite (porque somente os destinatários atenderão). Protege, também, sua privacidade dos ouvidos curiosos de familiares.

A respeito de telefonemas a qualquer hora, Priscilla Costa diz:

> Se for muito tarde, assim, eu prefiro ligar pro celular. Eu sei que o celular deve tá no quarto da pessoa e só ela vai atender. Não tem problema de eu estar atrapalhando ninguém.

Já Viviane Batista mostra como o celular protege sua privacidade. Revela que, quando conhece uma pessoa, dá sempre o número de seu celular primeiro.

> Porque eu passo o dia fora de casa e tipo, celular é muito melhor, né, porque, bem ou mal, se eu der o telefone fixo, ainda mais eu que passo muito tempo longe de casa, é minha mãe que vai atender, entendeu? Pô, às vezes eu conheço um cara, aí dar o telefone pro cara, entendeu, cada hora um ligando par minha casa, é chato.

Todos esses comportamentos – ter o celular sempre ligado e por perto, atender a todas as chamadas, usar atalhos etc. – geram um intenso fluxo de ligações ao longo do dia e da noite, inclusive de madrugada.

O depoimento de Luís Mello revela o que acontece durante o dia:

> É geralmente assim, quando eu ligo geralmente eu falo rápido. É muito difícil eu ficar muito tempo. Geralmente, assim, é mais pra aviso mesmo: cheguei, tô saindo, tá aonde. Tipo quando você me ligou "tá aonde?", "ah, acabei a prova, tô aqui", entendeu? A maioria das minhas ligações são assim, abaixo de dois minutos. É muito difícil eu ligar pra alguém pra bater papo.

O mesmo acontece quando estão na *night*. Ainda de acordo com Luís:

> 100% das vezes que eu tô na rua e recebo ligação de madrugada é o pessoal que tá comigo na rua. Tipo assim, às vezes saem três carros aí um se perde do outro "ah, onde você tá?", ou então marca comigo na porta do cinema meia-noite, aí me ligam e falam "já cheguei", entendeu? Ou então "olha só, a gente não gostou daqui, não, porque aqui tá vazio. A gente tá indo lá pro bar não sei das quantas". Geralmente é pessoa que eu já tô esperando, que já tá associado com o que eu tô fazendo, saindo, comendo, indo ao cinema, namorando.

O uso que Luís faz de seu celular na *night* é típico. Todos os outros entrevistados revelam fazer uso análogo.[10] Para João Mar-

[10] Sociabilidade análoga, entre adolescentes cariocas, é analisada por Mendes de Almeida & Tracy (2003).

tins, o uso se intensifica justamente quando ele e os amigos vão se encontrar para fazer programas:

> De noite [o número de ligações] aumenta pra caramba. É a hora que eu mais falo pra saber onde as pessoas estão, onde tá bom... Durante o final de semana é o pico!!! É quando eu mais preciso dele, saber o que está acontecendo, o que tá pegando, muito importante...

Na *night*, eles só não gostam de receber telefonemas dos pais. Viviane Batista acha que a mãe a vigia demais. Para ela, a desvantagem de ter um celular é a de que:

> (...) minha mãe me acha em todos os lugares, sabe, não tenho mais aquela desculpa de "ah, não tinha telefone...". É eu não gosto muito disso, dessa marcação cerrada não, sabe. [Por quê?] Ah, porque eu gosto muito de liberdade, assim, aí, pô, às vezes ela me liga às quatro horas da manhã, ah tá ainda aí, não, vem para casa, ai que saco, sabe, nem atendo.

Claudia Pereira não chega a não atender, mas também se sente muito incomodada com os telefonemas do pai. Segundo ela, ele liga:

> (...) porque quer ficar me controlando, né? Eu acho que todo pai que dá celular pro filho no fundo, no fundo quer ficar é controlando o filho, e não porque é bonzinho.

Não é, no entanto, somente quando estão na rua que muitos desses jovens fazem uso de seus celulares. Como já foi dito, a maioria deixa seus telefones ligados ao longo da noite. E isso acontece porque, mesmo de madrugada, têm autonomia para receber telefonemas, pois os telefones estão por perto em seus quartos. Algumas entrevistadas afirmam não se importar de receber ligações dos amigos de madrugada. Estes ligam por diferentes razões, entre as quais estão brigas com namorados, crises de depressão ou solidão e até mesmo simples fofocas. (Esse tipo de receptividade aos amigos que têm necessidade de conversar de madrugada foi interessantemente batizado por uma jovem de "disque-amigos".)

Viviane Batista deixa seu celular ligado ao longo da noite porque:

> Tem amiga minha que me liga durante a madrugada, deprê, ou então para contar alguma coisa. Geralmente é amiga, assim, pra falar alguma coisa, ou pra reclamar da vida, ou então pra contar que saiu com um cara, não sei o quê, não sei o que lá, aí é bom ficar sabendo das fofocas.

Flávia Dantas também não tem restrições quanto a receber ligações de madrugada quando está em casa. Diz:

> Eu não tenho problema com isso, se as pessoas tão me ligando de madrugada é porque tão precisando falar comigo. [Normalmente isso acontece por quê?] Quando as amigas brigaram com o namorado, quando estão tristes, precisando conversar.

Todo esse acesso direto e imediato ao outro com quem se quer conversar ou desabafar, para quem se quer contar alguma fofoca ou perguntar alguma coisa – cuja contrapartida é dada pela receptividade desse outro – faz com que esses jovens partilhem uns com os outros diversos aspectos de seu cotidiano. Tanto é que alguns chegam a ter a sensação de que os celulares aumentam a intimidade de certas relações.

Esse é o caso de Carla Nóbrega, para quem o uso do celular facilita a construção da intimidade:

> É, eu acho que às vezes facilita. Por exemplo, eu acho que esse negócio de namorado, por exemplo, ele ligar qualquer hora. Antigamente era só em casa, mãe atendia e às vezes ficava com vergonha. Acho que poder ligar, poder mandar mensagem de texto pode ajudar a ir criando a intimidade, pode aumentar.

Também é o caso de Luís Mello, que acha que o celular aproxima mais as pessoas: "É... acaba que [o celular] aproxima mais, né? Eu acho que acaba fazendo com que as pessoas fiquem mais íntimas."

O intenso uso que fazem dos celulares para manutenção de sua rede social e de sua programação tem uma outra importante conseqüência: quando ficam sem o celular (no caso de este quebrar, ser perdido ou roubado), os jovens entrevistados sentem que perderam o contato com o mundo. Alguns de seus depoimentos a esse respeito são bastante enfáticos.

Juliana Araújo, por exemplo, afirma que o celular:

> É o principal meio de comunicação [rindo]. Eu me sinto, assim, hoje em dia, segura, e se eu sair de casa sem o celular eu fico, assim, se eu tiver sem o celular e precisar falar com alguém "como é que eu vou fazer?". (...) A dependência é tão grande que você acha que você tem que estar com ele em todo momento.

Viviane Batista é ainda mais dramática. Diz que se ficasse sem o celular:

> Ia faltar alguma coisa, imagina vir para a faculdade e ficar sem o celular, como eu ia falar com alguém?, não dá. Ia ser horrível.

O depoimento de Paula Mendes, no entanto, é o mais radical:

> Não consigo sair de casa, eu não fico sem celular, parece que eu tô sem calcinha, sem cabeça. Se eu sair sem celular, eu dou um jeito, volto. Ficar sem bateria é um desespero porque, ao mesmo tempo que eu quero falar com as pessoas, as pessoas querem falar comigo. Se não conseguirem, ficam nervosos. Onde é que você tá? Então, é imprescindível, eu acho que hoje em dia... a maioria da população que usa celular não consegue mais ficar sem ele. Eu já perguntei e as pessoas não conseguem. Vicia, faz parte do corpo, quase.

Esses depoimentos nos fornecem uma importante pista para compreender o papel que o celular desempenha na vida dos entrevistados. Se sua falta os deixa desorientados, inseguros e sós, o fato de o terem por perto gera a sensação de segurança e de estarem acompanhados.

Carla Nóbrega e Paula Mendes, por exemplo, admitem explicitamente que vêem seus celulares como companheiros. Carla diz:

> (...) pensando nele [celular] hoje em dia na minha vida... eu acho que eu vejo talvez até como, inventando uma palavra, até como companheiro [risos]. É engraçado, tipo, tô sem ter o que fazer, vou aproveitar pra fazer aquelas ligações, ou vou jogar aquele joguinho que tem no celular, ou, enfim, vou mandar uma mensagem de texto. É, não sei se é bem companheiro, não sei se estou me expressando direito, mas eu acho que tem um peso, lógico que tem, tanto que eu admiti que se eu ficasse uma semana sem eu ia ficar, não doida, mas vou me sentir meio "caramba, e agora?", "preciso falar com fulana, e agora?", "eu tô na rua, vou procurar um orelhão?".

E Paula Mendes parece completar: "É uma relação, quase um melhor amigo mesmo."

A nova sociabilidade de todos os instantes

Quando examinamos de perto, como acabamos de fazer, os tipos de sociabilidade que vêm sendo gerados pelo uso dos celulares, os medos discutidos no início deste trabalho se mostram completamente infundados. Não há indícios de que as relações interpessoais dos jovens que foram entrevistados na pesquisa que acabamos de apresentar estejam se tornando mais frágeis, mais superficiais, mais passageiras e menos solidárias, como parecem temer Bauman e Sennett, por exemplo. Também não há vestígios de encarceramento na virtualidade, como sugerido, entre outros, por Virilio.

A mobilidade, a instantaneidade, a personalização e o acesso direto, possibilitados pela comunicação a distância via celulares, dão fluidez a uma rede de sociabilidade muito intensa. Os contatos breves, mas constantes, para obter informações, combinar encontros, planejar a programação da noite ou do fim de semana, ou mesmo para simplesmente contar alguma coisa que acabou de acontecer, dão a esses jovens a sensação de estarem sempre acompanhados. E essa sensação não é somente fruto da imaginação. Eles estão, realmente, em sintonia uns com os outros praticamente o tempo todo.

Eles partilham com seus amigos, ao longo do dia e da noite, de forma instantânea, os mais diversos aspectos de suas jovens vidas. E, sabemos, qualquer partilha de uma ampla gama de aspectos do cotidiano é a base sobre a qual são construídas relações de intimidade. Minimamente, essa partilha gera uma sintonia, que pode ser bastante fina e solidária, como no caso dos amigos que estão disponíveis para oferecer conforto ou partilhar momentos especiais mesmo de madrugada.

Muito provavelmente, contudo, as conseqüências dessa constante partilha estão sendo ainda mais profundas. A julgar por seus depoimentos, ela já está tendo como resultado um incremento da intimidade, bem como da lealdade e da confiança em várias das relações desses jovens.

Parece, portanto, que, ao contrário das expectativas de alguns, as relações interpessoais que analisamos são sólidas, permanentes, íntimas e solidárias. Descartado o primeiro medo, passemos ao segundo.

A despeito do pessimismo de Virilio, os resultados da pesquisa realizada mostram com clareza que esses jovens e suas redes sociais não estão encarcerados na virtualidade. Tal como no caso de outros aspectos da vida social – a exemplo do poder e do capital –, sua extraterritorialidade é apenas parcial.[11] Eles vão "se falando" naquele que Castells (2000) chamou de espaço dos fluxos,[12] para se encontrar em algum ponto do espaço convencional: na praia, na fila do cinema, na sala de aula, no bar...

[11] A respeito da desterritorialização de vários aspectos da vida em sociedade, ver Bauman (2001).

[12] Castells propõe a idéia de que há uma nova forma espacial característica das práticas sociais que dominam e moldam a sociedade em rede: o espaço dos fluxos. "O espaço dos fluxos é a organização material das práticas sociais de tempo compartilhado que funcionam por meio de fluxos" (Castells, 2000:436-437).

Mesmo parcial, essa extraterritorialidade lhes oferece (e também a seus pais), todavia, várias possibilidades inéditas. Em tempos de muita violência urbana, sentem-se seguros porque podem pedir ajuda a qualquer hora. Seus pais também se sentem mais confiantes de lhes outorgar uma maior autonomia porque sabem que podem achá-los, sempre que sentirem necessidade de fazê-lo. Essa autonomia, por sua vez, os faz sentirem-se livres (embora tenham consciência de que estão sendo vigiados a distância) e menos invadidos, pois podem manter um grau de privacidade antes impossível para quem mora com a família.

Não é de espantar, portanto, que se sintam perdidos quando desconectados dessa rede. Sem acesso a ela, sentem-se excluídos do convívio de seus pares e enfrentam uma nova, mas não menos dolorosa, forma de solidão.

Inventando novas vidas em novas realidades

Carla Faria Leitão

Habitando o espaço virtual: novos desafios para as ciências sociais e humanas

Ao longo da história, o desafio de desbravar e de habitar novos espaços sempre impulsionou transformações humanas de grande monta. Por meio das grandes navegações, desenhamos e redesenhamos os mapas do planeta, inventando maneiras de viver no mundo. Na época da Revolução Industrial, preenchemos os mapas com estradas, fábricas e cidades, construindo e desconstruindo novas formas de ser e de agir no mundo. Já no final do século XX, incorporamos os computadores e a Internet ao nosso cotidiano e começamos a desbravar um novo e peculiar espaço, batizado de diferentes nomes: espaço virtual, realidade da Internet, mundo digital, ciberespaço etc. Esse espaço é, segundo Castells (1999), desprovido de materialidade, embora dotado de realidade. É, também, flexível, estruturado em rede e com infinitos centros de comunicação. Ainda segundo o autor, esse novo espaço é, sobretudo, o suporte para muitas das práticas sociais da atualidade. Em outras palavras, desde meados dos anos 1990, estamos participando da criação e da habitação de um novo espaço de vida, e nele estamos reinventando novas formas de ser, de sentir e de nos relacionarmos uns com os outros.[1]

[1] Uma interessante análise das transformações sociais geradas pela apropriação de diferentes espaços pode ser encontrada em Harvey (1989) e em Castells (1999). Do ponto de vista das transformações subjetivas, Nicolaci-da-Costa (2002a) faz uma minuciosa comparação entre o surgimento

A reação dos profissionais das ciências humanas e sociais ao surgimento do espaço virtual foi bastante rápida. Desde o final do século XX, diversos autores - tais como Baudrillard (2000), Castells (1999), Lévy (1995), Nicolaci-da-Costa (1998), Virilio (1993) e Turkle (1995) - começaram a analisar as transformações sociais e subjetivas desencadeadas pelas primeiras experiências humanas nesse novo espaço de vida.[2]

Hoje, restam poucas dúvidas de que estamos diante de um contexto de investigação científica muito fértil e instigante, no qual mudanças profundas estão em curso. É possível observar e registrar, em primeira mão, o processo de constituição de um novo espaço de vida, os laços sociais em formação e a diversidade de novas reações e sentimentos experimentados. Por outro lado, trata-se, também, de um contexto particularmente difícil. Tudo vem mudando muito rapidamente. A prática científica contemporânea apresenta mais dúvidas do que certezas. Para aqueles que se aventuram no estudo do virtual, o terreno a percorrer é incerto, desconhecido e repleto de desafios.

Um dos desafios mais complexos parece ser o de construir categorias de análise capazes de captar as novas e positivas características da vida no mundo virtual. Autores como Castells (1999), Lévy (1995), Nicolaci-da-Costa (1998, 2002b) e Vattimo (1985, 1999) são enfáticos em afirmar que antigos referenciais impedem a percepção das mudanças geradas pela realidade virtual. Embora essa não seja uma posição unânime nas ciências humanas e sociais, para esses autores, a profundidade e a radicalidade das transformações em curso exigem o abandono de formas já consolidadas de interpretação do mundo.[3] Dessa ótica, investigar o espaço vir-

---

das metrópoles na Revolução Industrial e o do espaço virtual na revolução da Internet.

[2] Para uma discussão das razões pelas quais as tecnologias digitais começaram a despertar o interesse de pesquisadores das ciências humanas e, em particular, dos da psicologia, ver Leitão & Nicolaci-da-Costa (2000).

[3] Vários autores analisam os impactos sociais e subjetivos da Internet a partir de categorias tradicionais das ciências humanas e sociais. O exame de suas obras foge, no entanto, ao objetivo deste artigo, que visa a contribuir para a discussão sobre culturas jovens a partir de *novas* sensibilida-

tual e suas conseqüências sociais e subjetivas significa deixar para trás trilhas que, embora seguras e fáceis de percorrer, só chegam a antigos e conhecidos lugares. Conhecer o virtual requer, sobretudo, percorrer caminhos desconhecidos que não têm sinalizações claras, tampouco rotas antecipadamente traçadas. Faz-se necessário abrir novas trilhas, com ousadia para abandonar antigas certezas, e criatividade para inventar novas estratégias de percurso.

Uma das estratégias que vêm se mostrando promissoras é a de pedir auxílio a guias experientes, capazes de percorrer com familiaridade caminhos que são conhecidos de poucos. No caso das trilhas virtuais, os guias experientes parecem ser os jovens, que não cansam de surpreender os adultos pela facilidade com que navegam pela Rede, pela espontaneidade com que habitam as salas de bate-papo e de jogos *on-line* e pela criatividade com a qual constroem *blogs* e *sites*, marcando presença no ciberespaço. Dado que já nasceram em um mundo digital, os jovens da atualidade sabem muito pouco a respeito de como o mundo era antes da Internet. Não têm a distância necessária para comparar a vida antes e depois do surgimento do espaço virtual e, portanto, estariam mais livres das antigas formas de interpretação da realidade. Os jovens seriam, também, menos preconceituosos e nostálgicos. Afinal, não podem sentir saudades de um mundo que não conheceram. Poderiam, então, ajudar os pesquisadores na desconstrução de antigas categorias de análise e na identificação de novas e positivas características do espaço virtual. Em suma, o contato com a juventude contemporânea seria uma estratégia interessante para lançar olhares menos comprometidos com o passado e mais atentos às rupturas do presente.

Neste artigo, busca-se refletir criticamente sobre essa estratégia. Argumenta-se que análises que destacam características positivas da vida digital de jovens não são necessariamente eficazes na identificação de transformações subjetivas e sociais e na construção de novas concepções da juventude. Essas análises parecem se manter atreladas a antigos referenciais, refletindo a dificuldade

des e linguagens. Para o exame de obras ligadas a *antigas* linguagens, ver Young (1998), Kraut & Kiesler (2003) e Baudrillard (2000).

de atribuir ao espaço virtual o caráter de realidade e aos jovens o papel de inventar novos estilos de vida em novas realidades. Essa discussão é realizada a partir do exame dos trabalhos de Turkle (1995), Tapscott (1997) e Rushkoff (1997) sobre a vida digital, e dos resultados parciais da pesquisa de Leitão (2003) a respeito dos impactos da Internet sobre psicoterapeutas da atualidade. Passemos, primeiramente, à discussão dos trabalhos sobre a vida digital.

Em busca do novo: conhecendo a vida dos jovens no espaço virtual

Três obras recentes já são, hoje, consideradas referências clássicas para o estudo da subjetividade e da sociabilidade contemporâneas à luz das experiências virtuais. *Life on the screen* (1995), de Sherry Turkle, expõe os resultados de pesquisa com usuários dos *Muds*,[4] dedicando parte expressiva de sua discussão às experiências dos jovens na Internet. *Growing up digital*, de Don Tapscott (1997), também um relato de pesquisa, dá uma visão panorâmica da chamada geração digital norte-americana, descrevendo seus hábitos e opiniões. Finalmente, *Um jogo chamado futuro*, de Douglas Rushkoff (1997), reúne observações a respeito das atividades de lazer de jovens e crianças (os *screenagers*), dando especial atenção à Internet e à televisão. Essas obras apresentam inúmeros aspectos que as diferenciam, ligados principalmente à formação e aos objetivos de seus autores. Há, no entanto, vários pontos de convergência, nos quais este breve exame se concentra.

Primeiramente, os três autores destacam a estratégia de conhecer o mundo digital através dos jovens como forma de identificar novas e positivas maneiras de viver nessa nova realidade. Tomando emprestada a imagem utilizada por Turkle (1995) e por Rushkoff (1997), os primeiros "habitantes naturais" do ciberespaço, os jovens, ajudariam os "imigrantes", os adultos, a perceber os significados de um novo espaço de vida.

[4] *Muds* (*multi-users domains*) são jogos virtuais semelhantes aos *role-playing games*. Seus participantes criam personagens com características de personalidade marcantes (personas) e criam imagens para representá-los. As personas interagem, em tempo síncrono, em ambiente criado pelos participantes (um castelo, uma festa etc.).

Já o segundo ponto de convergência refere-se ao uso que os autores fazem das categorias de juventude e de adolescência. Dado que buscam desvincular-se de categorias antigas para lançar olhares novos e criativos sobre os jovens, Turkle, Tapscott e Rushkoff não partem – ao menos de forma explícita – de definições teóricas tradicionais a respeito da juventude. A idéia de adolescência como uma fase específica do desenvolvimento humano (comumente usada nas ciências humanas) e a de juventude como uma etapa de construção e definição de papéis (vinculada às ciências sociais) não estão presentes em nenhuma das obras examinadas. Nestas, jovens são definidos somente como aqueles que nasceram e cresceram em uma época na qual computadores e Internet já faziam parte do cotidiano de uma expressiva parcela da população mundial.

Já a terceira convergência encontrada relaciona-se ao tom tranqüilizador dos discursos dos autores. Há uma defesa explícita da idéia de que a falta de familiaridade dos mais velhos com o virtual gera uma atmosfera de pânico incompatível com o que efetivamente os jovens fazem atualmente. Para os autores, os adultos devem ficar relaxados e tranqüilos em relação aos rumos da juventude no mundo.

Procurando desfazer a aura de mistério e de medo que envolve a chamada geração digital, Turkle (1995), Tapscott (1997) e Rushkoff (1997) chegam, então, a definições bem semelhantes a respeito dessa geração. São muitos os aspectos positivos destacados: atividade, flexibilidade, pensamento relativizado, criatividade, bom humor, sutileza e ironia, autoconhecimento, segurança, independência e, acima de tudo, felicidade e bem-estar. Para os autores, estamos diante de uma geração que desbrava novas realidades e que inventa novas formas de estar junto, novas formas de aprender e novas formas de viver. Essa geração encontra no espaço virtual uma fonte saudável de prazer e, mais do que isso, leva para o mundo real todo o prazer e o divertimento que experimentam em suas aventuras na Rede. Dessa ótica, a juventude contemporânea torna-se o que poderíamos chamar de uma juventude *light*, muito feliz e divertida.

Essa definição positiva deixa, no entanto, de examinar as possíveis dimensões de mal-estar, conflito e sofrimento dos jovens que hoje habitam o espaço virtual. Turkle (1995) é, talvez, aquela que dá maior atenção a essas dimensões. Segundo ela, o jovem (ou o adulto que também habita o virtual) está diante do desafio de integrar experiências muito distintas colhidas nos mundos real e virtual, e a ausência de integração dessas experiências resultaria em conflito e sofrimento. A autora, entretanto, não chega a discutir em profundidade as conseqüências subjetivas dessa possível ausência de integração. Já Tapscott (1997) e Rushkoff (1997) expõem superficialmente um outro tipo de conflito: o conflito entre gerações. Para eles, a desconfiança e o desconhecimento que os pais têm do virtual geram uma distância muito grande entre pais e jovens. O foco do problema estaria, entretanto, na figura dos pais. Estes deveriam aprender a viver – e a deixar de sofrer – com os filhos.

A discussão sobre as reações dos pais à vida jovem no ciberespaço dá origem a uma definição muito negativa da geração adulta (em oposição à positividade encontrada na definição de juventude). Tapscott, Rushkoff e também Turkle (embora com menor intensidade) referem-se às gerações mais velhas sem matizes e sutilezas. São adultos nostálgicos, pouco ousados, indevidamente preocupados e inábeis para captar o lado divertido da vida. Enquanto os jovens estariam felizes e livres de conflito, os adultos seriam o repositório dos sofrimentos e conflitos do mundo. Da ótica dos autores, caberia aos adultos pedir ajuda aos jovens, deixando que estes mostrem as características positivas da vida e, em particular, as prazerosas facetas da vida no espaço virtual.

Esse foi o caminho trilhado por Turkle, Tapscott e Rushkoff. Guiados pelos jovens, eles identificaram uma série de características positivas do espaço virtual. A viagem através da tela de um computador, diz Turkle (1995), leva o jovem a descobrir aspectos desconhecidos de si mesmo. O espaço virtual, fala Tapscott (1997), é um lugar de interação, investigação e exploração. No ciberespaço, afirma Rushkoff (1997), o jovem aumenta sua intimidade com as pessoas e partilha seus pensamentos e emoções.

Curiosamente, no entanto, as principais categorias usadas na análise do virtual, apesar de positivas, expressam a noção de transitoriedade. Para que essa noção possa ficar clara para o leitor, é interessante acompanhar algumas idéias desenvolvidas pelos autores.

Turkle (1995:10) define a vida virtual como a "cultura da simulação", na qual o contato com outras pessoas e a criação de diferentes personagens são facilitadores do autoconhecimento. Quando examina especificamente a vida jovem, diz que a Internet se transforma em um laboratório de experiências para a solução de conflitos, para vencer a timidez e para ensaiar as primeiras aproximações de cunho sexual em ambiente seguro. No virtual, o jovem ganharia o direito a uma "moratória" (p. 263), que possibilita a experimentação de diferentes facetas de si e o crescimento pessoal.

De modo análogo a Turkle, Tapscott (1997) também enfatiza a experimentação de papéis nos ambientes interativos da Rede. Para o autor, o virtual é um espaço seguro no qual jovens (e também crianças) podem assumir diferentes papéis, explorá-los e descartá-los com facilidade. O ciberespaço, diz ele: "se tornou o *playground* da geração digital. É um lugar onde eles brincam e se divertem". (Tapscott, 1997:8, tradução nossa)[5]

Finalmente, Rushkoff (1997) faz coro à dupla anterior. Ao analisar o universo dos jogos *on-line*, diz que a diversidade dos ambientes desses jogos e suas semelhanças com situações reais oferecem aos jovens a oportunidade de testar estratégias de vida. Nas suas palavras, esses jovens estão "treinando sem peso" (p. 192), sem o peso da vida real.

Simulação, moratória, experimentação, *playground*, teste, treinamento. Essas expressões tornam claro o caráter transitório e provisório que os autores atribuem ao virtual. A simulação precede a ocorrência de um evento definitivo. A moratória é a suspensão provisória de uma dívida. A experimentação é o ensaio ou o teste em situações de controle. O treinamento torna alguém apto em alguma tarefa.

---

[5] No original: "*has become an N-Gen playground and hang-out. It is a place where they play and have fun*". (Tapscott, 1997:8)

A metáfora do *playground* virtual parece, no entanto, trazer maior visibilidade à questão aqui discutida. Um *play* concreto é um espaço socialmente valorizado. Animação, alegria e divertimento são algumas das idéias associadas a um *play*. Nesse local, durante o dia, espera-se a freqüência das crianças. Ao final da tarde e à noite, as crianças cedem seu lugar à tribo jovem. Sua presença também é socialmente aceita. São jovens conversando nos balanços e namorando nas gangorras. Adultos passam por lá, mas não ficam. São babás, faxineiros, porteiros e alguns pais mais vigilantes. Crianças e jovens se divertem no *play*. Adultos estão lá a trabalho. Rapidamente o tempo passa, os jovens crescem e vão embora do *play*. As crianças tornam-se jovens e passam a freqüentar o *play* à noite. E os jovens, agora adultos, em breve retornam, com seus filhos no colo, deixando-os a brincar no *play*.

Dessa ótica, o *playground* – concreto – é um espaço de prazer e de vida dotado de características muito positivas. É, no entanto, um espaço de simulação e treinamento, no qual crianças e jovens aprendem a se relacionar, experimentam diferentes papéis, conhecem e assimilam as regras de sociabilidade vigentes em nossa cultura e preparam suas estréias no mundo real. Nesse sentido, é um espaço transitório, permitido a crianças e jovens, mas proibido a adultos. É, também, um espaço de aprendizado de regras sociais já conhecidas, e não um espaço de invenção de novos estilos de vida.

O caráter provisório da habitação de um *playground* concreto é familiar e facilmente visualizável, posto que já faz parte de nosso cotidiano há muito tempo. O mesmo parece não acontecer com o caráter transitório do espaço virtual, expresso na metáfora do *playground* da geração digital. Aos olhos ávidos por identificar características positivas do virtual, as interpretações dessa metáfora parecem destacar muito mais os aspectos de prazer e divertimento do que a idéia implícita de que, passada a juventude, o usuário deverá abandonar o espaço virtual. Se comparado a um *play*, o virtual também se define, no entanto, como espaço de vida temporário, dado que serve como fonte de prazer e diversão somente enquanto for necessária a preparação para a vida real. É apenas um espaço de treinamento e de simulação e, mais do que isso, um espaço para a transmissão, assimilação e manutenção de antigas visões de mundo.

A percepção dessa transitoriedade traz à tona alguns problemas que as definições de espaço virtual em Turkle (1995), Tapscott (1997) e Rushkoff (1997) apresentam. O primeiro refere-se aos possíveis obstáculos que essas definições colocam para a identificação de características novas e positivas da vida virtual de adultos. Se o virtual está ligado ao ensaio de experiências para uma estréia no mundo real, o que pensar dos adultos que hoje derivam prazer e divertimento do uso que fazem da Internet? E o que imaginar a respeito da geração digital em um futuro próximo? Será que, quando adultos, os atuais jovens irão estrear na vida real e deixar de habitar o espaço virtual que desbravaram com pioneirismo? Já o segundo problema diz respeito a se, a partir dessas definições, o virtual pode ser um espaço inovador e gerador de transformações sociais e subjetivas de monta. Isso porque as idéias de simulação, de experimentação de papéis e de treinamento parecem muito mais ligadas à assimilação e à manutenção de formas tradicionais de vida do que à invenção de novas vidas em novas realidades.

Alguns desses problemas ainda permanecerão sem solução, até que seja possível observar essa geração de jovens daqui a alguns anos. Muito do que se pensa hoje ainda se faz sem a desejável distância temporal que possibilita a crítica. É possível, porém, esboçar algumas reflexões preliminares a respeito desses problemas. Para tanto, sugere-se mudar de estratégia. Ou seja, em vez de ouvir a voz experiente da geração digital, daremos voz a um grupo específico de profissionais das ciências humanas que se depara com a necessidade de refletir sobre os impactos do virtual em suas práticas profissionais. Isso será feito por meio da apresentação de resultados inesperados da pesquisa realizada por Leitão (2003) com psicólogos que atuam como psicoterapeutas da atualidade. Esses resultados (tidos como inesperados por não fazerem parte dos objetivos da investigação) referem-se a diferenças que os entrevistados fizeram entre o uso da Internet por parte de jovens e de adultos. Após essa apresentação, acredita-se ser possível contribuir para a discussão dos problemas encontrados nas definições de vida digital aqui examinadas.

Internet: um espaço proibido para maiores

Um breve panorama da pesquisa

Leitão (2003) realizou uma pesquisa qualitativa com o objetivo de investigar os impactos da difusão da Internet no exercício da prática psicoterápica contemporânea, nos terapeutas que a exercem e na forma como esses profissionais pensam as teorias que embasam sua prática. Participaram da investigação 16 psicoterapeutas (psicanalistas e gestaltterapeutas) que atuam há mais de 10 anos em consultórios particulares do Rio de Janeiro, tendo uma clientela variada, composta por crianças, jovens e adultos. A coleta de dados foi feita por meio de entrevistas, nas quais um roteiro semi-estruturado serviu de guia para o estabelecimento de uma conversa o mais informal possível. Para a análise do material coletado foram utilizadas as técnicas de análise de discurso (Nicolaci-da-Costa, 1994).[6]

Os resultados obtidos dividem-se em três grupos. O primeiro diz respeito a indicadores clínicos que, segundo os terapeutas entrevistados, apontam para impactos subjetivos sofridos pelos pacientes-usuários da Rede. Já o segundo refere-se aos impactos sofridos pelos próprios terapeutas, ou seja, às suas reações diante da chegada da Internet aos consultórios. Finalmente, o terceiro grupo liga-se às reflexões dos entrevistados sobre os limites e problemas das teorias que hoje embasam a prática psicoterápica.

Essa pesquisa, como o breve relato indica, não visou a investigar a juventude contemporânea, sua vida digital ou os pontos

---

[6] Essa pesquisa é parte da tese de doutorado *Os impactos subjetivos da Internet: reflexões teóricas e clínicas* (Leitão, 2003), orientada por Nicolaci-da-Costa e financiada pelo CNPq e pela Faperj. O presente artigo discute somente alguns dos resultados dessa pesquisa, relacionados à cultura jovem na Internet. Sobre a análise teórica, o detalhamento da metodologia e discussão do conjunto de resultados, ver Leitão e Nicolaci-da-Costa (2000), Leitão e Nicolaci-da-Costa (2003) e Leitão (2003).

de vista dos terapeutas sobre essas questões. O roteiro de entrevista sequer apresentava tópicos orientados para a investigação de possíveis diferenças do uso da Rede em diferentes faixas etárias. Espontaneamente, no entanto, muitos dos entrevistados contrastaram o uso positivo da Rede pelos jovens e sua utilização negativa por parte dos adultos. No que se segue, esse contraste é apresentado, com vistas a contribuir para a posterior discussão dos problemas já identificados nas definições da vida digital jovem em Turkle (1995), Tapscott (1997) e Rushkoff (1997).

O contraste entre o uso da Internet por jovens e por adultos

Os terapeutas entrevistados revelam que seu uso pessoal da Internet é muito diferente das experiências virtuais de seus pacientes. Para os terapeutas, a Internet é somente uma ferramenta de trabalho útil para intercâmbio profissional e para pesquisas. Já para os pacientes, a Rede não é apenas uma ferramenta, é um espaço de vida, de prazer e de divertimento. Vejamos o que diz o depoimento a seguir:

> É estranho para mim, mas meus pacientes não fazem da Internet uma ferramenta. Eles fazem dela um espaço de conversação, um espaço de recreação. É um facilitador de relacionamentos. Às vezes se transforma num espaço construtivo, um espaço de elaboração de sentimentos e ações. Um espaço pra sentir prazeres e emoções. (Elza Barroso, gestaltterapeuta)[7]

Tal como Elza, grande parte dos entrevistados percebe que a Internet criou um novo espaço de prazer e de recreação para seus pacientes. Curiosamente, porém, esses entrevistados estabelecem uma diferença marcante entre o uso desse espaço por seus pacientes jovens e pelos adultos. A gestaltterapeuta Marta Bianco, por exemplo, relata:

> A Internet aparece como um objeto de prazer. Os adolescentes têm muito prazer de usar a Internet, de varar madrugada

[7] Os nomes utilizados são fictícios para que o anonimato dos participantes seja preservado.

> se comunicando, pegando música, encontrando parceiros e parceiras. As crianças trazem como curiosidade, como diversão, pegando joguinhos. (...) Não é estudo. É divertimento, lazer. Como um brinquedo. (...) Para o adulto tem também esta questão lúdica, como um brinquedo interessantíssimo. E proibido também. Existe a coisa do brinquedo que te dá permissão de fazer tudo, mesmo o que é proibido.

Para Marta, a vida virtual parece ser uma diversão permitida para jovens e crianças. É, contudo, um brinquedo cobiçado e proibido para os adultos. A psicanalista Mariana Vasconcelos parece concordar. Quando pensa nos jovens usuários, ela diz: "Eu percebo que a Internet circula entre os adolescentes de uma forma muito gostosa, muito engraçada, muito leve." Já quando reflete sobre os casos clínicos de pacientes mais velhos, a leveza e a graça desaparecem da interpretação de Mariana:

> Na verdade, eu acho que eu tenho um certo preconceito, um julgamento de valor de achar que isso que está acontecendo é uma coisa ruim. Que está afastando as pessoas ao invés de estar unindo. Que está dificultando mais os encontros. (...) Como se a Internet fosse um dos sinais de que as pessoas estão se vendo menos, se encontrando menos, se olhando menos, se tocando menos.

A negatividade do discurso de Mariana a respeito do que os adultos fazem no espaço virtual encontra eco nas impressões da psicanalista Dora Cerqueira:

> Para a galera jovem, essa coisa da felicidade é muito clara. Por exemplo, não tem mais a menor graça ficar no telefone como a gente ficava quando era adolescente. O negócio agora é bater papo, usar *nick-name*. (...) Isso entrou com força pra valer. Mas a minha reserva vem de outros contextos. Por exemplo, um outro caso clínico. Aí foi diferente. É uma moça de 40 e muitos que tem uma vida amorosa complicada, de insatisfação, que mergulhou nesse mundo da Internet.

Tudo vira uma evidente substituição do que estava mal na realidade.

O coro de vozes não pára de aumentar. A Internet parece ser um espaço de prazer permitido aos jovens e, para os adultos, um caminho para fugir dos duros desafios da realidade. Vejamos o que a psicanalista Eliane Cabral tem a contribuir para essa linha de raciocínio. Ao falar de um caso clínico de uma adolescente, ela diz:

> É muito engraçado. Eu tinha uma adolescente ano passado que ela coordenava um *chat*. Para ela, era a maneira dela que, na rua, era a mais nova, se sentia mais *outsider*, mais jogada fora porque ela era a bobinha, a mais nova (...). No *chat* ela era a mais esperta de todas. Ela podia ser quem botava ou tirava as pessoas da sala. Ela tinha a possibilidade de inverter o jogo e de exercitar o desejo dela de não ser a bobinha, a atrapalhada, a que vai andar e cai. E ela de fato se tornou menos atrapalhada.

Eliane sugere que, para uma paciente adolescente, o espaço virtual serviu como uma espécie de treinamento protegido. Em seguida, ela revela que, para os adultos, "o *chat* entra como uma aproximação onde logo começa a haver o fracasso".

Esses e outros depoimentos parecem caminhar para a mesma direção. Para os jovens, o espaço virtual é positivo, dado que propicia a brincadeira e o ensaio para a vida adulta. Já para aqueles que já passaram da fase de preparação e de estréia no mundo adulto, o espaço virtual parece se tornar algo negativo, uma fuga quase patológica das dificuldades da vida real. O depoimento a seguir resume essa idéia com clareza:

> Uma generalização mínima que eu faço é a diferença entre o adolescente e o adulto. O adolescente entra e sai disso muito fácil. Ele entra e sai da fantasia com muita facilidade. O adulto... é mais maluco quando o adulto entra. O adolescente brinca mais e acaba se expondo menos. Ele entra e sai de papéis. Até porque ainda não tem nada muito definido

> para ele. Ele brinca mais. Ele diz que tem 18 anos, daqui a pouco ele diz que tem 15. O adolescente joga e o adulto delira mais com esse negócio da Internet. É mais complicado. O adolescente talvez tenha um uso mais saudável. (...) O adulto se expõe, foge para a fantasia, se camufla. Os jovens estão brincando de exercer papéis diferentes. Já os adultos vão conhecer alguém para solucionar um problema. (Daniela Marques, psicanalista)

O contraste entre a positividade do espaço virtual para os jovens e a negatividade desse espaço para os adultos é um dos resultados da pesquisa que merece atenção. Esse contraste é o eixo da discussão que se segue, na qual, finalmente, é feita uma reflexão crítica a respeito dos problemas das novas e positivas definições da vida virtual dos jovens em Turkle (1995), Tapscott (1997) e Rushkoff (1997).

A dificuldade de identificar o novo a partir de novas categorias de análise

As definições dos participantes da pesquisa de Leitão (2003) e as de Turkle (1995), Tapscott (1997) e Rushkoff (1997) a respeito da juventude e de suas experiências virtuais são muito parecidas. Todas falam de uma juventude leve, engraçada e feliz, que cria personagens virtuais, experimenta papéis e se prepara para a vida adulta. Dessa ótica, o espaço virtual é dotado de positividade, mas também, e sobretudo, de transitoriedade.

A identificação dessa transitoriedade deu origem a algumas reflexões críticas. Foi mencionado anteriormente que esta poderia gerar obstáculos para a identificação de novas e positivas características da vida virtual de adultos. Os resultados da pesquisa de Leitão (2003) sugerem que, de fato, quando analisada a partir das experiências de adultos, a positividade do espaço virtual cai por terra. Longe de estar ligada a leveza, prazer e divertimento, a vida virtual dos adultos é, segundo os entrevistados, relacionada à fuga da realidade, ao delírio, à fantasia, à camuflagem, ao isolamento, ao fracasso, ao proibido etc.

Esse contraste parece tornar visível um problema que permeia tanto os discursos de Turkle (1995), Tapscott (1997) e Rushkoff (1997) como o dos profissionais entrevistados por Leitão (2003). Este se refere à posição central ocupada pelas concepções de adolescência, juventude e idade adulta tradicionalmente usadas nas ciências humanas e sociais. O contraste das interpretações relacionadas aos jovens e aos adultos parece estar em perfeita sintonia com a diferença entre as diferentes fases do desenvolvimento humano que, durante o século XX, moldaram o olhar de muitos profissionais das ciências humanas. Indica estar também em harmonia com o processo de construção de identidades, de papéis e de projetos de vida estáveis, concepção de juventude difundida ao longo dos anos nas ciências sociais. Com base nessas concepções, chega-se facilmente às definições de espaço virtual a elas correspondentes.

A adolescência como fase de aquisição de autoconhecimento a partir de experiências similares às dos adultos vividas em ambientes protegidos, por exemplo, sintoniza-se com a idéia do virtual como uma moratória que facilita o conhecimento de diferentes facetas de si e a elaboração de conflitos. A concepção de juventude como um processo de construção da identidade a partir da experimentação de papéis liga-se perfeitamente ao virtual como espaço de simulação e de treinamento. Assim sendo, apesar de os autores examinados adotarem explicitamente uma nova definição de juventude (aquela que nasceu e cresceu no mundo digital), suas interpretações parecem estar – implicitamente – carregadas de antigas formas de pensar o desenvolvimento humano.

Já ao observar adultos, as concepções de virtual se modificam. Isso porque, com base nas categorias tradicionais, espera-se encontrar um adulto mais sério, com um projeto de vida estável e papéis sociais também estáveis. Nesse ponto, os depoimentos dos terapeutas entrevistados por Leitão (2003) revelam o quanto fica difícil e incoerente conciliar as concepções tradicionais de idade adulta com definições positivas da vida virtual. Não é esperado, por exemplo, que o adulto busque a flexibilidade e a mobilidade de papéis e experimente inúmeras formas de ser no virtual. Ao contrário, dele se espera que abandone a brincadeira e o divertimento para viver a vida real. Analisado a partir das concepções tradicionais de desenvolvimento, o espaço virtual, para os adultos, só pode ser dotado de negatividade, como espaço de fuga, de isolamento e de fantasia.

Vemos, portanto, que o olhar positivo para o jovem no espaço da Internet se desfaz quando pensamos no adulto de hoje. Uma das sérias conseqüências disso parece ser a presença de expectativas de que a experimentação dos jovens no virtual encontre um fim e que estes possam escolher papéis sociais estáveis e metas e projetos bem definidos. Neste momento, parece ser esperado que a Internet se torne uma simples ferramenta de trabalho, deixando de ser um espaço de vida e de prazer.

Chega-se, assim, ao segundo problema assinalado em relação às definições de virtual aqui examinadas. Este se refere ao fato de a noção de transitoriedade colocar dúvidas sobre a real profundidade das transformações sociais e subjetivas geradas pela instauração do virtual. Isso parece ocorrer devido à centralidade que uma outra categoria tradicional tem nas atuais interpretações positivas do virtual. Esta se refere à definição de realidade ligada ao mundo concreto.

Nas definições positivas de virtual examinadas ao longo deste artigo, há, sem dúvida, a tentativa de atribuir um *status* de realidade a esse espaço sem materialidade, mesmo que tal *status* seja apenas provisório. Contudo, essas definições dão ao virtual um *status* inferior ao chamado mundo real. A positividade das atuais definições parece ser, então, uma solução de compromisso entre real e virtual. O virtual só pode ser positivo e real se tiver importância bem inferior ao mundo real. Um dos problemas dessa solução de compromisso, no entanto, parece ser o de neutralizar os impactos subjetivos e sociais que a vida no espaço virtual pode estar gerando atualmente. Em um período curto de tempo, é possível que a juventude *light* e feliz de hoje surpreenda a todos. Os jovens podem mostrar que as categorias autoconhecimento, estabilidade e projeto de vida não fazem mais parte de suas vidas. Podem mostrar, ainda, que, enquanto se pensava que eles estavam treinando em um espaço real (mas provisório) de vida para, finalmente, estrear no mundo real, eles estavam fazendo algo muito diferente. Eles estavam inventando novos modos de vida em novas realidades. E, nessas realidades, as fronteiras conhecidas entre crianças, jovens e adultos podem não fazer mais nenhum sentido.

Considerações finais: olhando para nós mesmos

Ao longo deste artigo foi possível discutir o quanto muitos de nós, pesquisadores das ciências humanas e sociais, ainda temos dificuldades de desconstruir nossas antigas categorias de análise e desenvolver novas sensibilidades para identificar as transformações sociais e subjetivas geradas pela instauração do espaço virtual. Essa discussão teve a intenção de chamar nossa atenção para um tipo de discussão que, do meu ponto de vista, não vem se dando na freqüência e na intensidade necessárias. Refiro-me, aqui, à necessidade de lançarmos nossos olhares para nossas próprias dificuldades como pesquisadores das ciências humanas e sociais e de discuti-las no contexto de nossas práticas científicas. Conhecendo melhor nossas próprias dificuldades, talvez a interlocução com nossos objetos de estudo seja feita efetivamente a partir de novas sensibilidades. Concluindo, considero que o trabalho de reflexão teórica e empírica a respeito dos impactos subjetivos que a instauração de um novo espaço de vida gera naqueles que produzem conhecimento sobre este momento de mudança é um campo importante a ser explorado e expandido.

Ciberespaço, ciberamantes, ciberamigos

Márcio Souza Gonçalves

Amor virtual

Nosso tempo dá sinais de uma estranha obsessão histórica quando se define como pós-moderno, como tempo de ruptura e quebra do moderno. Uma obsessão negativa pela história: nosso presente é ruptura com o passado. Precisamos do passado para dele nos distanciarmos, marcando um novo tempo. O campo da comunicação, a partir do qual escrevo, também incorpora essa obsessão histórica negativa. Podemos ver *apocalípticos* e *integrados* como duas posições possíveis diante de uma suposta quebra, julgando essa quebra respectivamente de modo negativo e de modo positivo.

Nesse mesmo campo da comunicação abundam os discursos sobre os novos sujeitos híbridos, pós-humanos, trans-humanos. Não vou discutir aqui o estatuto frágil do conceito de pós-modernidade, mas me interessa bastante a estratégia dos discursos pós-modernos.

Essa estratégia é a seguinte: construir, inicialmente, uma visão da modernidade para, em relação a essa modernidade, marcar uma ruptura. Ora, a visão de modernidade que se constrói é a de uma modernidade unidimensional, visão que privilegia apenas uma dimensão ou estilização, para retomar o termo de Bragança de Miranda, da modernidade, a estilização iluminista, esquecendo-se totalmente da segunda estilização, a romântica.[1] Opera-se

[1] "(...) do ponto de vista da mediação entre o poder constituinte e o já-dado, distinguiremos apenas duas estilizações principais: a iluminista e a

uma hipersimplificação da modernidade e de sua complexidade, simplificação absolutamente abusiva, dado que amputa uma parte sua importante. É fácil então, em face de uma visão tão redutora da modernidade, definir a pós-modernidade como ruptura.

Essa mesma estratégia opera no âmbito do conceito de *sujeito*: ao sujeito moderno, definido de maneira redutora e pobre, em uma vertente cartesiana ou kantiana, sucederia o sujeito pós-moderno. De um lado, um sujeito centrado, racional, consciente, reflexivo, livre; de outro, um sujeito excêntrico, desejante, inconsciente, opaco. Mais uma vez a complexidade do problema é reduzida a uma simples oposição binária (e, é preciso dizê-lo, maniqueísta).

Supostamente, é esse novo sujeito o que ama na Internet, que namora na Internet, que tem amigos na Internet. Ao novo sujeito das redes digitais opõe-se o velho sujeito das territorialidades modernas, do mundo real, do corpo, mas também da razão.

Esse historicismo simplificado, que seria melhor qualificado de "ausência de consciência histórica ou de anti-historicismo", torna difícil a compreensão do estatuto complexo da contemporaneidade, de seus sujeitos e de um fenômeno típico dessa contemporaneidade: os relacionamentos mediados por computador.

Vou tentar pensar, então, esses relacionamentos virtuais, evitando, na medida do possível, esse historicismo binarista e redutor que trabalha com os pares moderno/pós-moderno, velhos sujeitos/novos sujeitos etc. Vou tentar pensar os relacionamentos virtuais a partir de uma perspectiva histórica mais ampla. (Gonçalves, 2000)[2]

---

romântica. Apesar do perigo de se confundirem com 'épocas' históricas, usamos os nomes de 'iluminismo' ou de 'romantismo' pelo fato de, na sua máxima generalidade, conferirem suficiente visibilidade aos fenômenos de estilização que pretendemos apreender. Trata-se, através desses nomes, de pensar as maneiras como se estiliza a experiência, fenômeno que afeta o pensamento e o próprio agir, tipificando-os, ordenando-os etc. Aliás, as próprias teorias da modernidade só ganham alguma nitidez à luz destas estilizações da experiência, dotadas de coerência e estruturas mínimas e relativamente incompossíveis entre si". (Bragança de Miranda, 1994:183)

[2] Onde desenvolvemos extensamente o que aqui tratamos de modo resumido.

A idéia é a seguinte: para abordar com propriedade os relacionamentos humanos de nosso tempo, e especialmente os relacionamentos virtuais, parece-me ser necessário fazer referência à história dos relacionamentos no Ocidente. Essa história deve servir como pano de fundo para uma avaliação precisa do que se passa atualmente. Deve, além disso, desnaturalizar o olho do pesquisador, fazer com que se desconfie da naturalidade do momento atual e das formas de relacionamento que são as suas. Como situar os relacionamentos virtuais na tradição ocidental dos relacionamentos humanos?

É impossível tomar a totalidade dos relacionamentos humanos, de modo que vou fazer uma escolha por um campo mais específico, mas que ainda assim é vasto. Vou trabalhar com o campo dos relacionamentos amorosos humanos, propondo um recorte dentro do campo dos relacionamentos em geral. Vou me referir à história do amor e ao amor mediado por computador. Vamos pensar o amor virtual situando-o ao longo da história do amor no Ocidente.

Começo com uma definição: por relacionamentos amorosos virtuais entendo os relacionamentos tornados possíveis pelas redes de computadores, notadamente a Internet, mas especialmente aqueles relacionamentos que permanecem no espaço do ciberespaço – com o perdão do jogo de palavras –, aqueles que não desejam e não pretendem se transformar em relacionamentos reais, em que há o encontro *face a face*. Relacionamentos virtuais, tal como os que abordo, são os que se restringem absolutamente ao virtual, não sendo um caminho ou um preâmbulo para outros tipos de relação.

A história do amor e dos amores virtuais

O que retiramos de um mergulho na história do amor? Serei evidentemente esquemático. Minha história do amor começa na Grécia da Antigüidade, onde a percepção que se tinha da experiência do amor é bastante diferente da nossa. A pederastia, como bem se sabe, era muito importante e era mesmo o aspecto fundamental do modo como os gregos viviam o amor. Mas, não devemos valorizar com nossos olhos atuais a questão do sexo anatômico dos amantes, pois o cerne do problema encontra-se alhures: o problema básico é a relação que o sujeito mantém com seu sentimento amoroso.

Seja o amante homem ou mulher, o amor é problemático, abalando o domínio que os sujeitos cidadãos devem ser capazes de exercer sobre si mesmos. A questão do sentimento amoroso, como a das paixões em geral, diga-se de passagem, era, para os gregos, a da atividade ou passividade do sujeito sobre aquilo que sentia. Mas há ainda um outro ponto importante: a experiência do casamento e a experiência do amor são diferentes e disjuntas, a segunda não implicando a primeira, a primeira não supondo a segunda. Os romanos, *grosso modo*, prolongam a Grécia, mas realizam uma inflexão que prepara o solo para o advento da doutrina cristã do amor. Essa inflexão é precisamente a valorização de um certo ascetismo que prefigura a visão do amor carnal como um mal em si mesmo, que marcará de maneira tão profunda o Ocidente cristão. O estoicismo tardio desempenhou um papel nessa inflexão.

Essa valorização relativa de um traço ascético é correlata de uma ligeira aproximação entre amor e casamento: o ideal de um casamento baseado no amor, e de um amor conduzindo ao casamento, recebe aí uma primeira e bastante tênue formulação. O cristianismo floresceu sobre esse solo, e o modo como encarou o amor humano e carnal confundiu-se, necessariamente, com o modo como o mesmo cristianismo encarou o casamento.

Este foi encarado, na esteira de São Paulo, como um remédio contra a luxúria, como algo que se pratica na impossibilidade de uma incontinência total. A hierarquia das virtudes proposta por Santo Ambrósio, segundo a qual as esposas são inferiores às viúvas, que são inferiores às virgens, revela também o mesmo estado de coisas.

Ora, o amor humano, em sua parte carnal, é um mal em si mesmo, e o casamento, que ainda não é um sacramento, é apenas dos males o menor. Levar uma vida realmente virtuosa é renunciar ao casamento e ao amor carnal em favor de uma castidade absoluta e de um puro amor espiritual. O amor divino e pelo divino é infinitamente superior ao amor humano e pelo humano.

Em torno do século XII, opera-se uma mudança na doutrina cristã: o casamento é integrado como sacramento, deixa de ser apenas um remédio ou um mal menor. Nesse movimento, o amor humano ganha um espaço mais positivo, mas como um amor essencialmente dessexualizado: a troca carnal ganha seu sentido de reprodução, que é seu fim e sua única justificativa. Podemos caracterizar o casamento cristão que, então, se modela – como um casamento casto, contido, regrado. Nenhum traço de paixão amorosa; o amor é desapaixonado.

O modelo cristão de casamento e de amor divide a cena com um modelo laico dentro do qual o matrimônio é concebido como elemento para o estabelecimento de alianças, geração de descendentes e transmissão, garantia e eventual aumento do patrimônio político, social e econômico. O casamento é assunto sério, não devendo ser misturado a algo tão instável como as paixões amorosas, ponto sobre o qual as famílias revelam um zelo exemplar.

Evidentemente, esses dois modelos, o religioso e o laico, acomodaram-se um ao outro, com concessões de parte a parte. Ambos conviviam, nesse mesmo século XII, com o amor cortês. Amor estilizado, trabalhado. O amor cortês acolhe a paixão amorosa com o intuito de dominá-la mediante uma série de exercícios e provas, dentre os quais o exercício artístico. Não estando excluído, o contato físico é objeto de um rigoroso sistema de ordem. Um aspecto importante é o seguinte: o amor cortês é necessariamente adúltero e infecundo, ou seja, amor é antônimo de casamento. Amor não significa vida em comum ou coabitação.

Um traço característico de todo esse período deve ser destacado: seja no amor cortês, seja no casamento cristão, seja no modelo de casamento de aliança, não encontramos espaço para o surgimento da paixão amorosa. A paixão é excluída, domada ou controlada. A Idade Média, em geral, não foi uma época de paixões descontroladas, como será a modernidade romântica e, mais tardiamente, nosso próprio tempo.

A modernidade, por seu turno, vai alterar esse estado de coisas cindindo a experiência amorosa em duas vertentes antagônicas e complementares. A primeira vertente é a do amor familiar burguês; a segunda vertente é a romântica.

O amor familiar burguês é o que serve de base para uma família centrada cada vez mais na figura da criança, uma família produtiva, precavida, prudente, preocupada como o futuro, esclarecida. O sexo é definido em função da reprodução, mas é objeto, diferentemente do cristianismo precedente, de uma economia e de uma administração. Trata-se de gerir o sexo para produzir a boa prole, bem como de gerir o espaço familiar para produzir a felicidade dos indivíduos. Uma felicidade calma, pacífica, oposta aos arroubos trágicos do Romantismo. Um amor pacificado e sereno, feliz, mais próximo da afeição do que da paixão, é o cimento e a base de sustentação dessa nova família. O amor carnal não é mau: é matéria a ser administrada.

O Romantismo segue um caminho oposto ao do familiar burguês. À finitude da experiência humana, trata-se de opor uma possibilidade de transcendência precisamente por meio da experiência amorosa. O amor é o caminho de acesso a outrem, o que permite uma fusão em um único ser de duas naturezas originalmente separadas. A vida cotidiana não vale a pena, sendo o amor aquilo que pode dotar nossas pobres existências de um sentido superior. Se o amor é impossível, só resta a morte: Werther é o paradigma. À alegria, sentimento vulgar, deve suceder a angústia, a melancolia, a tristeza, amarrando em um laço apertado amor e morte.

Os elementos desse par opositivo - amor familiar burguês e amor romântico - completam-se mutuamente e são as duas figuras da mesma modernidade. A modernidade é o jogo opositivo e complementar dessas duas estilizações.

Um traço importante distingue nossa época: os dois modelos mencionados são unificados em um único modelo: a paixão louca, característica do Romantismo, sendo interiorizada no casamento, seja ele oficial ou não. O apaixonar-se é o primeiro passo para o estabelecimento de uma relação fixa e duradoura. A exclusão sincrônica, que colocava em lados opostos, por exemplo, casamento e sentimento amoroso estilizado na Idade Média trovadora, é substituída por uma inclusividade diacrônica: a paixão amorosa é o início de uma possível união matrimonial ou de uma convivência estável.

Assim, por exemplo, se as casas de encontro antes eram locais de onde as esposas estavam necessariamente excluídas, os motéis atuais são lugares onde maridos podem levar suas mulheres para práticas amorosas que na Idade Média cristã seriam fortemente condenadas. A esposa é também amante; o marido, também sedutor.

O momento contemporâneo é o de uma certa falência dos modelos que tradicionalmente definiram as experiências amorosas possíveis. Daí, por exemplo, Giddens poder falar de relacionamento puro, ou seja, aquele que deve se garantir por si mesmo, que deve contar apenas com o engajamento dos parceiros para se manter, não havendo uma instituição social exterior que assegure sua existência. (Giddens, 1993)

Esse quadro de falência do antigo, e, portanto, de abertura para um novo possível quadro no qual os relacionamentos ou sua forma e sentido devem ser negociados entre os envolvidos, não deve mascarar um outro processo de implicações profundas: instaura-se uma espécie de lógica do consumo amoroso. Os parceiros são reduzidos a algo como mercadorias, tornam-se descartáveis, o que no limite significa que todos se equivalem. A possibilidade de negociação dos relacionamentos é correlata de um aumento significativo no número de separações e de troca sucessiva de parceiros. O que podemos concluir dessa rápida incursão pelo campo da história do amor?

1. Não há uma experiência unívoca que possamos designar como "o Amor". Há experiências heterogêneas que envolvem diferentemente o corpo, a estabilidade no tempo, instituições sociais outras (poder, religião, família, patrimônio), experiências cujo sentido é bastante variado. Não há algo chamado amor que tenha um sentido único e preciso; a palavra amor recobre uma série heterogênea de afetos, sentimentos, formas de percepção de si e de outrem, e formas de relação. O amor não seria, portanto, algo natural, universalmente idêntico para a espécie animal humana, mas uma experiência culturalmente constituída e cujo sentido pode variar, e variou, com os tempos e segundo os espaços. A história do amor é a história de uma contínua e constante invenção de formas diferentes de relacionamento, e não a presença trans-histórica de uma experiência única;
2. Essas experiências amorosas passadas não constituem, evidentemente, um bloco homogêneo e unificado, o dos "amores

reais", que eventualmente pudéssemos opor aos "amores virtuais". Há tantas diferenças internas aos amores reais quanto entre os amores reais e os amores virtuais, se é que podemos quantificar desse modo as diferenças.

Isso leva à nossa tese central: o "amor virtual" é mais uma forma inventada em uma longa seqüência de formas inventadas ao longo do passado disso que se chama Ocidente. Se quisermos usar a idéia de ruptura, não podemos ler a atualidade dos amores virtuais como um rompimento em uma tradição antes contínua: só temos rupturas. Se quisermos utilizar a idéia de continuidade, devemos reconhecer que a continuidade é a da invenção de diferentes e heterogêneas formas de se amar, ou de diferentes sentidos para o próprio amor.

Partindo disso, minha abordagem dos relacionamentos virtuais baseia-se na proposição seguinte: os relacionamentos virtuais não devem ser pensados como incompletos ou artificiais, relacionamentos aos quais faltaria algo: o encontro físico dos amantes entre si. Pelo contrário, os relacionamentos mediados por computador devem ser entendidos positivamente como relacionamentos de uma nova forma que se acrescentam ao campo dos possíveis amorosos.

Devemos, assim, renunciar ao confortável maniqueísmo que alinha relações supostamente naturais para a elas opor relações artificiais ou, no mínimo, não naturais, as relações virtuais valorizando as segundas como positivas apenas na medida em que se subordinam ao real, em que funcionam como caminho para encontros reais, em que perdem sua própria especificidade.

Os relacionamentos amorosos virtuais são mais um artifício na longa lista de artifícios que permitiram que os seres humanos se relacionassem amorosamente entre si. Mediação sempre há para o ser humano, para o amor humano, não existindo amor natural ou imediato. O que muda são as tecnologias que a operam: o casamento é um instrumento tecnológico jurídico-contratual; o amor cortês, uma máquina artístico-ascética etc. Ora, os computadores são mais um elemento na longa lista dos mediadores. A partir dessa base de compreensão, podemos passar ao tema da identidade dos amantes na Rede.

Potencialização: a identidade e o corpo

A questão da instabilidade da identidade também se encontra exacerbada nos relacionamentos virtuais. Libertando a identidade das territorializações físicas, da habitação de um corpo próprio, o virtual faz da identidade o objeto de uma invenção e de uma criação.

A identidade é algo que se inventa nas malhas do virtual. Disso decorre que cada um pode ter, adotar ou construir, para seus relacionamentos virtuais, diferentes identidades fabricadas ao bel-prazer da vontade, da brincadeira etc. Em vez de se tornar uma prisão, ou uma máscara colada ao rosto, a identidade é uma máscara efêmera colhida em um estoque infinito de máscaras possíveis, máscaras-identidades que se podem trocar a qualquer momento, sendo-se homem em um dia, mulher no outro, heterossexual, homossexual, branco, preto, burro, bonito, intelectual, esportista, e assim por diante.

A identidade é não o que resta como fundo imutável diante das mudanças da vida, ou aquilo que permanece como substrato único de cada um, mas um processo de deriva.

Nesse jogo de máscaras escancaradamente artificiais, não se pode, de modo algum, ter certeza acerca das máscaras do parceiro em uma relação virtual, acerca da identidade real da pessoa com quem se está envolvido. Não há sentido em se perguntar pela *verdadeira* identidade em um relacionamento virtual.

Ora, não é o virtual que instabiliza as identidades em um mundo de identidades até então estáveis. Pelo contrário, o tema da identidade fraca, mutante, é um tema de nossa época que já estava presente com clareza antes que se começasse a falar de Internet. Podemos mesmo imaginar que essa mobilidade pertence à própria essência da identidade. Uma identidade imóvel seria uma prisão ou um delírio paranóico.

A questão da identidade na Internet deve ser pensada, portanto, não em termos de uma ruptura entre as identidades reais supostamente fixas, estáveis, fortes etc., e forma da exacerbação ou potencialização: as identidades virtuais potencializam ou exacerbam características que são também as das identidades reais.

Vou me permitir uma simples menção a um tema importante na cibercultura: o tema do corpo.

O modo de refletir destacado pode ser interessante para situar criticamente as discussões tão em voga acerca do corpo e de seu possível desaparecimento na era do virtual e do ciberespaço. O tão falado desaparecimento do corpo talvez não seja tão recente. O corpo, como puro dado biológico, como corpo natural, desapareceu para o homem no exato momento em que este se hominizou. A apreensão que temos do corpo é sempre cultural, social, lingüística; ao corpo é sempre conferido um sentido, não há corpo puro ou em si. Desse ponto de vista, o corpo natural nos é impossível, tendo sido substituído por um sentido artificial que cada momento histórico vai produzir em sua especificidade. Nunca temos acesso ao corpo "real", ou em si, do parceiro, mas apenas a um sentido que constituímos. Relacionamo-nos com imagens de corpos, com corpos sempre imaginários. Nosso acesso é sempre mediado, minimamente, pela linguagem, e a mediação digital é mais uma mediação na lista das mediações.

A leitura simplista de uma atualidade que perde o corpo deve ser substituída por uma outra, mais refinada, que procure pensar como a história constrói diferentes corpos, fazendo-o também de modo não linear. Deve-se pensar a existência de um novo corpo, o corpo virtual, tão real como qualquer outro. No final das contas, e a conclusão paradoxal é inevitável, o que foi dito leva à idéia de que todo relacionamento humano é virtual.

Potencialização: os modelos, o consumo, a invenção

Os amores virtuais parecem funcionar como retratos de nosso tempo. Vivemos um momento, como já visto, em que todas as formas tradicionais de relação passam por desajustes, por crises. A velocidade de nossa sociedade parece dissolver os modelos tradicionais de amor e convivência, e assistimos hoje ao surgimento de novas práticas surpreendentes: o próprio amor virtual é uma, o "ficar" adolescente é outra, para citar apenas duas.

Vejamos o depoimento de uma mulher lésbica (vivendo um "casamento" que também, em certa medida, precisa se inventar) colhido pelo sociólogo Giddens:

> Um relacionamento não convencional, sem regras, é difícil. Em um casamento, no sentido tradicional, se ainda que por acaso os papéis que as pessoas aprenderam a desempenhar vierem a servir aos dois indivíduos, então ocorre um bom arranjo... Mas para a maioria de nós que estamos em relacionamentos *gays*... não há quaisquer regras, de modo que é conveniente a gente se arranjar sozinha à medida que o tempo passa. É essa coisa constante de se tentar avaliar como funciona. (Giddens, 1993:150)

O que vemos hoje é que, mesmo nos casamentos tradicionais, os papéis estão em crise, os papéis raramente "servem aos dois indivíduos"! Se os papéis tradicionais estão em crise, precisamos negociar novos papéis. Ora, os relacionamentos virtuais são relacionamentos que exigem dos envolvidos que construam a forma que vai tomar a relação, já que não há modelos anteriormente fornecidos que possam ser seguidos pelos envolvidos. A própria recenticidade das tecnologias de informática de comunicação colabora para essa ausência de tradição. Não havendo tradição anterior que defina como amar virtualmente, não havendo modelos prévios, cabe aos amantes inventarem a forma do amor (e do ciúme, da traição, da rotina etc.).

Nesse sentido, os relacionamentos virtuais, na medida em que convocam os amantes a inventar a própria forma do amor – dando uma resposta à pergunta "como conviver?" –, terminam por funcionar como emblemáticos de nosso tempo, potencializando ou exacerbando características de nossa época e de seus amores. Tanto no caso dos relacionamentos reais quanto no dos virtuais, somos, hoje, convocados por nosso tempo a lidar com a necessidade de invenção e de negociação, dado o vazio (relativo) deixado pelo fracasso atual dos modelos que herdamos. Mas devemos manter um certo tom apocalíptico. Se, por um lado, o virtual é enriquecedor por permitir invenções e jogos com a identidade, permitir encontros anteriormente impossíveis, permitir toda uma gama de práticas de experimentação lúdica, devemos ter em mente que talvez seja uma enorme máquina de repetição de uma forma de consumo que esvazia a experiência amorosa de seus riscos, mas também de sua densidade e sua alegria. O consumismo amoroso no virtual é ágil, rápido, eficaz.

Mas, novamente, não é o virtual que inventa esse consumismo amoroso! Sustento que a singularidade dos amores virtuais reside precisamente no fato de potencializarem, entre outras coisas, a característica mercadológica ou consumista que marca nosso presente afetivo. O termo potencializar é importante na medida em que se deve indicar com firmeza que a Internet não inventa o consumo amoroso, que é, antes, um traço geral de nosso tempo.

Essa potencialização do consumo se liga, sobretudo, à proteção que a tela do computador oferece aos parceiros. A tela não é interface sem ser ao mesmo tempo escudo. O computador torna mais rápido, indolor e ágil o ato de consumir pessoas. E o torna ao mesmo tempo talvez mais vazio.

A exacerbação do consumo parece se ligar também à questão da identidade. Vimos anteriormente que a identidade no virtual (mas não só!) é objeto de invenção e não é reificada. Nesse mundo virtual de identidades incertas, é bastante possível que a experiência de relacionamento amoroso e sentimental perca densidade, que uma relação específica e um parceiro específico percam o caráter de singularidade e unicidade, dado que, máscara por máscara, todas as máscaras se equivalem. Efetivamente incapazes de estabelecer a efetividade de uma identidade, jogando em um mundo de fantasmas desencarnados, todas as ilusões identitárias podem ser substituídas umas pelas outras, nenhum parceiro é mais do que os outros, nenhuma relação é privilegiada. Consumo generalizado de objetos amorosos equivalentes, economia de mercado. Mas essa potencialização do real pelo virtual deve também ser vista como potencialização de aspectos positivos. Os relacionamentos virtuais, de um modo radical e violento, libertam o amor de todas as obrigações que sempre fixaram seu sentido, de todas as finalidades exteriores que sempre definiram seu ser, suas funções etc. Amar não sendo mais nada, talvez seja novamente possível amar. Simplesmente.

O lúdico é fortalecido. É positivo que os relacionamentos virtuais, se injetam no amor um certo espírito de nomadismo e vagabundagem amorosa, possam servir de inspiração para uma realidade, bem ou mal inevitavelmente atravessada pelos meios contemporâneos de comunicação digital. O consumismo – sexual ou amoroso – digital é, desse modo, benéfico, pois liberta do universo do sagrado, dos valores absolutos. Mas, mais uma vez: esse consumismo não é inventado pela Internet, apesar de aí se apresentar de modo muito forte.

Vivemos um momento histórico, do ponto de vista amoroso, de abertura e de risco; abertura, dado que nosso tempo está livre dos modelos que enquadravam e decidiam de fora a forma e o sentido que o amor poderia e deveria ter; risco, na medida em que ainda não está claro se seremos capazes de inventar novas formas de se amar que tenham consistência suficiente para escapar da pobre lógica de consumo de mercadorias que avassala o planeta, para escapar do neoliberalismo amoroso.

O futuro

Quanto ao futuro dos amores virtuais, só podemos especular. Provavelmente os jovens que crescem diante da Internet, que desde sempre tiveram amigos e namorados virtuais, que com enorme desenvoltura utilizam a tecnologia informática de comunicação, verão o ciberamor como uma forma comum de relacionamento, tão comum quanto qualquer outra. Não experimentarão, assim, o estranhamento em relação ao ciberamor que parece marcar as gerações que conheceram o computador tardiamente, e para quem o teclado e o monitor, em um determinado momento da vida, foram uma novidade incômoda à qual tinham de se adaptar.

"Como tábula rasa": intercâmbio no exterior e construção de identidade juvenil

Claudia Barcellos Rezende

No mundo contemporâneo, discute-se cada vez mais a cultura como fluxo processual, em deslocamento no tempo e no espaço, seguindo várias direções. Longe de sua concepção como formas de pensar e agir claramente delimitadas e compartilhadas por seus membros, falar em fluxos culturais remete à vivência da cultura como significados que, embora transmitidos e herdados, são negociados e reinterpretados entre sujeitos diferenciados que cada vez mais se movimentam no espaço. Através desses fluxos, teríamos trocas cada vez mais intensas, produzindo novas configurações culturais. Há, é claro, limites para essa fluidez. Estes seriam os pontos nos quais se estacionam os fluxos, nos quais há descontinuidade na distribuição de significados. (Hannerz, 1997:17)

Dentre os vários trajetos que os fluxos culturais podem percorrer, encontramos, de forma crescente, aqueles que acompanham o deslocamento de pessoas através do espaço, seja no turismo, seja nas correntes migratórias, seja nas várias maneiras de se viajar. É o que Appadurai (1990) chama de *ethnoscape*, o cenário criado por grandes movimentos humanos através do globo, com direções e quadros de poder distintos de outros cenários, como o financeiro e o tecnológico. Como ele argumenta, cada cenário impõe dinâmicas próprias às trocas culturais, tornando-se impossível falar de um padrão único de globalização, nem mesmo de transformações culturais necessariamente decorrentes desses fluxos. Assim, no caso dos deslocamentos de pessoas, vale pensar nas várias formas de lidar com os fluxos culturais, como no caso dos turistas, que Hannerz (1990) distingue entre cosmopolitas e locais em termos da maior disposição e abertura para trocas culturais durante suas viagens. Igualmente, nos movimentos migratórios, muitas vezes encontramos a formação de comunidades que buscam manter suas tradições e valores ao mesmo tempo em que estão inseridas em uma outra sociedade, adquirindo novas formas de comportamento que são também ressignificadas.

Neste artigo, discuto a questão da construção de identidades jovens em um contexto de contato entre fluxos culturais distintos. Especificamente, examino o discurso sobre a vivência de um movimento espacial específico - jovens que fazem intercâmbio escolar no exterior -, analisando como sua experiência de trocas culturais afeta suas elaborações identitárias, tanto em termos de mudanças quanto de continuidades. Tomo a noção de identidade como dimensão sociocultural ao mesmo tempo subjetiva e coletiva que está sempre em elaboração, sendo acionada contextualmente de forma variada. (Hall, 1998; Woodward, 2000)

Pensar a questão da construção de identidades entre jovens, no contexto de intercâmbio, é relevante não apenas pelo contato com fluxos culturais distintos, mas também pelo destaque dado pela literatura psicológica e sociológica aos processos identitários nessa etapa de vida. Erikson (1987) considera a adolescência e a juventude como fases fundamentais nas quais se instauram relações de afastamento da família e de proximidade com grupos de jovens, conduzindo, assim, ao fortalecimento de uma identidade que se cristalizará na idade adulta. Tanto quanto um discurso científico, essas idéias permeiam também vários discursos nativos, tanto dos jovens como de seus pais (Rezende, 1990; Fiúza, 1990), caracterizando essa como uma fase de transformações particulares. Não obstante uma visão essencializada e estanque do conceito de identidade, ambos os discursos destacam a juventude como fase na qual as elaborações identitárias seriam uma questão vivida mais intensamente.

Portanto, analiso o significado que o intercâmbio escolar no exterior adquire para jovens das camadas médias de Niterói, em termos de seus processos de construção de identidade. Discuto como a vivência de um ano de intercâmbio fora do Brasil é percebida, nesse discurso, como experiência que os singulariza em relação a outros jovens e mesmo a adultos, criando, inclusive, a autodenominação pela categoria de "intercambista". Ao mesmo tempo, procuro compreender como esses jovens lidam com os fluxos culturais atuantes nesse período. Argumento que, longe de grandes rupturas com seus comportamentos anteriores ao intercâmbio, esses jovens pouco incorporam novos elementos culturais em seu processo de construção de identidade durante e após o intercâmbio.

Parto de um conjunto de entrevistas realizadas com 15 jovens (oito mulheres e sete homens) de idades entre 18 e 23 anos que fizeram intercâmbio escolar nos últimos cinco anos. Desse grupo, sete estudaram nos Estados Unidos e Canadá, cinco na Europa (Inglaterra, Alemanha, Noruega e República Tcheca) e três na Austrália e Nova Zelândia. No momento de realização da pesquisa, a maioria dos entrevistados estava cursando uma faculdade, tendo feito o intercâmbio entre o segundo e o terceiro anos do ensino médio. Todos viajaram por intermédio de instituições que organizam intercâmbios, sendo responsáveis pela preparação do jovem para a viagem, bem como por sua inserção em uma família hospedeira e em uma escola no local. O custeio do intercâmbio foi, na maioria dos casos, de responsabilidade da família desses jovens, mas duas jovens conseguiram bolsas integrais da instituição organizadora para seu custeio.

A viagem

Para os jovens entrevistados, o intercâmbio escolar representava, desde o início, a possibilidade de experimentar mudanças. A motivação expressa para estudar em outro país foi, em todos os casos, conhecer "uma nova cultura" e ter uma experiência de vida diferente. Mais do que a aquisição de novos conhecimentos, ou mesmo o aprendizado de uma outra língua, aspecto mencionado por alguns, o que prevalecia era ter uma vivência diferente, em outra cultura. Tanto assim que o aprendizado de conhecimentos específicos no exterior através da escola quase não foi mencionado como uma preocupação, como é o caso daqueles que fazem pós-graduação fora do país. Predominava, assim, uma valorização do contato com culturas diferentes, lembrando um relativismo antropológico, que parecia estar atento à interação de diversos fluxos culturais cada vez mais visíveis no mundo contemporâneo.

O valor dado à experiência de vida no exterior como fonte de mudança pessoal fazia parte do círculo social desses jovens. Amigos, primos, irmãos e, às vezes, até os pais já haviam estudado fora através de programas de intercâmbio escolar. Na maioria das vezes, os pais incentivavam fortemente a candidatura a um ano de intercâmbio em um país estrangeiro. Em apenas dois casos foram as jovens entrevistadas as primeiras de seu grupo familiar e de amigos a estudar fora do País. Como uma delas, Tatiana, afirmou:

> as pessoas da minha turma até ficaram um pouco confusas, acharam legal, mas não queriam largar o conforto que elas tinham, ir para um lugar que elas não sabiam como é que seria. E justamente essa questão de não saber como é que seria, essa coisa nova me atraía. Uma oportunidade de viver uma coisa que eu não viveria aqui.

Assim, a valorização da experiência do novo, do diferente, era tomada como um aspecto importante da visão de mundo das pessoas, tornado-se um fator de distinção e singularização delas.

É interessante ressaltar que, se conhecer outra cultura era um motivo inicial para fazer o intercâmbio, a justificativa final era o ganho pessoal dessa experiência. Menos do que um interesse em compreender outras culturas e formas de vida, esses jovens desejavam uma experiência nova e diferente como modo de se "renovar", de se "abrir", de se "conhecer", até para decidir o que iriam "fazer da vida". O foco desse discurso era, então, o autoconhecimento e também uma automodelagem através do contato com o outro.

Como se dava esse contato? As duas principais fontes de inserção na sociedade local eram a família hospedeira e a escola, ambas escolhidas pela instituição responsável pelo intercâmbio. O relato das relações com a família hospedeira foram os mais variados, desde aqueles que "amaram" seus pais locais aos que tiveram de trocar três vezes de família. A questão mais discutida na relação com a família era o grau de mudança exigida – a "adaptação" – para uma boa convivência, o que era novamente variável. Para alguns jovens, mudar seus hábitos fazia parte da experiência e não foi difícil, pois haviam sido preparados para isso pela instituição organizadora. Para outros, era a família hospedeira que deveria "entender" os hábitos do jovem hóspede, não exigindo dele tanta mudança. Em particular, alguns rapazes ressentiam-se de não ter a mesma liberdade de horários que tinham no Brasil para sair à noite, problema que só eles mencionaram.

Curiosamente, entretanto, a maioria enfatizou o estranhamento em relação aos hábitos de alimentação da família local, tanto a estrutura quanto os horários das refeições. Ivan comentou que em casa, no Brasil, comia o dia todo, enquanto na Noruega sua família não lhe disse "nenhuma vez que podia abrir a geladeira a qualquer hora, sabe? Eu fiquei muito chocado, porque eu achei pouquinha comida, sabe?". Mais do que ter tarefas domésticas para fazer, o que muitos não faziam para suas famílias de origem, a questão da mudança na alimentação era a mais sensível. A sensação de ter fome, citada por muitos, tornava-se um forte contraste com a experiência em casa no Brasil, marcada mais pela fartura. Se em termos de outros confortos materiais não havia muita descontinuidade entre as famílias de origem e as hospedeiras, não havendo, portanto, uma mudança de *status quo*, a "menor" quantidade de comida para esses jovens era difícil de ser relativizada como costume cultural.

De um modo geral, para a maioria dos jovens havia uma tensão sobre o quanto deveriam mudar e o quanto deveriam "manter sua cultura". Apesar do desejo inicial de viver uma experiência cultural distinta, parecia ser mais difícil do que o esperado "adaptar-se" aos costumes locais. A idéia de "adaptação" implicaria um alto grau de transformação, na qual a pessoa muda uma forma de ser anterior para se ajustar a uma nova. Daí que, ao falarem sobre as famílias hospedeiras, mesmo as experiências mais positivas eram descritas como pontuadas por dificuldades – desde o ajuste ao novo ritmo doméstico, ao ciúme dos irmãos locais –, fossem elas recorrentes ou apenas no período inicial.

Essa tensão aparecia também nos relatos da inserção na escola, principalmente na construção de relações de amizade. Essa era a maior preocupação desses jovens, enquanto o rendimento escolar, afetado inicialmente pelo aprendizado do idioma local, sequer era mencionado. A tendência inicial era buscar nos outros estudantes de intercâmbio presentes na escola uma rede de amizade, embora a orientação recebida antes da viagem fosse não "se fechar" nesse grupo e fazer amigos nativos. A maioria dos jovens entrevistados construiu amizades locais, embora todos tivessem entre seus amigos mais próximos outros estudantes estrangeiros oriundos de diversos países. Apesar das diferenças culturais existentes entre eles, porém nunca discutidas nas entrevistas, o que prevalecia era a condição comum de serem estrangeiros fazendo intercâmbio juntos.

Na discussão sobre essas relações, foi recorrente a comparação entre o modo de fazer amizade na sociedade local e sua experiência no Brasil. Alguns apontavam dificuldades na aproximação, remetendo, assim, a uma forma "mais aberta" e "espontânea" de ser do "brasileiro". Muitos falavam sobre a descoberta e mesmo um aprendizado de uma visão mais restrita da amizade, que separava nitidamente colegas de amigos, algo que não seria feito da mesma maneira no Brasil. Alguns até passaram a compartilhar dessa visão, criticando o que seria a forma brasileira de pensar a amizade.

Assim, havia uma percepção de códigos culturais distintos nas relações de amizade, sendo estas, portanto, uma das áreas privilegiadas para o objetivo inicial da vivência de "uma outra cultura". Havia também, contudo, outra percepção igualmente freqüente de que não havia maiores dificuldades em fazer amigos locais, apesar das diferenças culturais. Nas palavras de Fernanda, que estudou no Canadá, "o espírito jovem, as pessoas são iguais em todos os lugares do mundo. Só a cultura que é diferente, né? Mas o básico, assim, as pessoas são bem iguais, e não têm diferença, não". A mesma idéia se apresenta quando Mariana contou "que as pessoas me viam muito como a estrangeira, e não como alguém que estava ali para ter amigos". Ou seja, aqui era ela que queria ser vista como uma igual, acreditando que ser uma estrangeira na República Tcheca não deveria interferir na construção de amizades.

Nesse discurso, então, vivenciar uma "outra cultura" significava entrar em contato com "hábitos e costumes" diferentes. Nas relações pessoais, tanto na família como nas amizades, esses "hábitos e costumes diferentes" se manifestavam no modo de fazer as refeições, de cuidar da higiene, de agendar encontros, entre outros. Mas as motivações e os sentimentos que aproximam as pessoas seriam os mesmos. Tal visão conduziria, portanto, a uma percepção mais disseminada de que, nos "hábitos e costumes", haveria uma "natureza humana" compartilhada, não tocada pela diversidade cultural, que permitiria o desenvolvimento de relações afetivas entre pessoas de sociedades distintas.

As mudanças

Dadas, então, essas formas de inserção social, como foi vivida a "mudança" desejada com o intercâmbio? Alguns entrevistados discutiram como, durante o intercâmbio, mudaram muito sua forma de se comportar. Otávio comentou que, como ninguém o conhecia quando chegou aos Estados Unidos, era como uma "tábula rasa", e pôde construir livremente sua rede de relações, sem se preocupar com as opiniões alheias. Fernando, com seu cabelo pintado de louro, sentia-se de tal forma diferente que tinha se tornado Lando para seus amigos americanos, não mais o Nando dos amigos e família no Brasil. Para estes, o fato de estarem em um contexto social distinto, no qual não havia as expectativas e demandas de comportamento de seu círculo social no Brasil, parecia lhes permitir construir livremente "novas" identidades.

Se Otávio e Fernando discutiram suas transformações identitárias de maneira mais radical, todos apontaram novos elementos identitários no retorno ao Brasil. Poucos acharam que ao final do intercâmbio não haviam "mudado" muito; a maioria, por sua vez, considerava que a experiência tinha sido um marco em suas vidas, provocando transformações importantes. Alguns jovens achavam que tinham retornado ao Brasil trazendo consigo alguns "hábitos culturais" da sociedade onde viveram – desde realizar tarefas domésticas, a uma forma mais crítica de fazer comentários. Outros entrevistados *incorporaram* esses elementos culturais através do jeito de vestir distinto, do cabelo tingido ou do *piercing*.

A maioria, contudo, descreveu, como resultado dessa experiência, mais do que transformações identitárias radicais, uma maior "independência" e "amadurecimento", noção esta que alude ao crescimento de uma base ou essência já existente. Como "independência", falavam que tinham aprendido a "se virar" sozinhos, a resolver problemas e passar por dificuldades sem a ajuda de um círculo familiar e de amigos, pois tanto a família hospedeira quanto os amigos locais podiam ser eles mesmos fonte de dificuldades, e não de apoio. Alguns comentaram também que tiveram de se "soltar", perder a vergonha de falar com as pessoas, de errar no idioma e mesmo no aprendizado dos códigos culturais locais. Já o "amadurecimento" vinha tanto dessa "independência" quanto da percepção de que tinham se tornado menos "egoístas" e mais "abertos" na forma de avaliar e lidar com as pessoas. Todos consideravam que a experiência de intercâmbio os havia tornado pessoas melhores – mais "maduras", mais "independentes", mais "abertas". As "mudanças" teriam sido, portanto, positivas, trazendo a implicação de que o afastamento radical do círculo social de origem ocorrido com o intercâmbio no exterior promoveria um "crescimento" mais intenso do jovem.

A intensidade da experiência era tamanha que criava a categoria identitária de "intercambista". Era por se identificarem como tal e com outros "intercambistas" que muitos entrevistados haviam, no retorno, se afastado de seus antigos amigos. Eles não tinham feito intercâmbio e não podiam "entender" essa experiência. Mesmo a relação com a família havia mudado, pois não eram mais filhos "dependentes" como antes. Com eles havia também o sentimento de "incompreensão", de que pais e irmãos não "entendiam" que eles tinham mudado. Muitos falavam na saudade que sentiam de amigos "intercambistas", de tristeza e até depressão ao voltarem para o Brasil.

Fazer intercâmbio escolar no exterior havia significado, portanto, um ano de grandes mudanças para esses jovens. Ter sido um "intercambista" havia alterado o círculo social original, bem como as relações familiares. Mais importante, havia sido uma experiência de grandes transformações pessoais, tanto em termos de um desenvolvimento de características já existentes – a idéia de "amadurecimento" – quanto na reelaboração de suas identidades, com a aquisição de novos "hábitos" e marcas corporais.

Identidades e fluxos

Se a juventude é vista, na literatura psicológica e no senso comum, como um período de formação de identidades, a experiência de fazer intercâmbio no exterior seria, segundo o discurso analisado, uma maneira de acelerar esse processo. Seria uma experiência intensa, em que o contato com o outro – os nativos da sociedade hospedeira, outros estrangeiros – aguçaria a percepção de uma identidade em construção. Daí então o foco constante na idéia de mudança pessoal. Da motivação inicial ao retorno, o intercâmbio era discutido em torno das transformações pessoais vividas nesse período.

Os relatos dos jovens entrevistados podem ser vistos, assim, como um discurso sobre a automodelagem. A idéia de automodelagem colocava em evidência uma dimensão reflexiva e o poder de agência desses jovens no processo de buscar uma experiência *a priori* já associada a transformações pessoais. Além disso, ressaltava uma visão de um sujeito até certo ponto independente de marcas culturais, podendo, assim, se construir mais livremente.

Destaco este aspecto pois, embora a noção de cultura figurasse como um elemento desse discurso, havia um lugar preciso para a sua presença. Sendo vista como um conjunto de "costumes e hábitos", o que mudava com o intercâmbio era a aquisição, em alguns casos, de certos "hábitos" culturais da sociedade hospedeira. Tal concepção de cultura deixava intacta, por sua vez, a esfera da subjetividade. Assim era que a amizade, concebida como relação partindo de um sentimento de empatia e de identificação, tornava-se possível porque havia uma "natureza humana" semelhante. Os códigos culturais percebidos afetavam aspectos vistos como secundários (por exemplo, a forma de marcar encontros, o que era conversado inicialmente) ao cerne afetivo da relação.

De maneira geral, o que sobressaía nesse discurso era uma visão de mudanças identitárias pouco conectadas à experiência de fluxos culturais distintos, em contato. Localizada apenas na discussão sobre a amizade e muito indiretamente sobre comida, havia a valorização da vivência de "culturas diferentes", tornando-se, assim, motivação inicial do intercâmbio. No entanto, essa experiência era pouco associada à discussão sobre mudança. Lidar com uma língua nova, ou seja, com a expressão de conceitos e significados desconhecidos, não foi uma questão para nenhum dos entrevistados. De maneira semelhante, a identidade de brasileiro figurou pouco nesse discurso, seja no modo como as imagens sobre os brasileiros afetavam as relações com a sociedade hospedeira, seja em uma possível percepção mais aguçada dessa identidade em uma situação de contraste com outras nacionalidades. Apenas uma entrevistada mencionou que, depois de morar um ano na Alemanha, o intercâmbio reforçou sua percepção de "pessoa tropical", ainda mais brasileira do que antes.

Predominava, portanto, uma concepção de pessoa com uma essência pré-cultural, relativamente dada, que mudava em termos de desenvolver certos traços já existentes ou de adicionar certos "hábitos" culturais não brasileiros. Nesse sentido, construir as relações familiares e de amizade na sociedade hospedeira seria mais função de empatias e afetos fundamentalmente "humanos", e não culturalmente elaborados. Pensar a identidade nesse discurso surgia, então, associada a movimentos concebidos como basicamente pessoais, um tanto influenciados pela mudança de círculos sociais – ser uma tábula rasa porque se é desconhecido no novo local –, mas com pouca interferência de fluxos culturais.

Mais do que falar de identidades elaboradas em uma situação de contato cultural, o que parecia importar, nesse discurso, era a mudança em si e sua conseqüência: marcá-los para o resto da vida. A mudança acontecia, então, para si próprio e para o círculo social aqui no Brasil, pois como "intercambistas" passavam a ter uma identidade particular não "compreendida" por outros que não os "intercambistas". Mais uma estratégia de singularização, assim como outras "tribos" jovens preocupadas em demarcar suas diferenças, fazer intercâmbio no exterior somava-se, assim, ao estoque de meios disponíveis a esses jovens de camadas médias no jogo de criar identidades. Se, nessa fase de vida, essa parecia ser uma preocupação aguda, surgia, assim, uma forma restrita a poucos de buscar uma singularidade compartilhada.

Portanto, no que diz respeito à forma de pensar suas construções identitárias, esses jovens não apresentavam um discurso novo, que tratasse a identidade de modo fluido, contextual, incoerente até. Ao contrário, ainda que a prática do intercâmbio possa estar mais disseminada atualmente, parece que a novidade de um contato cultural intenso, juntamente com o afastamento do círculo social e familiar de origem, pouco se reflete na forma de pensar o conceito de pessoa e como esta elabora identidades. Permanecem preocupações apontadas pela literatura já há algum tempo: a juventude como um período de grandes mudanças; a busca de autoconhecimento e identidades próprias; e o desejo da singularização em face de outros jovens e da família.

Nomadismos metropolitanos

Kátia Almeida Tracy

"Os nômades não têm uma história, só têm uma geografia."
(Gilles Deleuze & Félix Guattari. *Mil platôs: capitalismo e esquizofrenia*)

"Hoje em dia, estamos todos em movimento." Com essa afirmação, o sociólogo polonês Zygmunt Bauman aponta para um dos aspectos mais impressionantes das paisagens sociais e subjetivas contemporâneas: a retomada do "nomadismo". Isso significa que "não há mais 'fronteiras naturais' nem lugares óbvios a ocupar. Onde quer que estejamos em determinado momento, não podemos ignorar que poderíamos estar em outra parte, de modo que há cada vez menos razão para ficar em algum lugar específico".[1] A afirmação de Bauman servirá de fio condutor para nossa reflexão sobre as práticas espaciais e os fluxos subjetivos que atravessam o cenário atual das metrópoles, especialmente no que diz respeito às culturas jovens urbanas.

Ao longo de dois anos estivemos em contato com grupos de jovens da classe média do Rio de Janeiro que mudaram o perfil do lazer noturno e transformaram a "noite" em uma categoria fundamentalmente espacial. Inscrita nesse novo registro, a noite

[1] BAUMAN, Zygmunt. *Globalização: as conseqüências humanas*, 1999. p. 85.

transforma-se em um circuito que passa por distintos lugares, tais como festas, boates, *shoppings*, cinemas, lojas de conveniência e lanchonetes situadas nos postos de gasolina abertos durante toda a madrugada. Esse mapa noturno compreende, também, fragmentos inusitados do espaço urbano, como as "portas" dos lugares ou eventos da moda, bem como escadarias, trechos de ruas e "ilhas de cimento" estrategicamente situados nas vias de circulação da cidade. Quando inseridos no circuito da diversão, esses locais são redimensionados, tanto em suas funções como em seus significados.

A mobilidade tornou-se, assim, o traço distintivo da ocupação noturna da cidade. Conseqüentemente, a *night* – para utilizar a expressão nativa – só pode ser adequadamente construída como objeto de reflexão[2] quando compreendida como uma rede de trajetórias simultâneas. Essas trajetórias são delineadas por multidões de jovens que fazem do deslocamento um fim em si. Tal conjunto de práticas comportamentais e discursivas está produzindo a noite carioca como uma espacialidade dinâmica na qual a aglutinação em torno de lugares específicos tem sido substituída por modos diversos de circulação. Esses novos regimes de experiência, além de subverterem as coordenadas do espaço urbano, geram processos subjetivos e identitários inusitados. A ancoragem central de nosso argumento está voltada, justamente, para esses movimentos contemporâneos de reescritura do espaço, assim como das formações subjetivas a ele associadas.

É vasto e múltiplo o espectro de autores e linhas de pensamento que se entrecruzam em seus diagnósticos, enfatizando que o "espaço" teria substituído o "tempo" como princípio de inteligibilidade das formações culturais contemporâneas.[3] A constatação desconcer-

[2] A esse respeito, ver SCHLÖR, Joachim. *Nights in the big city: Paris, Berlin, London, 1840-1930.*

[3] Neste capítulo, o termo "contemporaneidade" será utilizado sempre que estivermos fazendo referência aos desdobramentos mais recentes das formações socioculturais capitalistas, consideradas de modo genérico. Com o uso desse termo, pretendemos evitar a pletora de conceitos, nem sempre compatíveis, referentes ao chamado "pós-modernismo", bem como outras categorias destinadas a traduzir conceitualmente o cenário atual. Embora a discussão pormenorizada dessas categorias escape aos nossos objetivos,

tante feita por Jameson de "que nossa vida cotidiana, nossas experiências psíquicas, nossas linguagens culturais são hoje dominadas pelas categorias de espaço e não pelas de tempo, como o eram no período anterior do alto modernismo",[4] longe de esgotar as discussões, é apenas o ponto de partida para a configuração de um saber interdisciplinar, em sintonia com as transformações empíricas.

O debate a respeito da espacialidade tornou-se estratégico para a compreensão de questões centrais das ciências sociais contemporâneas. Em torno dessa temática, produziu-se um conjunto de reflexões na interface entre a sociologia, a antropologia, os estudos culturais e, mesmo, a psicanálise e a filosofia. Surgiu, assim, na última década, uma nova "geografia cultural", estruturada em torno de três parâmetros teóricos: as noções de espaço e lugar não envolvem séries de relações fora da sociedade, mas estão implicadas na própria produção das relações sociais e são, em si mesmas, socialmente produzidas; as relações espaciais e os lugares a elas associados são múltiplas e contestáveis;[5] a ênfase no espaço traz, em si mesma, um novo modo de abordar o tempo.[6]

Sábado, 23 horas. Um posto de gasolina na Lagoa Rodrigo de Freitas (Zona Sul do Rio) é palco de intensa movimentação. O vaivém de carros e o entra-e-sai da loja de conveniência poderiam passar por cenas banais na rotina noturna da cidade. Afinal, um posto de gasolina é, a princípio, um lugar de passagem. Para um observador atento às novas cartografias da noite carioca, porém, o cenário é especialmente revelador: o posto é um dos *points* preferidos pelos jovens de classe média, em sua deambulação noturna pelas festas e boates da cidade. É lá que os freqüentadores assíduos desses ambientes marcam encontros e se preparam, com o consumo de lanches rápidos e bebidas, antes de partir para a *night*.

---

elas serão mencionadas sempre que forem imprescindíveis para a compreensão dos autores citados.

[4] JAMESON, Fredric. *Pós-modernismo: a lógica cultural do capitalismo tardio*. p. 43.

[5] HETHERINGTON, Kevin. *The badlands of modernity: heterotopia and social ordering*.

[6] FOUCAULT, Michel. Des espaces autres. In: *Dits et écrits*.

Nos finais de semana, a chamada pré-*night* no posto começa por volta das 21 horas, quando um grande número de jovens se concentra no local em busca de contatos e informações sobre as melhores opções noturnas da cidade. Ocupados por animados grupos, muitos carros, geralmente novos e de marcas e modelos valorizados no mercado, são estacionados no pátio, alterando a configuração espacial do local. Portas e malas são mantidas abertas, para facilitar o acesso aos bancos e propagar o som, aliás, bastante alto. Tem-se a impressão de que o posto tornou-se um ambiente *lounge* a céu aberto, no qual a permanência é breve, mas intensa. Esse ambiente é composto, de modo fluido, por diferentes grupos que se sucedem até cerca de seis horas da manhã, quando os últimos remanescentes se encontram para a pós-*night*, antes do momento, sempre adiado, de voltar para casa. Quem permanece no local observando o ritmo frenético em que as aglomerações se formam e se dispersam, como revoadas, entende por que José Machado Pais afirmou que "os jovens passaram a viver nos céus, migrando como pássaros".[7]

A trama rizomática que liga os "guerreiros da *night*" – como são conhecidos esses jovens – extrapola o contexto material do posto. Por meio do uso compulsivo de telefones celulares, indivíduos e grupos espalhados em diversos pontos da cidade permanecem conectados, formando uma verdadeira rede de comunicações simultâneas. No interior dos carros em movimento, nas pequenas rodas que se formam no posto, nas portas e, como veremos adiante, até mesmo no interior das boates, o celular é instrumento fundamental "para o uso dos nômades que têm que estar 'constantemente em contato'".[8] Um dos jovens entrevistados no posto de gasolina aponta o papel estratégico do celular no contexto da pré-*night*: "celular não é pra conversar, *é pra* "se achar". É pra usar na hora, é instantâneo".

Lanches rápidos, como hambúrgueres, cachorros-quentes e batatas fritas são consumidos com avidez, bem como bebidas alco-

[7] PAIS, José Machado. Transition and youth cultures: forms and performances. In: *International social sciences journal.* Special issue: youth in transition. p. 220.

[8] BAUMAN, Zygmunt. *Modernidade líquida.* p. 148.

ólicas, como a cerveja e as vodkas *ice*.[9] A opção predileta, porém, é o *gummy*, *drink* preparado instantaneamente com vodka, pó de suco de frutas e, eventualmente, gelo ou água gelada, já consagrado como a bebida "típica" dos freqüentadores da *night*.

Os grupos já chegam formados, ocupando um ou vários carros, ou se formam no local, pois o posto é um dos pontos de encontro favoritos da "galera". Todos os grupos, porém, parecem submetidos a uma lógica idêntica de expansão que incorpora novos elementos, refazendo de modo incessante sua configuração inicial. A mobilidade é tanta que alguns carros não chegam sequer a estacionar no local. Limitam-se a diminuir a velocidade para que seus ocupantes possam fruir, em movimento, essa agitação, acenando para os conhecidos ou, simplesmente, verificando quem está lá. Nas principais ruas da Zona Sul e da Barra da Tijuca, verdadeiros comboios de carros se formam. Das janelas, os ocupantes interagem uns com os outros, entre brincadeiras e "azaração", e até mesmo distribuem bebidas, mesmo com os carros em movimento.

No posto, porém, predominam pequenos grupos de cinco ou seis componentes, geralmente organizados em torno de diferenças de gênero. Apesar de alguns grupos mistos, meninos e meninas tendem a se agrupar e a se situar no espaço de modo diferenciado. A conversa no interior de cada um dos grupos segue animada, e gira em torno da pergunta que atraiu todos até ali: "Qual é a boa da *night*?". Por toda parte, a interação é marcada por discursos entrecortados, gestualização intensa e risos frenéticos que se estruturam em torno de uma variável comum: a brincadeira com os amigos ou, em uma palavra, a "zoação". A circulação permanente e a troca incessante de olhares colocam os pequenos grupos em relação e antecipam o clima de "azaração" que caracteriza o universo das boates.

A pré-*night*, porém, não está limitada ao posto de gasolina. Casas de sucos e lanchonetes de *fast food*, como Bob's e McDonald's, também servem de ponto de encontro para os jovens em movimen-

[9] As indústrias de bebidas alcoólicas têm investido nesse segmento do público jovem com o lançamento de versões mais leves de bebidas destiladas em embalagem *long neck*. Desse modo, vodka, cachaça e *whisky ice*, com teor alcoólico reduzido, têm se popularizado entre os jovens.

to. As aglomerações formam-se também em torno de bares, restaurantes e entradas de condomínios situados em lugares estratégicos. Às vezes basta a presença de uma barraquinha de cachorro-quente, o popular "podrão", para transformar locais insólitos, como as "ilhas" de cimento que dividem as pistas de ruas movimentadas da Zona Sul, em *points* de "ferveção". O comércio ambulante também está sintonizado com esse circuito, e tenta acompanhar, na medida do possível, a movimentação, com a venda de bebidas – de água a caipirinha – e comidas de consumo rápido.

Lugares de passagem, como postos de gasolina e suas lojas de conveniência, tornaram-se, assim, *settings* interativos de encontro e diversão de jovens que os ocupam em suas trajetórias. Esses fluxos de diversão são movidos pelo ocasionalismo, pela dispersão como mola propulsora de novos agenciamentos sempre conducentes à reescritura do espaço. Pode-se comer um hambúrguer na noite com os amigos, depois da boate ou antes dela. Mas, muito mais do que saciar a fome, intensifica-se a fruição do "estar junto", do brincar em grupo, da aglutinação temporária do grupo em direção a novos deslocamentos.

> Aí *rola* aquela "zoação". Alguém sugere: vamos passar na lanchonete tal para comer um "negocinho". Daí *rola* uma conversa, uma descontração, e dali mesmo você já conhece pessoas novas que também *tão* lanchando depois de outra *night*. Aí você fala: "*Pô, cê tava* onde?" "Eu *tava* não sei onde." Daí já pode *rolar* outra "azaração", outra "zoação".

No mesmo movimento em que se define a noite como espacialidade praticada, deriva-se a percepção de sua condição decisiva de trajetividade, de positivização da dimensão de fluxo e processo "habitado". Circula-se permanentemente entre os lugares, embora não se tenha estes como referência de chegada. É difícil captar depoimentos de jovens que nos permitam inferir circunstâncias de fixação, sedentarismo e "repouso" experimentadas ao longo dessa trajetória. "Pô, não tem um lugar que a gente vai mais, a gente procura variar sempre, toda vez *tá* indo pra um lugar diferente. A gente repete várias vezes, *saqualé,* mas não sempre seguido." Como os jovens se deslocam incessantemente no decorrer da noite, ocupando vários lugares que funcionam como pontos de alternância em seus trajetos, terminam por criar espaços interativos nas zonas de passagem, de trânsito, zonas intersticiais, intermediárias.

O espaço da noite, portanto, é um espaço de fluxos, e não de lugares. Esse caráter explica, por exemplo, o que torna um ambiente inusitado, como o posto de gasolina, tão atraente:

> o atrativo é que [o posto] é um lugar *pra* todo mundo se encontrar e [para isso] tem que ser um lugar neutro. Porque se todo mundo for se encontrar na porta da boate, e se por acaso decidirem mudar de lugar? E também tem aquele "lance" de ficar de saco cheio e perder a vontade de entrar porque já *tá* [há] muito tempo na porta daquela boate.

É importante enfatizar que a oscilação entre os lugares não se deve exclusivamente à tentativa de evitar o desperdício de tempo e dinheiro, com o traçado de um plano B a ser acionado caso a opção preferencial esteja insatisfatória. É inegável que, com as entradas variando entre 10 e 60 reais em média, as maratonas noturnas podem ser dispendiosas. Porém, com exceção dos eventos especialmente badalados, a "curtição" parece estar, justamente, na possibilidade de fruir, de modo simultâneo, diferentes possibilidades. A simultaneidade característica da "geração *zapping*" evita, assim, as perdas inevitáveis que resultariam de uma escolha definitiva.

A preparação para a *night* não se limita à circulação sistemática, geralmente de carro ou moto, que antecede a entrada nas boates. A pré-*night*, na verdade, é a etapa final de uma rede de contatos que se estabelecem entre os freqüentadores, nos mais variados contextos. Ainda durante a semana, a entrada e a saída das escolas e faculdades, e mesmo os intervalos das aulas são marcados pela intensificação da troca de informações sobre o que está *rolando* na noite da cidade, especialmente no final de semana que se aproxima. As academias, nos dias de semana, e a praia, no final de semana, são locais consagrados para a troca de informações, bem como outros pontos de aglomeração, como bares, restaurantes, *shopping centers* e cinemas.

Como no final de semana em questão nenhum evento "imperdível" estava programado, a seleção prévia de informações, por parte de nossos informantes, consistiu basicamente em excluir os lugares sabidamente "caídos" ou "micados". A escolha, porém, dos pontos em torno dos quais o trajeto do grupo irá se delinear é ocasional e depende do "movimento de gente" que só é possível verificar *in loco*. Como ainda é "cedo", o comboio parte em direção à Barra da Tijuca, dando a entender que a primeira parada será a boate localizada em um dos principais *shopping centers* do bairro. Pelo que pudemos perceber nas conversas entrecortadas, o objetivo é "encontrar com geral", no caso, o pessoal da academia que ficou de aparecer por lá.

Acompanhamos o comboio. A movimentação intensa de carros continua a chamar nossa atenção, bem como o clima de "zoação" e "azaração" que toma conta das ruas. No caminho, muitas ligações e a parada estratégica em uma lanchonete para encontrar com outra "galera". Aproveita-se, também, para comprar água gelada para o *gummy*, que começa a ser consumido e distribuído no próprio local. As garotas bonitas têm preferência, mas o oferecimento da bebida é acompanhado pela proposta de um beijo na boca. Proposta aceita, Rodrigo, um dos amigos de Maurício, abre seu *score* de conquistas, efetivando, para nosso espanto, a primeira "ficada" da noite. Seu desempenho é acompanhado de muito perto pelos amigos, que mal podem esperar o término abrupto do beijo para começar a "zoação". A "ficada" esgota-se, sem despedidas, na *performance* imediata do beijo. Dessa vez, sequer a continuidade fictícia proporcionada pela troca de telefones é cogitada. Afinal, a "guerra" está apenas começando e é preciso "vazar".

Quando chegamos, pouco tempo depois, ao *shopping* no qual a boate está localizada, um dos carros já tinha partido em outra direção, optando por uma famosa boate no Leblon. A "social" começa no próprio estacionamento, onde os jovens circulam sem parar, querendo ver e serem vistos. Na porta da boate, a pequena aglomeração parece indicar que o lugar está concorrido. Estaria "bombando"? É cedo demais para dizer. Observamos um grupo de cinco meninas, em círculo, fazendo uso simultâneo do celular, cercadas por alguns rapazes. As tentativas de aproximação, porém, não se concretizam, pois há muita agitação no local.

Circulando pelo ambiente, podemos observar que *promoters* distribuem filipetas com desconto, na tentativa de convencer as pessoas a ingressarem na boate. São todos jovens e em nada diferem dos freqüentadores, o que parece proposital. A estratégia, porém, é sutil, pois uma distribuição indiscriminada poderia dar a impressão de que o lugar está "vazio" ou "caído", o que espantaria os indecisos. Apesar do número relativamente grande de pessoas, a fila é mantida na porta não pela grande procura, mas pela demora das *doors* e seguranças em liberarem a entrada.[10] Essa parece ser uma estratégia comum das boates para atrair o público.

Depois de circular por cerca de 40 minutos pelo local, o grupo dá uma série de telefonemas e resolve "migrar" para o Leblon, na certeza de que a boate não está "bombando". A avaliação baseia-se no movimento da porta, mas as informações fornecidas por amigos, pelo celular, também são fundamentais. O grupo, porém, não parece desapontado. A "azaração" rola solta e as eventuais "ficadas" são celebradas coletivamente. A configuração inicial do grupo também se altera, com a adesão de novos componentes e a exclusão de outros, que partiram para outras *nights*. A turma da academia não foi encontrada, o que parece não importar. O fundamental é que "geral" continue "rodando".

---

[10] Não podemos deixar de mencionar que o controle da entrada está ligado não apenas à seleção "estilística" do público, mas também à preocupação com a segurança. É importante esclarecer, porém, que a violência urbana atravessa de muitas maneiras o circuito da *night*, mas não chega a afetar, de modo significativo, as experiências sociais e subjetivas que estamos analisando. Todavia, os limites entre a "zoação" e a violência são, às vezes, muito tênues. É o caso dos chamados *pitboys* (categoria que faz alusão a uma raça feroz de cachorros), grupos de rapazes praticantes de artes marciais que freqüentam as boates e festas com o intuito de provocar brigas, confusão e depredação. Esses grupos constituem o motivo mais imediato de temor por parte tanto dos empresários quanto dos freqüentadores, que são unânimes em excluí-los da noção de "boa *night*".

O relógio já marcava 1:30h quando "baixamos" em outra boate no Leblon. O cenário agora é outro, pois a área interna do *shopping center* contrasta com a intensa movimentação de carros na Zona Sul da cidade. De longe, já é possível perceber a aglutinação em torno desse espaço, pois um grande engarrafamento toma conta das principais vias de acesso à boate. Os engarrafamentos gerados por essas aglomerações, especialmente nos finais de semana, já se tornaram rotineiros, chamando a atenção da imprensa e das associações de moradores. Engana-se, porém, quem achar que nossos jovens informantes lamentam a opção que fizeram e pensam em dar meia-volta. Janelas abertas, bebida em uma das mãos, celular na outra, a empatia com a multidão é imediata. Por toda parte, o encontro com a "galera" é marcado por uma semiótica gestual que inclui olhares de reconhecimento, risos entrecortados e diálogos que não vão muito além da própria celebração do encontro: "Oi!" "Tudo bem?" "Não sei quê!"

É com dificuldade que os carros são estacionados. Um longo caminho nos separa ainda da entrada efetiva na boate. O vermelho intenso das lâmpadas que decoram a fachada contrasta com as tonalidades básicas das roupas. O apagar e acender dos faróis dos carros misturam-se à iluminação pública, conferindo ao ambiente uma luminosidade difusa e entrecortada que antecipa a luz estroboscópica das pistas de dança. O impacto imagético das luzes contra a escuridão da cidade não deixa dúvidas: estamos na *night*! Não basta, porém, sacar as filipetas, enfrentar as longas filas, organizadas por gênero, passar pelo crivo das *doors* e dos seguranças e, finalmente, chegar ao interior da boate. Percebemos, imediatamente, que "a porta", em si mesma, é palco de intensa fruição. Mais um espaço inusitado reconfigurado pelos nômades urbanos.

Maurício e seus amigos parecem efusivos. Afinal, a noite está "bombando"! A circulação ininterrupta e os olhares sempre vigilantes em relação ao sexo oposto levam o grupo a segmentar-se rapidamente. A "guerra", porém, ainda não começou, e, apesar da troca incessante de olhares, poucas tentativas de aproximação são bem-sucedidas. Meninos e meninas "atiram", com os olhos, em todas as direções. A "azaração" da porta, aos poucos, transforma-se em "pegação", que só atinge seu apogeu no interior da boate, com as seqüências ininterruptas de beijos na boca. Na porta, porém, muitos *tocos* (recusas), principalmente por parte das meninas, pois todos estão interessados em "fazer social", ou seja, "ficar lá com os amigos, só de bobeira", e o clima de "zoação" ou brincadeira predomina.

É possível, portanto, se desfrutar de uma noite na porta de um determinado local, sem que, necessariamente, se adentre naquele espaço. A porta é, então, vista como entrelugar do deslocamento, zona intersticial produtora de novos padrões de sociabilidade, encontros, observação e fruição. "Você ficar ali com os amigos... é 'básico', sempre *rola*." Permanece a função convencional desse espaço, agora superposta a uma dimensão mais volátil, na qual se recombinam mecanismos regidos por outras modalidades de interação, por outras configurações de intensidade e por distintas lógicas de se estar no espaço. Pode-se dizer que novos lugares (Hardt & Negri)[11] têm origem nos não-lugares (Augé),[12] conferindo ao primado da interatividade dos jovens o comando inquestionável no novo regime de significação e inteligibilidade dessas áreas.

A ressignificação do espaço da porta se expressa pelo desmonte de sua função prioritária delimitadora de fronteiras e de seu redesenho como base física de aglomeração de jovens que nela encontram eixos particulares de sociabilidade. Ou seja, a porta é capaz de converter-se em uma programação noturna em si mesma, alcançando sua plenitude no âmbito de seu próprio perímetro. Não podemos esquecer que a determinação primária do nômade, com efeito, é de que ele ocupa o espaço, subvertendo suas formas de ocupação convencionais.

É uma espécie de consenso entre os analistas sociais que a contemporaneidade introduziu um elemento de mobilidade nas experiências sociais e subjetivas, em todos os níveis. Isso levou à qualificação metafórica de um grande número de fenômenos como nomádicos, em um paralelo explícito com outras formas de organização social, que encontram nos nômades do deserto o seu protótipo. Bauman, porém, chama a atenção para o uso indiscrimi-

[11] Ver HARDT, Michael; NEGRI, Antonio. *Império*.

[12] Ver AUGÉ, Marc. *Op. cit.*

nado da categoria: "Esse termo da moda, nômades, aplicado indiscriminadamente a todos os contemporâneos da era pós-moderna, pode conduzir a erros grosseiros, uma vez que atenua as profundas diferenças que separam os dois tipos de experiência e torna formal, superficial, toda semelhança entre elas."[13]

O caráter nômade que identificamos nos "guerreiros da *night*" não é meramente metafórico. Segundo Deleuze e Guattari, o nomadismo é uma forma de estar no mundo que subverte as expectativas sociais e as estruturas hegemônicas identificadas com o "Estado". Essa "máquina de guerra" nômade apresenta três aspectos: um aspecto espacial-geográfico, um aspecto organizacional e um aspecto afetivo. A caracterização do "nomadismo", como um modo de ser específico, está ligada à territorialidade, ou seja, à espacialização da experiência (social e subjetiva) em termos de deslocamento e não de fixação, como é o caso das existências sedentárias. Em vez de se fixar em um ponto do espaço, transformando-o em um "lugar", como faz o sedentário, o nômade tem um território, segue trajetos contingentes, "vai de um ponto a outro".[14] A partir dessa definição preliminar, podemos verificar que a experiência dos freqüentadores da *night* apresenta os três princípios básicos da territorialidade nômade.

O primeiro princípio diz respeito à especificidade do deslocamento entre os pontos da trajetória. Embora o nômade não ignore os pontos entre os quais se desloca, estes não são um fim em si, mas estão subordinados aos trajetos, ainda que determinem os trajetos sob a forma de uma cartografia. A trajetória nômade, portanto, é plena em si mesma, pois nela os espaços intermediários e as zonas de passagem "tomam toda consistência e gozam de uma autonomia bem como de uma direção próprias".[15] Esse princípio é exemplificado pelo seguinte depoimento: "porque, *tipo assim,* [a parada no posto] foi *maneira* pela 'zoação', a 'galera' já foi 'tomando várias' no carro, *saqualé*? 'Zoando' no caminho".

[13] *Idem, ibidem.* p. 96.

[14] DELEUZE, Gilles; GUATTARI, Félix. 1227 – Tratado de nomadologia: a máquina de guerra. In: *Mil platôs: capitalismo e esquizofrenia.* p. 51.

[15] *Idem, ibidem.* p. 51.

O segundo princípio diz respeito ao tipo de organização que caracteriza os agrupamentos nômades. Em oposição aos grupos orgânicos sedentários que se definem a partir da diferenciação de papéis e do respeito às expectativas sociais, a organização nômade baseia-se na "consistência de um conjunto fluido".[16] Esse conjunto é fundamentalmente numérico, pois a distribuição de elementos no espaço não está subordinada a outra coisa, além do próprio conjunto em movimento. A organização nômade, portanto, "é indissoluvelmente aritmética e direcional; por toda parte quantidade, dezenas, centenas, e por toda parte direção, direita, esquerda".[17] Esse conjunto fluido ("móvel, autônomo, direcional, rítmico, cifrado") "não implica quantidades homogeneizadas (...), mas produz seu efeito de imensidão graças a sua articulação fina, isto é, sua distribuição de heterogeneidade num espaço livre".[18] Vários dos nossos informantes apontaram para esse caráter numérico, como podemos verificar na seguinte declaração: "eu fico vendo na praia, *assim* grupinho. Porque esses grupinhos sempre estão juntos, né? Vão *pra night* juntos, vão *pra* praia juntos, faz tudo junto. Vai todo mundo junto, os 'caras' andam o dia inteiro junto".

O terceiro princípio refere-se ao elemento passional, ou seja, às "composições do desejo"[19] que regem as relações interpessoais nesse universo. No que diz respeito a esse aspecto, o regime nômade baseia-se em afetos, definidos no plano da exterioridade e não em sentimentos, definidos em termos de interioridade: "o afecto é a descarga rápida da emoção, o revide, ao passo que o sentimento é uma emoção sempre deslocada, retardada, resistente. Os afectos são projéteis, tanto quanto armas, ao passo que os sentimentos são [introspectivos] como as ferramentas".[20] Ou, como dizem os jovens que entrevistamos, "na boate, as mulheres saem *pra* 'ficar' com os 'caras' e os 'caras' saem *pra* 'pegar' mulher. *Neguinho* já entra na 'pegação', entendeu? É a 'guerra'".

---

[16] *Idem, ibidem.* p. 51.

[17] *Idem, ibidem.* p. 66.

[18] *Idem, ibidem.* p. 67.

[19] *Idem, ibidem.* p. 78.

[20] *Idem, ibidem.* p. 79.

A partir desses três princípios, a territorialidade nômade produz um tipo específico de experiência espacial que difere qualitativamente dos espaços convencionais, habitados de modo sedentário ou fixo. O espaço sedentário é "estriado", isto é, delimitado e compartimentado segundo princípios dados *a priori*. Já o espaço nômade é "liso", ou seja, não está sujeito ao mesmo tipo de regulamentação. É fundamental enfatizar que o espaço liso é relacional, definindo-se por oposição aos espaços ditos estriados, o que nos remete aos espaços heterotópicos analisados por Foucault. O espaço estriado é unificado e constituído por formas definidas, previamente dadas, dizendo respeito às estruturas hegemônicas de ordem e controle. Todas as trajetórias que se desenvolvem nos espaços estriados ou compartimentados estão predeterminadas pelas características, a um só tempo materiais e sociais, do próprio espaço. No âmbito desse espaço, as formas de ocupação preexistentes determinam e condicionam as possíveis trajetórias.

Em contraposição, o espaço "liso" é um espaço aberto, no qual o acaso e o imprevisível são dimensões privilegiadas e no qual, portanto, a criação e a *performance* são não apenas possíveis, mas necessárias. A própria superfície modula-se a partir das trajetórias, fazendo com que mudanças de direção transformem o próprio espaço, como é o caso dos nômades. Como resumiu José Machado Pais, "o espaço liso confere grande amplitude aos afetos, às emoções, aos sons, ao movimento contínuo. A substância desse espaço é a força, a intensidade. É por esse motivo que o espaço "liso" é uma espécie de mosaico ritmicamente elaborado. Acima de tudo, este é um espaço aberto para trajetórias individuais. Todas as trajetórias parecem possíveis aqui, ao menos na imaginação".[21]

O nomadismo tornou-se, assim, a principal característica da noite carioca, transformando o lazer noturno em uma experiên-

[21] PAIS, José Machado. *Op. cit.* p. 225. O autor sugere que a transição da juventude para a idade adulta seja abordada a partir dessa dualidade: "por um lado, as mudanças são encaradas no espaço estriado, e as formas estruturais que determinam a forma da transição são enfatizadas; por outro lado, elas são vistas no contexto da mobilidade, com o aumento da individualização e a multiplicação dos estilos de vida" (p. 225).

cia transespacial, pois a lógica da "social" é deslocalizada. Esse nomadismo traduz-se em um conjunto de práticas espaciais que transformam a *night* em um "rizoma multipolar urbano", ou seja, em uma experiência transespacial na qual o circuito é constituído por trajetórias simultâneas, mas não excludentes, entre os eventos e lugares da moda. Utilizando o adágio de Pascal, citado por Bauman, podemos dizer que a *night* é "um estranho círculo cujo centro está em toda parte e a circunferência em parte nenhuma (ou, quem sabe, exatamente o contrário)".[22]

[22] BAUMAN, Zygmunt. *Globalização: as conseqüências humanas.* p. 85.

Jovens paulistanos: formas de uso e apropriação do espaço urbano na metrópole

José Guilherme Cantor Magnani

Introdução

A disseminação do termo "tribos urbanas" na mídia e sua incorporação por alguns estudos e pesquisas na área das ciências sociais sobre cultura e comportamento dos jovens tiveram como efeito o alargamento mas também uma certa pulverização do campo: quaisquer grupos de *patricinhas* em um *shopping*, ou turma de *manos* em alguma estação do metrô, eram saudados como mais uma tribo urbana na multifacetada paisagem das grandes metrópoles e já classificados por sua indumentária característica, códigos de comunicação, valores e até mesmo por alguma ideologia particular.[1]

[1] Em outro texto procuro mostrar como a expressão "tribos urbanas" é usada de forma metafórica, alusiva, sem a necessária precisão que caracteriza, por exemplo, um conceito ou categoria. Isso não quer dizer, entretanto, que não se possa empregar esse termo com algum proveito, mas é necessário estar atento para as limitações e particularidades inerentes a seu uso, como metáfora. Uma dessas particularidades é a disparidade entre o sentido que se atribui ao termo "tribo", em estudos tradicionais de etnologia – que aponta para alianças mais amplas entre clãs, segmentos, grupos locais etc. –, enquanto seu uso para designar grupos de jovens, no cenário da metrópoles, evoca exatamente o contrário: pensa-se logo em pequenos grupos bem delimitados, com regras e costumes particulares, em contraste com o caráter homogêneo e massificado que comumente se atribui ao estilo de vida das grandes cidades. Para uma discussão mais ampla, consultar Magnani (1992).

Exageros à parte, esse interesse terminou, no entanto, chamando a atenção para um tema de relevância: abriu-se um campo novo de debates, o que por sua vez suscitou um sem-número de pesquisas e, conseqüentemente, uma nova leva de publicações. Cabe lembrar que a coleção *Sociologia da juventude*, obra de referência nessa área de estudos, foi publicada em 1968, e de lá para cá, sem dúvida, houve bons textos, mas agora o tema da juventude volta com mais insistência à cena acadêmica: o seminário "Culturas jovens e novas sensibilidades" é o exemplo mais recente desse interesse.[2]

Cabe, entretanto, um alerta. É preciso cuidado para evitar o que pode ser denominado "contaminação pelo objeto": assim como a aparente fragmentação das chamadas tribos urbanas poderia multiplicar e sobrepor recortes empíricos – em vez de se buscar conjuntos mais abrangentes –, a ênfase na mobilidade e no nomadismo como marcas do comportamento dos jovens em suas práticas de sociabilidade e uso dos espaços urbanos pode ter como conseqüência tomar essas características antes como um dado do que algo a ser explicado e contextualizado.

Assim, até para que mobilidade e nomadismo sejam percebidos em sua real dimensão e em uma perspectiva mais ampla, é conveniente tomá-los em contraponto com o ponto de vista contrário: a percepção de regularidades. Esse será o fio condutor da argumentação do presente texto, e, para levá-lo a efeito, tomarei como base algumas pesquisas em andamento sob minha orientação, no Núcleo de Antropologia Urbana (NAU) da USP.[3]

Pode parecer destoante essa escolha, tendo em vista o tema da mesa em que este texto foi originalmente apresentado: "Nomadismos metropolitanos: fluxos, mobilidades e trânsitos"; o propó-

[2] BRITO, Sulamita (org.). *Sociologia da Juventude*. Rio de Janeiro: Jorge Zahar. 4 v. Coleção "Textos Clássicos das Ciências Sociais". Outros autores sobre o tema: Antonio Bivar (1982); Márcia Regina da Costa (1983); Janice Caiafa (1985); Hermano Viana (1988, 1997); Helena Abramo (1994); Marilia Sposito (1994); Goli Guerreiro (1994); Regina Novaes *et al.* (1996). Para referências mais completas, ver bibliografia.

[3] As pesquisas são sobre o movimento *straight edge*, os pichadores, os góticos, o forró universitário, o circuito das *raves*, o movimento *hip-hop*, a mancha de lazer da Vila Olímpia e jovens instrumentistas.

sito, entretanto, é, além de estabelecer um contraponto, estimular o debate. Inicialmente, a questão da regularidade será buscada na própria paisagem da cidade.

A regularidade na paisagem

Para introduzir a discussão, torna-se necessário fazer algumas distinções prévias no campo da antropologia, pois é no interior dessa disciplina que o argumento será construído. Assim, retomo algumas questões tratadas em outros textos (Magnani, 2002, 2003) a propósito do lugar que a antropologia urbana ocupa em relação a outros ramos e linhas de pesquisa.

É conhecida a distinção entre estudo "da cidade" ou "na cidade", que abre duas alternativas: a primeira é tomar a própria cidade como objeto de análise, com base no pressuposto de que grupos, instituições e a própria dinâmica social dessa particular forma de assentamento apresentam especificidades em contraste com outras soluções, baseadas no nomadismo, transumância, vida em acampamentos, aldeias etc. A outra alternativa é aquela que, nas palavras de Geertz, considera que "o lócus do estudo não é o objeto do estudo. Os antropólogos não estudam as aldeias (tribos, cidades, vizinhanças...), eles estudam *nas* aldeias" (1978:32).

Penso, no entanto, que se podem articular as duas alternativas: é possível recortar inúmeros temas e objetos de pesquisa na cidade sem perder de vista a busca do entendimento da própria dinâmica urbana como variável que determina, marca ou induz determinados comportamentos, instituições e formas de uso do espaço. Essa postura pode ser produtiva, também, quando se trata de estabelecer diferenças entre as várias escalas urbanas, e assim poder comparar, por exemplo, metrópoles, cidades médias, cidades pequenas não apenas por critérios de tamanho de território ou população.

Na realidade, esse é o campo da antropologia urbana *stricto sensu*, na medida em que recorta sua temática e objeto de estudo com base em duas vertentes: a presença de grupos social e culturalmente diferenciados (os comportamentos, práticas, estilos de vida etc.) e sua relação com a paisagem, equipamentos e instituições urbanas. Nessa perspectiva, o incentivo a pesquisas localizadas consegue superar o caráter fragmentário e aleatório que a multiplicação de recortes pode acarretar, porque se pauta pela busca de pontos de comparação, tendências, modelos de análise mais gerais. Ou seja, trata-se de articular o plano das pesquisas na cidade com uma perspectiva mais abrangente em busca de princípios estruturantes, de mais longa duração – a perspectiva de um estudo "da cidade".

Assim, com base nessa mútua relação entre grupo e espaço, pode-se retomar a questão inicial da regularidade na paisagem: o pressuposto é de que tanto práticas culturais, em que é possível reconhecer e descrever a presença de padrões estruturantes, como grupos que se distinguem por meio de traços significativos têm sempre algum tipo de inserção visível e estável na paisagem urbana; mais: o ritmo de mobilidade e dos fluxos desses grupos depende do grau e modalidades dessa inserção.

Antes, porém, de tentar demonstrar essa afirmação com base nos exemplos de pesquisas recentes e em andamento, é conveniente retomar a questão da inserção na paisagem e, para tal, a referência de base é constituída pelos estudos a partir dos quais surgiram as noções de *pedaço*, *mancha*, *trajeto*, *circuito*. O argumento é de que todas essas categorias apresentam, cada qual, diferentes modulações do espaço público.

Modulações no espaço público

Diferentemente do que muitas vezes ocorre em análises do espaço, nas quais a oposição público *versus* privado é tomada como princípio classificatório, não se podem reduzir as diferentes formas de sua destinação e ocupação com base nessa dicotomia, como se ela operasse de forma unívoca: na realidade, tanto um como outro termo apresentam nuanças e modulações. No caso da categoria *público*, foi possível verificar, por ocasião de pesquisas sobre lazer, que os usuários imprimem diferentes conotações ao espaço e o utilizam de distintas formas – e isso tem implicação nos valores a ele atribuídos.

Quando a categoria *pedaço*, por exemplo – utilizada para nomear uma particular forma de sociabilidade e uso do espaço –, foi lida em contraposição ao esquema *casa* versus *rua*, percebeu-se que, interposta entre esses dois domínios, qualificava os atores de forma diferente e introduzia outras regras nas formas de sociabilidade, distintas daquelas que regem as relações interpessoais no interior da casa ou na rua:

> Segundo a conhecida fórmula damattiana, têm-se dois planos, cada qual enfeixando de forma paradigmática uma série de atitudes, valores e comportamentos, uma delas referida ao público, e a outra, ao privado. O "pedaço", porém, apontava para um terceiro domínio, intermediário entre a rua e a casa: enquanto esta última é o lugar da família, à qual têm acesso os *parentes* (ligados por laços já estabelecidos de antemão) e a rua é dos *estranhos* (onde, em momentos de tensão e ambigüidade, recorre-se à fórmula "você sabe com quem está falando?", para delimitar posições e marcar direitos), o pedaço é o lugar dos *colegas*, dos *chegados*. Aqui não é preciso nenhuma interpelação: todos sabem quem são, de onde vêm, do que gostam e o que se pode ou não fazer. (Magnani, 1998:12)

O mesmo ocorre com as demais categorias: um exemplo concreto dos arranjos que se situam nas fronteiras entre o público e o privado, tirando proveito da gradação entre esses dois pólos, pôde ser vista na pesquisa que tomou como recorte um bar muito conhecido e popular entre os estudantes da USP, localizado na saída da cidade universitária no bairro paulistano do Butantã.[4]

Os pesquisadores situaram-no inicialmente no interior de uma *mancha* constituída por outros estabelecimentos de lazer nessa região, mostrando a dinâmica desse espaço, o tipo de freqüentadores dos diversos estabelecimentos, os horários, fluxos etc. Mas como a etnografia sempre reserva surpresas, contrariamente ao que se esperava encontrar (ou seja, uma freqüência limitada aos alu-

---

[4] O nome do bar é "O Rei das Batidas", e o título da pesquisa, feita pelos alunos Ludmila C. Abílio, Cristiana Souza Ceschi, Mariana Baptista Giroto e Ricardo Francisco Rios, é "Lazer na cidade de São Paulo: a *mancha* da avenida Waldemar Ferreira" (2000).

nos), descobriu-se que para esse bar afluíam pessoas de diferentes e longínquos cantos da cidade; e na medida em que o estabelecimento não apresentava maiores atrativos que justificassem essa freqüência, é como se houvesse sido criado um vínculo, uma espécie de lealdade por parte de antigos freqüentadores. A partir dessa constatação, foi possível descrever outra característica do "Rei", que pode estender-se para os demais bares, espalhados pela cidade, com a mesma configuração: os "pés-prá-fora", aqueles que avançam com suas mesas e cadeiras sobre a calçada.

Trata-se de uma prática que joga com a separação dentro e fora, público e privado: permite uma particular forma de desfrute que combina segurança e proximidade com os demais freqüentadores, intimidade do espaço fechado e a imprevisibilidade proporcionada pela movimentação da rua e da calçada. O freqüentador tem à sua disposição, portanto, três domínios: situado em um plano intermediário entre o dentro e o fora - ele está na calçada -, sente-se protegido pela ambiência do bar e pode apreciar o fluxo de passantes e da vida rotineira, que se desenrola na rua.[5]

Essa situação gera uma dinâmica muito diferente, por exemplo, da que ocorre no estabelecimento vizinho de *mancha*, o "Café Paris" - fechado, mais intimista, completamente protegido da rua. Tal ambigüidade, em que as fronteiras não estão suficientemente demarcadas, teve como conseqüência uma regulamentação baixada pelo Poder Público a respeito desse tipo de bares, em uma tentativa de impedir a colocação de mesas e cadeiras nas calçadas.

Outras pesquisas com jovens: *straight edges*, pichadores, forrozeiros

Se os exemplos anteriores mostraram que é preciso estar atento para as modulações que as categorias de público e privado apresentam, e para as possibilidades de relação com a cidade que elas abrem para os usuários, cabe agora analisar alguns casos de utilização do espaço público em seu aspecto recorrente, visível e

[5] Situação similar à dos freqüentadores do bar "Riviera" que, na parte mais externa, colada à calçada, se sentiam como se estivessem "rodeados de São Paulo por todos os lados" (Torres. In: Magnani & Torres, 2000:80).

regular, que é onde ocorre a presença dos jovens em seus momentos de encontro, lazer e sociabilidade.

Assim, na pesquisa "O movimento *straight edge* em São Paulo: um jogo de identidades na metrópole", que constitui o tema do mestrado de Bruna Mantese,[6] é possível perceber em vários momentos da prática desse grupo a busca de referências estáveis na paisagem da cidade. Antes de mais nada, é preciso alguns esclarecimentos sobre os jovens identificados com esse movimento, originalmente, uma variante dos *punks* (com os quais ainda compartilham algo do visual característico e o estilo musical): contrários ao consumo de drogas, álcool e avessos à permissividade sexual, têm como traço mais acentuado a adesão ao vegetarianismo através de uma versão radical: o veganismo.[7]

Essa variante proíbe não apenas a ingestão de carne, mas o consumo de todo e qualquer produto de origem animal, ou mesmo a utilização de animais domésticos ou silvestres em seu processo de fabricação, pesquisa e preparo. Coerentes com esses princípios, as festas do grupo são denominadas *verduradas* – em contraposição às churrascadas ou cervejadas. É justamente essa adesão que explica o aparentemente paradoxal vínculo que os *straight edges* mantêm com nada mais, nada menos que os *hare krishna*, muitas vezes encarregados da comida que é servida nas festas.

Os jovens identificados com esse movimento constituem um bom exemplo de trocas e encontros surpreendentes – além do contato com os *hare krishna*, freqüentam espaços vinculados ao movimento anarquista e ambientalista, por conta de uma opção política – no cenário da metrópole. No entanto, seja para as festas, para os encontros e até mesmo para opções de moradia, têm seus pontos de preferência na cidade, conhecidos por todos e difundidos através de contatos diretos e pelas listas de discussão na Internet. A pesquisa de campo realizada por Bruna mostra

---

[6] Em desenvolvimento no Programa de Pós-graduação em Antropologia Social – USP (2003-2004).

[7] O termo em inglês é *veganism*; e *straight edge* pode ser traduzido por "caminho correto".

> (...) a existência de um circuito freqüentado por *straight edges*, formado por restaurantes, sorveterias, lojas de disco (principalmente nas Grandes Galerias da rua 24 de Maio e adjacências), lojas de produtos vegetarianos, "*vegans*", naturais e orgânicos, casas de *show* e centros de cultura e discussões anarquistas. Através da observação desse circuito foi possível notar que os *straight edges* acabam entrando em contato com outros grupos diversos: com os já mencionados *hare krishnas*, com "naturebas", com roqueiros em geral, com militantes anarquistas de diferentes gerações e orientações, entre outros. (Projeto de pesquisa, 2003:5)

Nesse caso, é a noção de *circuito*, na qual transparece a relação dos membros desse grupo com determinados espaços e equipamentos da cidade, pontos de referência não apenas para suas atividades, mas para o desenvolvimento de um estilo de vida próprio. O caráter específico do arranjo dos *straight edges*, e que constitui seu *circuito*, não tira proveito da oposição *dentro* versus *fora*, proporcionada pela contigüidade espacial, como ocorria no exemplo anterior, situado em uma *mancha*. Eles escolhem pontos situados em diferentes regiões da cidade, com variados graus de acessibilidade pública: um espaço da AGRC – Associação de Grupamento de Resgate Civil –, alugado para suas *verduradas*; restaurantes e lojas de produtos naturais; sedes de instituições, como centros de estudos anarquistas etc., a partir dos quais estabelecem seus *trajetos* e assim constroem seu próprio *circuito* que, no entanto, é conhecido em sua totalidade apenas pelos membros do grupo.[8]

---

[8] Esta é uma característica do circuito: apesar de formado por estabelecimentos, espaços e instituições perfeitamente acessíveis mesmo a quem não seja do circuito, só os *habitués* detêm o conhecimento da rede em sua totalidade, o que lhes confere a possibilidade de usufruir de forma particularizada das informações, produtos e serviços que transitam ao longo do circuito. Ou, em outros termos: se alguém conhece o circuito em sua totalidade, é porque faz parte dele.

Outro caso exemplar é o dos pichadores, tema de mais um estudo desenvolvido no NAU.[9] Geralmente enquadrados em um espectro que vai da auto-afirmação adolescente à pura e simples delinqüência, são vistos como a expressão de manifestações individuais ou de pequenos grupos em busca de aventura solitária e clandestina registrada nas "assinaturas" que cobrem muros, fachadas, monumentos, janelas e viadutos em qualquer ponto da cidade.

A pesquisa mostra uma realidade bem mais complexa e em estreita interação não apenas com o espaço da cidade, mas também com outros grupos e estilos de vida juvenis, como os *rappers* e *skatistas*. E, apesar de sua notória mobilidade por toda a cidade, os pichadores têm pontos de encontro onde desenvolvem, trocam e apreciam suas "assinaturas" e os álbuns com cromos sobre os principais "pichos" da cidade; onde combinam as saídas, as festas etc. Esses pontos de encontro e trocas, chamados, aliás, de *points*, são hierarquizados: há um *point* central – nas imediações do Centro Cultural São Paulo, órgão da prefeitura, situado na rua Vergueiro (por isso chamado de "*point* da Vergueiro") – e os regionais, além das *quebradas*, já no contexto da periferia, onde moram.

Conforme aponta Alexandre Barbosa, antes de começarem a se encontrar, todas as terças-feiras, no *point* da Vergueiro, o ponto de reunião mais importante era na Ladeira da Memória, conhecido como o "*point* do centro". Os pichadores só o deixaram porque esse local foi restaurado e passou a contar com um esquema de vigilância mais rigoroso. A mudança, porém, trouxe uma vantagem: proporciona várias rotas de fuga da polícia. Como se vê, esse grupo, claramente identificado por suas intervenções em toda a cidade – o que reforçaria a imagem de nomadismo –, mantém relações bastante estáveis com o espaço público e claramente identificáveis em determinados pontos na paisagem urbana.

Outro exemplo de lazer envolvendo determinado gosto musical e estilo de dança, padrões de comportamento e locais de en-

[9] Trata-se da pesquisa (mestrado) de Alexandre Barbosa Pereira, "De *rolê* pela cidade: um estudo sobre os pichadores em São Paulo", também em desenvolvimento no Programa de Pós-graduação em Antropologia Social – USP (2003-2004).

tretenimento é o chamado "forró universitário", muito difundido não apenas entre o público universitário, mas também secundarista de classe média.

Trata-se da apropriação de um traço da cultura da população de origem nordestina e cujo resultado foi o surgimento de bandas e locais de dança onde se desfruta de uma forma musical e dançante nova, com características próprias. Interessante é a forma como jovens de classe média terminaram adotando essa tradição: a descoberta, por eles, dessa opção de lazer não se deu a partir dos lugares tradicionais de forró freqüentados pelos nordestinos, na cidade de São Paulo, mas em lugares de veraneio, como Caraíva, no litoral da Bahia, e Itaúnas (ES), na época das férias escolares.

Essa transformação foi incorporada por músicos, produtores e público como uma nova forma de curtir a dança e a música que não ignora sua origem, mas a modifica. E o interesse que desperta é grande, como mostra a pesquisa "O forró universitário na cidade de São Paulo".[10]

O estudo de Rosani Rigamonte (2001) já havia descrito o processo de transformação do forró trazido pelas primeiras levas de migrantes – cultivado inicialmente em espaços marcados pela lógica do *pedaço* – para uma forma mais moderna em uma *mancha* nordestina de lazer: o Centro de Tradições Nordestinas, no bairro do Limão.

Agora, o forró universitário assume sua condição de gênero musical jovem e cosmopolita, com coreografia, instrumentação e regras próprias, como mostra a pesquisa desenvolvida por Daniela do Amaral Alfonsi. Seu estudo descreve a existência de uma *mancha* no bairro de Pinheiros voltada para esse segmento (no "baixo Pinheiros")[11] e um *circuito* mais amplo que inclui espaços de forró não só na capital, mas em cidades do interior paulista, outras capitais e até aquelas praias tidas como ponto de origem dessa forma de lazer.

---

[10] Pesquisa desenvolvida com bolsa IC (Fapesp) pela aluna Daniela do Amaral Alfonsi, de agosto de 2001 a dezembro de 2003.

[11] Último quarteirão da rua Cardeal Arcoverde no bairro de Pinheiros, antes da avenida Eusébio Matoso, região oeste da cidade de São Paulo.

Conclusão

Há outras pesquisas em andamento no NAU sobre esse tema: jovens instrumentistas, festas *raves*, movimento *hip-hop*, a mancha de lazer da Vila Olímpia, góticos,[12] e todas apresentam, guardadas suas especificidades, evidências na direção do argumento de que a inserção no espaço da cidade é fundamental para entender não apenas a cultura dos jovens, mas também seus deslocamentos: não são aleatórios, apresentam padrões e podem ser descritos em termos de *trajetos* – entre *pedaços*, no interior das *manchas*, ao longo de *circuitos*.

Penso que, em vez de se tomar os jovens como categoria geral – cujos limites são sempre de difícil e discutível demarcação –, é mais produtivo reconhecê-los inicialmente em função de alguns traços identitários para, em seguida, mapear seus espaços de encontro e descrever o uso que fazem dos equipamentos: trata-se de uma estratégia que parte de elementos dados pela própria prática dos atores, compartilhados pelo grupo e plantados na paisagem urbana.

Essa estratégia pode ter bom rendimento para detectar a dinâmica, padrões de comportamento e formas de sociabilidades de jovens, principalmente no cenário das grandes metrópoles, sem cair na descrição sem fim dos detalhes internos a cada grupo em sua singularidade, mas, ao contrário, buscando pontos de contato (também de conflito) entre diferentes grupos, cruzamentos em trajetos, compartilhamento de códigos e valores.

Dessa forma, é possível mostrar que a mobilidade, entre outros atributos, tem menos a ver com a posição de jovem e mais com as condições de inserção de suas práticas no espaço público, onde pontos de referência e ancoragem permitem constituir, consolidar e tornar visíveis suas trocas e experiências coletivas.

[12] "O improviso de todo dia: jovens instrumentistas na cidade de São Paulo", Camila Iwasaki (bolsa IC, CNPq); "O circuito das *raves* na cidade de São Paulo: lazer e sociabilidade", Carolina de Camargo Abreu (mestrado, CNPq); "Batalhas urbanas: um estudo antropológico sobre corpo, dança e *hip-hop*", Fernanda Noronha (projeto de mestrado); "A mancha de lazer da Vila Olímpia", Ana Luisa Mendes Borges e Clara Azevedo; "*Carpe Noctem:* a sociabilidade virtual de um grupo gótico", Adla Youssef Bourdoukan.

As culturas jovens como objeto de fascínio e repúdio na mídia

João Freire Filho e Micael Herschmann

O conceito de *pânico moral* foi utilizado pela sociologia britânica dos anos 1970, nos estudos sobre desvio comportamental e criminologia juvenil. (Young, 1971; Cohen, 1971, 1980; Cohen & Young, 1973) O objetivo desses trabalhos era, em linhas gerais, descrever e analisar o processo mediante o qual uma condição, um episódio, um indivíduo ou um grupo de pessoas passa a ser encarado como ameaça para os valores e os interesses basilares de uma sociedade. Às vezes, o objeto de pânico é bastante recente; em outros casos, já existia há muito tempo, mas repentinamente recebe os holofotes da mídia e torna-se o cerne das preocupações públicas de agentes da lei, religiosos, intelectuais, políticos, entre outros atores sociais com credibilidade e moralidade reconhecida. Às vezes, o pânico se dissipa e logo é esquecido (exceto no folclore e na memória coletiva); em outras ocasiões, apresenta repercussão mais séria e duradoura, podendo ocasionar mudanças nas esferas judiciária e da política social, ou, até mesmo, na forma como a sociedade concebe a si mesma.

Os meios de comunicação de massa são a grande fonte de difusão e legitimação dos rótulos, colaborando decisivamente, desse modo, para a disseminação de pânicos morais. A inter-relação das forças de controle social, a mídia de massa e certas formas de atividade desviante foram abordadas por Stanley Cohen, no seu seminal *Folk devils and moral panics* (1980). O livro logo se tornou uma referência fundamental para os estudos culturais e sociológicos a respeito das subculturas espetaculares juvenis e sua demonização na mídia.

Cohen focalizou, em especial, a cobertura sensacionalista das desavenças entre *mods* e *rockers*, em locais de veraneio do sul da Inglaterra, nos anos 1960. Os conflitos foram ampliados pela imprensa muito além de sua escala e de seus significados reais, gerando um sentimento de grande inquietação no público ante as práticas culturais das duas subculturas jovens (constituídas por membros da classe operária). Ao sociólogo inglês interessava, sobretudo, a dimensão simbólica das ondas de pânico – os conflitos morais e os estilos de vida ameaçados. A criação do pânico moral, no entendimento do autor, fornece oportunidade preciosa para os partidários de um universo simbólico moral forjarem um universo moral antagônico, atacá-lo, e redefinirem, a partir daí, as fronteiras entre o moralmente desejável e indesejável.

Entre as teses mais influentes do trabalho de Cohen, destaca-se a idéia de que cada pânico moral tem o seu bode expiatório, um "*folk devil*" sobre o qual o público projeta seus medos e suas fantasias. Isso não equivale a dizer que o "*folk devil*" é criado pelo pânico moral. O autor fez questão de frisar que, a despeito de usar termos como "pânico" e analogias com o estudo das histerias e das ilusões de massa, não tencionava sugerir que *mods* e *rockers* não teriam existido se não fosse o pânico moral ou que teriam desaparecido se tivessem sido simplesmente ignorados. Sua intenção, em realidade, era sugerir que a diabolização desses movimentos significava uma solução inadequada para a "questão juvenil". Em primeiro lugar, as atividades dos *mods* e *rockers* constituíam somente um aspecto temporário e epidérmico do "problema"; as causas subjacentes do pânico moral eram, de fato, a ambigüidade e a tensão cultural causadas pela mudança social. Trocando em miúdos: o objeto do pânico moral não eram tanto os *mods* e os *rockers* quanto à afluência e à liberdade sexual do pós-guerra que eles representavam; sendo assim, esses movimentos juvenis seriam esquecidos dentro de alguns anos, e novas encarnações do Mal emergiriam para substituí-los.

A reação exagerada dos guardiões da moral não era apenas míope, mas também contraproducente, servindo apenas para incrementar a polarização social – embora esse pudesse ser precisamente o efeito político desejado, como demonstraram, posteriormente, Stuart Hall *et al.* (1978), em sua tentativa de introduzir o conceito gramsciniano de hegemonia, na análise das formas por intermédio das quais pânicos morais criam condições sociais de consentimento necessárias para a construção de uma sociedade mais centralizada na lei e na ordem e menos inclinada ao "liberalismo" e à "permissividade" dos anos 1960. A faceta mais importante desse trabalho era o reconhecimento de que a ideologia não era um processo social baseado apenas na distorção da verdade, mas sim uma força que operava continuamente por intermédio da mobilização do "senso comum".

O relato histórico e teórico mais sistemático do *pânico moral* foi apresentado por Goode & Ben-Yuda (1994a, 1994b). Cruzadas e pânicos morais podem refletir, segundo os autores, uma busca coletiva de identidade – em esferas tão variadas como a política, a religiosa, a científica ou a cultural – e tornarem-se um fenômeno bastante difundido, principalmente nas sociedades heterogêneas e pluralistas, cujas estruturas possibilitam que a moralidade em si mesma seja foco de debates e negociações contínuas.

A partir do exame de crônicas e reportagens publicadas na grande imprensa do Rio de Janeiro e de São Paulo, no período de 1992 a 2002, procuramos explorar, no restante do artigo, a pertinência do modelo analítico do *pânico moral* para entender o tratamento midiático dado ao movimento *funk* carioca, freqüentemente associado a gangues e organizações criminosas, denúncias de relações sexuais anônimas nos bailes, alienação, danças, letras e gírias de mau gosto, pornográficas e machistas.

Argumentamos que, não importa quão útil tenha sido no desenvolvimento de um vocabulário para a compreensão do poder exercido pela mídia, a teoria do pânico moral necessita ser revista e refinada teoricamente, a fim de se ajustar a relevantes tendências sociais, econômicas e culturais da contemporaneidade. Esse tipo de abordagem acerta quando vai além das investigações sociológicas que enfocam padrões de propriedade e controle como os signos da cumplicidade entre mídia e governo. Equivoca-se, no entanto, quando tende a tratar de maneira monolítica e monológica a produção e o consumo midiático. É preciso estar mais atento para a multivascularidade da indústria cultural, em hipótese alguma sujeita a interesses comerciais e ideológicos homogêneos, facilitando, em alguns casos, por meio de inovações tecnológicas e miríades de novos canais de distribuição, a expressão de vozes discrepantes. Em segundo lugar, é necessário observar a complexidade da interação das audiências com os meios de comunicação: toda a campanha de estigmatização e a criação de uma onda de pânico moral em torno do *funk* carioca – nos noticiários de TV e nas páginas da grande imprensa – acabaram, de certa forma, contribuindo para que o estilo de vida e a produção cultural dos jovens *funkeiros* exercessem enorme fascínio entre grupos sociais situados muito além dos morros e domínios da cidade do Rio de Janeiro. É justamente esse processo ambíguo e interessante de demonização e glamourização midiática do *funk* carioca que pretendemos abordar, a partir de agora.

O *funk* invade a cena midiática

Qualquer estudo que se proponha analisar a trajetória do *funk* irá deparar com um acontecimento crucial: os arrastões e tumultos de outubro de 1992, no Rio de Janeiro. Esses arrastões tornaram-se uma espécie de marco de "fundação", no imaginário coletivo da história do *funk* e da vida social do Rio de Janeiro (crescentemente identificados a conflitos urbanos). A partir daquele momento, o *funk* – expressão cultural das periferias e favelas das grandes cidades, quase desconhecida da classe média – ganha inusitado destaque no cenário midiático.

Entretanto, a trajetória do *funk* não está apenas marcada pelo estigma. Se, por um lado, são constantes, até hoje, as campanhas na mídia a favor da interdição das atividades dos jovens *funkeiros* (manifestações socioculturais conceituadas como pretexto para a desordem urbana, exploração do erotismo de menores e guerra entre galeras ligadas ao tráfico de drogas e aos comandos organizados), por outro lado, a mesma mídia que condena o *funk* lhe oferece visibilidade, pavimentando o caminho para que o gênero musical se popularize e conquiste lugar no mercado.

O processo de estigmatização midiática não impediu (quiçá, tenha até, de certa forma, contribuído para) que o estilo de vida e a produção cultural exercessem enorme fascínio sobre grande número de jovens de distintas classes sociais, que parecem ter encontrado, nesse universo musical, formas fundamentais de expressão e comunicação. O debate suscitado por essa diversificação social e ampliação do público gravita em torno, invariavelmente, da seguinte questão: em que medida os jovens vêm sendo "corrompidos", "desencaminhados" pelo *funk*?

O Estado, apoiado por setores conservadores, vem mostrando-se empenhado, desde meados dos anos 1990, em conseguir a proibição dos chamados "bailes de comunidades" (que eram realizados, gratuitamente, nas quadras poliesportivas das periferias e favelas). Esses bailes já chegaram a reunir, nos fins de semana, mais de 5 mil jovens de todos os segmentos sociais, que ali se divertiam, quase sempre de forma tranqüila. Na verdade, um fato chamava sempre a atenção: a preocupação da comunidade com o bem-estar dos freqüentadores do baile, a sua postura hospitaleira. Em uma época de intenso temor da violência urbana, a recepção calorosa dos organizadores e sua atenção à questão da segurança tornaram esse tipo de baile o grande atrativo de sucessivos verões.

Aqueles que clamam pelo fechamento dos bailes (de todos tipos de bailes) oscilam entre o argumento de que o *funk*, além de incomodar a vizinhança pelo barulho, consiste em uma ameaça aos jovens freqüentadores de "boa família" (leia-se de classe média), já que essas festas dão ensejo a brigas entre as galeras e ao convívio promíscuo com "nativos" relacionados com o mundo do narcotráfico. A rivalidade entre as turmas é, no entanto, apenas um dos ingredientes do baile, do qual fazem parte, ainda, a alegria, o humor e o erotismo. A maior parte dos empresários e dos organizadores de baile busca canalizar criativamente essa rivalidade, realizando os chamados festivais de galera, nos quais são realizadas competições entre as turmas que freqüentam a festa. Além disso, a relação do *funk* com organizações criminosas – instaladas no cotidiano dos bolsões de miséria da cidade do Rio de Janeiro muito antes de o *funk* surgir como expressão cultural local – praticamente não existe ou é, em geral, superdimensionada. O que há de concreto é uma relativa identificação desses jovens com os atos de virilidade e rebeldia que a vida criminosa possibilita, e isso era expresso em algumas composições que narram o dia-a-dia da comunidade.

A histeria *antifunk* do final dos anos 1990

Para desespero de segmentos conservadores da classe média, a histeria *antifunk* relacionada aos míticos arrastões do início dos anos 1990 não impossibilitou que o gênero musical se consolidasse, no final de século, como força importante da indústria do entretenimento e da moda – local e nacional. "Trata-se de uma das mais fortes subculturas *fashion* já vistas no País. As popozudas saíram da Zona Norte e das favelas para, embaladas pelo som do *funk*, influenciarem até mesmo um nicho aparentemente oposto, o das patricinhas", registrou a jornalista Erika Palomino, em uma edição do "Caderno Moda", da *Folha de S. Paulo*, dedicada à divulgação da São Paulo Fashion Week 2001. Na capa, a branquíssima e louríssima modelo e apresentadora da MTV Fernanda Lima, fazendo a linha "popozuda-chic" ("com *jeans* customizado Sommer, biquíni e *top* Rosa Chá, jóias Daslu e cinto Giulliano"), ilustrava a matéria principal "Cultura popozuda – conheça o estilo das meninas que estão dominando o verão no Rio". Palomino resumiu, para o leitor neófito, o cobiçado estilo das meninas do *funk*: "O look é *sexy*, claro. Calças justíssimas, muitos *jeans*, *tops* para deixar a barriga de fora e *cabelón*". (*Folha de S. Paulo*. "Caderno Moda". São Paulo, 30/1/2001)

A colunista acrescentou, ainda, que não faltava, naquela ocasião, um *hit* popozudo nas festas *hypes* de São Paulo ou do Rio, muitas vezes acompanhado das tradicionais dancinhas com a mão no joelho. O primeiro "*crossover*" foi feito, segundo ela, na "glamourosa" festa de lançamento do perfume da Forum, no Copacabana Palace, em dezembro de 2000, quando 40 segundos do hino "Popozuda", da banda DeFalla, deixaram os convidados "passados". Pouco tempo depois, em uma noite memorável, socialites, dondocas, senhoras de gosto supostamente refinado se esbaldaram, no Canecão, no Rio, ao som do batidão do *funk*; glamourosas e desinibidas, latiram, pularam, fizeram trenzinho e muito mais; na saída do "baile", embora sorridentes, algumas acusavam dores generalizadas nas juntas e articulações...

Mas nem todos se divertiam com a expansão territorial e social do *funk* carioca. Os discursos de autoridades governamentais e intelectuais contra o gênero passaram a concentrar-se, no final dos anos 1990, na questão da sexualidade: o que se condena, de modo mais enfático, desde então, é o erotismo supostamente exagerado dos bailes e o tratamento pejorativo dispensado à mulher em algumas músicas (ver, por exemplo, Luciano Trigo, "Um tapinha não dói", *O Globo*, 13/3/2001, p. 8). Os títulos impactantes não deixam dúvidas quanto à atmosfera geral de pânico criada por reportagens e artigos veiculados no período: "O *funk* picante da periferia" (*Época*, 22/1/2001, p. 103); "Bonde a toda velocidade" (*Jornal do Brasil*, Caderno B, 18/2/2001, p. 1, 2 e 4); "A explosão do *funk*" (*IstoÉ*, 28/2/2001, p. 66-71); "Engravidei no trenzinho" (*Veja*, 28/3/2001, p. 82-86); "*Funk* com ficha" (*Veja*, 9/5/2001, p. 141).

Ora, o erotismo e o humor escrachado – a classe média goste ou não – é parte da cultura e dos estilos de vida populares. O *funk*, como outras manifestações da cultura popular, não é, nem nunca foi, politicamente correto. Contrariando as expectativas de determinados grupos feministas, as jovens convivem de forma lúdica com músicas do tipo *Um tapinha não dói*, *Égüinha pocotó* e outras consideradas ofensivas à mulher. Quanto às notícias de adolescentes que supostamente engravidaram nos bailes, vale registrar que esse tipo de argumentação só faz sentido para aqueles que desconhecem a realidade das periferias e favelas brasileiras. Quantas jovens desses segmentos sociais não ficam grávidas após terem conhecido a menstruação apenas duas ou três vezes em suas vidas? Será que todas são *funkeiras*? Por que, em vez de usar o *funk* como conveniente bode expiatório, não se procura desenvolver um intenso programa educativo junto às jovens de classe baixa?

Cultura & anarquia

O artigo do poeta e crítico literário Affonso Romano de Sant'anna, "Anomia ética e estética" (*O Globo*, Prosa & Verso, 17/3/2001, p. 2), é bastante característico do tipo de objeção que manifestações populares pós-folclóricas, como o *funk*, sofrem historicamente em nosso País. O autor começa enfatizando sua autoridade para discutir, dentro de um suplemento literário, a "anomia ética e estética" impulsionada pelo *funk* – afinal, não publicara ele, há alguns anos, o livro (de viés estruturalista) *Música popular e moderna poesia brasileira*? Suas investidas contra o ritmo do momento apóiam-se, inicialmente, na análise (ou melhor, na citação) de duas letras obscenas "alardeadas nas rádios e na tevê, ao som das quais adolescentes e até crianças dançam" (na realidade, as duas músicas em questão tiveram divulgação restrita na grande mídia), e na revelação do secretário de Saúde do Rio de Janeiro sobre o elevado número de casos de gravidez e AIDS contraído durante a "dança das cadeiras" dos bailes (os dados alarmantes foram, posteriormente, revistos pelo governo).

O subtítulo do artigo, "Músicas porno-dançantes trazem de volta o que há de pior no machismo", é altamente enganoso quanto ao real enfoque da reflexão do colunista, que converge mais para uma atualização da problemática conservadora arnoldiana da *cultura* versus *anarquia* (Arnold, [1869] 1994) do que para uma abordagem teórica feminista radical. O alvo de Sant'Anna é tanto a vanguarda artística mundial contemporânea (que levou ao extremo o culto da transgressão) quanto a indústria cultural brasileira (que se agiganta sob a proteção do clima de licenciosidade pós-ditadura e sob a pressão da globalização, que transforma o cidadão em um simples "clone consumista" e faz do Ibope o regulador supremo da produção dos bens simbólicos). A relação entre os dois fenômenos? Simples: do mesmo modo que, na arte, cada um pode fazer o que quiser, porque hoje qualquer coisa é arte, a

> marginalidade toma o lugar do sistema, o iletrado se apodera dos meios de comunicação, a quantidade desaloja a qualidade, e aquilo que antes chamávamos de "cultura" agora está

> exilada como autêntica contracultura, uma cultura alternativa. (*O Globo*, Prosa & Verso, 17/3/2001, p. 2)

A anomia ética e estética e até mesmo o "caos" que daí resultam estão verbalizados "inconscientemente" nas letras do *funk*, tal qual a "análise literária" (*sic*) pode claramente demonstrar:

> É impossível ouvir o grito de guerra – "tá tudo dominado" – sem reconhecer aí o eco do PCC ou de qualquer Comando Vermelho. É impossível não reconhecer em "um tapinha não dói" uma variante sedutora da violência contra a mulher e a criança. É impossível não ouvir chamarem mulheres de "cachorras" e não ver o retorno do pior do machismo. (*ibidem*)

Diante de tantas impossibilidades interpretativas, só restava clamar por um retorno urgente da ordem – quer dizer, por um pronto restabelecimento do cânone como arma eficaz contra a desordem valorativa promovida (e refletida) pelo *funk* e pelas vanguardas artísticas.

As diatribes de Sant'anna contra o *funk* trazem à tona, de maneira eloqüente, preconceitos, ansiedades e idealizações que marcam a cartografia intelectual do mau gosto nativo, tantas vezes fundamentada em um monoteísmo estético que se converte em ataque furioso ao pluralismo cultural. Em nome da preservação dos valores da *Cultura com C maiúsculo* (comumente associada à "grande arte" e ao produto final de todo um processo de refinamento estético, intelectual e espiritual), do potencial crítico e subversivo da produção estética "autônoma" do modernismo e/ou da proteção de uma cultura popular idealizada (livre de toda ambigüidade, de todos os prazeres perversos, de todas as incorreções políticas; "pobre, mas limpinha"), "brasileiros de espírito" de distintas afinidades ideológicas uniram suas vozes, ao longo do século XX, para abafar os "ruídos bárbaros" da cultura efetivamente praticada ou prestigiada pelo populacho crescido no caos de nossas grandes cidades (Freire Filho, 2001). "Claro está", conforme salientou Williams ([1958] 1969:56), "que é mais fácil ser respeitoso e reverente em relação ao 'povo filosoficamente caracterizado' que em relação a um público que bulhentamente se manifesta".

Cidadãos da periferia? Entre a condenação e a expansão nas mídias

Seria, no entanto, caricaturar um relacionamento histórico complexo tratar a mídia unicamente como porta-voz da agenda política e dos preconceitos estéticos e morais das classes dominantes. Não se pode negar que, desde os arrastões, o *funk* ganhou espaços nas estações radiofônicas, e MCs e DJs vêm obtendo grande êxito na indústria fonográfica. Discos de cantores como Latino, MCs Claudinho & Buchecha e William & Duda e coletâneas como *Funk Brasil* e *Furacão 2000* alcançaram ótimos índices de vendagem. O *funk* conseguiu desenvolver, em alguns momentos de sua trajetória, veículos próprios de divulgação: fanzines de razoável qualidade gráfica, programas diários de rádio FM e programas semanais de TV dedicados, em grande parte ou exclusivamente, ao mundo *funk*. Nos anos 1990, o *funk* chegou a ser uma indústria que envolvia a realização de bailes, a produção e o consumo de roupas, discos/CDs, aulas de dança em academias, programas de TV/rádio, revistas e fanzines, peças de teatro e *sites* na Internet. Gerava direta e indiretamente, só nos bailes, 20 mil empregos, movimentando R$ 10,6 milhões.

O debate em torno do *funk* carioca ganhou, mais recentemente, um novo componente: sua forte presença na indústria fonográfica transnacional e sua inserção no nicho de mercado da música eletrônica, sob o rótulo de *world music*. Assim, os brasileiros descobriram, na visita que o presidente Lula fez a São Tomé e Príncipe em 2004, que a música "Beijo na boca", do MC Cepacol, é um dos grandes sucessos do continente africano, a ponto de o título da matéria de *O Globo* (Primeiro Caderno, 1/9/2004) sugerir que o "*Funk* brasileiro põe o mundo para sacudir". Ao mesmo tempo, durante as Olimpíadas de 2004, realizadas na Grécia, pudemos constatar, também, o enorme sucesso alcançado na Europa pelos MC Serginho & Lacraia e pelo grupo Bonde do Tigrão. Na matéria do Segundo Caderno de *O Globo*, o público era advertido: "Não se surpreendam se durante as Olimpíadas na Grécia (2004), alguma competição for embalada ao som de *Tchutchuca* (...) uma das tocadas no país, virando até toque de celular e gravado em grego por artistas locais". (1/8/2004, p. 1)

Tendo em vista o que já foi assinalado, poder-se-ia argumentar que o mercado *funk* se desenvolveu à margem ou nos interstícios da indústria cultural. Sua condição lembra a já vivida pelos *punks/skinheads*, na Inglaterra, e pelos *b-boys*, nos Estados Unidos, que ocuparam um lugar peculiar no imaginário coletivo, permitindo que se desenvolvesse tanto um nicho de mercado (criando empregos, acumulando lucros e investimentos e também diversificando suas atividades e seus produtos) quanto que se anatematizassem e excluíssem milhares de jovens.

Assim, o *funk* vem ocupando no mercado, no espaço urbano e nas políticas públicas um lugar ambíguo, ora um pouco mais periférico, ora um pouco mais central. Por uma via sinuosa e por constantes tensões, conflitos e negociações, constrói um conjunto de códigos culturais (com referências locais/internacionais) que oferece tanto a possibilidade de elaboração de uma visão crítica e/ou plural do social quanto a sua mediação e administração pelas estruturas que gerenciam os ritmos do espetáculo e do consumo.

Em contraste com o que uma perspectiva apocalíptica das velhas e novas mídias poderia sugerir, há, portanto, conforme assinalamos anteriormente, um enorme potencial de luta, na esfera midiática, para os grupos minoritários, desde que eles saibam espetacularizar-se, sejam capazes de realizar operações de grande impacto simbólico (Herschmann & Pereira, 2003). Os grupos minoritários e excluídos devem atentar para essas possibilidades, explorando, na medida do possível, especialmente as novas mídias de caráter interativo que ainda não estão regulamentadas e abrem um novo campo para ações participativas.[1]

Evidentemente, não estamos ignorando, aqui, a função normalizadora dos meios de comunicação sobre o social. Todavia, é importante identificar as possibilidades de fazer emergir o *Outro* no

[1] Para mais detalhes sobre algumas experiências que vêm sendo realizadas no País, consultar Novaes *et al.* (2002).

campo midiático. Apesar de a mídia ser um espaço com inúmeras limitações e formatos, voltado para a elaboração de imagens reguladoras e difusão de "pânicos morais", também produz "frestas", "brechas", nas quais o *Outro* emerge – isto é, constitui-se, também, em um espaço fundamental para a percepção das diferenças. O discurso midiático oscila, como vimos, entre a demonização e uma certa glamourização dos excluídos; na medida em que os torna "visíveis", permite-lhes, de certa forma, denunciar a condição de "proscritos" e reivindicar cidadania, trazendo à tona, para o debate na esfera pública, a discussão do "lugar do pobre", ou melhor, o direito ao discurso, ao lazer e à cidade, pondo em pauta as contradições do processo de "democratização" do País e suas tensões sociais.

Para além do discurso espetacularizado da repressão policial nos territórios da pobreza, é justamente essa produção e esse discurso periférico/marginal/local que ironicamente tem sido encampado, com grande freqüência, pela mídia e pelo público jovem de origem social variada, que consome as expressões culturais, como o *rap* e o *funk*, como signos de rebeldia e transgressão social e/ou como elementos de uma estética *camp* (Freire Filho, 2003a, 2003b). Ganham densidade, dessa forma, a polifonia urbana e suas diversas "tribos", em territórios marcados pela instabilidade social, distanciados da lógica estatal de reforço das fronteiras, do enclausuramento, do *apartheid*, dos discursos de "exclusão" e repressão que promovem o medo ao *Outro*.

Assim, analisando a trajetória do *funk*, poder-se-ia constatar que em torno desse universo cultural se promove em alguma medida um tipo de "política" (não necessariamente consciente por parte dos atores sociais) que parece ser fundamental para o reconhecimento e a visibilidade de uma subjetividade minoritária hoje, e que transcorre, principalmente, no terreno da cultura.

Rappers, *funkeiros* e as novas formas musicais da juventude urbana carioca*

Frederico Coelho

Este artigo é fruto de um trabalho de pesquisa realizado pelo Núcleo de Estudos Musicais do Cesap, coordenado pela professora Santuza Cambraia Naves, durante os anos 2001 e 2002. Ele tem como objetivo principal um breve mapeamento dos diferentes papéis que uma parcela significativa da juventude carioca ocupa na formação do universo musical da cidade. Ao longo dessa pesquisa, buscamos também indicar alguns pontos no caminho inverso, ou seja, os diferentes papéis que a música popular do Rio de Janeiro exerce na sociabilidade dessa juventude. A escolha de se estudar a trajetória do *funk* e do *rap* foi feita a partir da constatação de que, na década de 1990, foi por meio desses ritmos – diretamente vinculados à realidade das periferias urbanas do Rio de Janeiro e dos grandes centros urbanos do País – que o jovem carioca se posicionou no espaço público de forma contundente como agente atuante, com voz e opinião sobre seu espaço social e sobre seus pares. Hedonismo, consciência social, participação política e violência foram limites discursivos de um momento histórico cujas

* Este artigo é fruto de uma profícua troca de idéias e debates com o professor Candido Mendes de Almeida sobre o *funk* e o *hip-hop* como movimentações culturais da juventude carioca, durante o primeiro semestre de 2003. Foi o professor Candido Mendes, ainda em 2000, quem deu o primeiro passo na proposição e feitura do trabalho de pesquisa apresentado a seguir.

clivagens entre ricos e pobres, alta e baixa cultura ou, no caso mais específico do Rio, Zona Sul e Zona Norte tornaram-se mais tênues, mais fluidas, enfim, mais híbridas.

A principal questão que iremos propor neste artigo é o papel transformador que a música popular detém nas relações sociais de uma cidade complexa como o Rio de Janeiro. Determinados ritmos e manifestações musicais demarcam a cidade de ponta a ponta, mostrando aos pesquisadores sobre o tema que é impossível compreendermos os jovens - sejam pobres ou ricos - sem compreendermos sua relação intrínseca com a música e todo o universo social que essa relação constrói. Bailes *funk*, desafios de *rap* e *breakdance*, casas de forró, boates da Zona Sul ou *raves* de música eletrônica devem ser vistos como espaços legítimos de construção de identidades e de definição de personas sociais atuantes. É a partir desses espaços, de seus atores e do seu discurso musical que vamos levantar algumas questões sobre as ações e os limites de uma grande parcela da juventude urbana carioca nos últimos anos.

Vale a pena lembrarmos que o universo dos freqüentadores e consumidores desses ritmos musicais é vasto, diversificado e muitas vezes contraditório. Por serem fenômenos recentes, as frágeis generalizações que serão feitas aqui são resultado das constantes idas e vindas que esses ritmos - uma das "novas formas musicais da juventude carioca" - apresentam aos seus observadores, pesquisadores e aos próprios participantes. Em meio a isso, porém, podemos encontrar alguns padrões, alguns elementos que, vistos de forma mais ampla e acurada, nos fornecem um cenário mais coeso e consistente de análise. Outra questão que devemos deixar clara para uma melhor compreensão do artigo é a diferenciação que propomos entre *movimento* e *movimentação* como categorias de trabalho. Quando falarmos sobre os "movimentos" *funk* ou *hip-hop*, estaremos nos referindo mais à idéia dinâmica de uma *movimentação* de determinadas coletividades em torno de uma proposta estética e social do que propriamente à idéia clássica de *movimento*, mais ligada ao universo da política partidária e do engajamento formal. Aqui, esses *movimentos* serão vistos como grandes *movimentações coletivas* atuantes no espaço social e no campo cultural. Essas coletividades propõem uma nova forma de engajamento e de ação política e social, sem lideranças explícitas, controles centralizados, estatutos ou manifestos e que não se distanciam nem do capital, nem do mercado. Apesar de os integrantes da cultura *hip-hop*, especificamente, se intitularem muitas vezes como pertencentes a um movimento, cremos que a movimentação da juventude em torno do ritmo e seus corolários – aquilo que os faz se moverem em direção a algo – seja mais palpável de se aferir do que uma possível "essência" ou natureza de um movimento.

Funk e *hip-hop* no Rio de Janeiro: breve histórico

Se buscarmos uma espécie de gênese histórica para esses ritmos no Rio de Janeiro, veremos que suas origens na vida cultural da cidade são as mesmas. Tanto os adeptos do *funk* quanto os do *hip-hop* que se firmavam no início dos anos 1980 eram ligados aos bailes de *black music* que ocorriam nos subúrbios dos grandes centros urbanos, como São Paulo e Rio de Janeiro. Nesses bailes, a ideologia – e a moda – vinculada ao lema "*black is beautiful*" e "*black power*" era refratada para a realidade brasileira da época (meados dos anos 1970), amealhando para as pistas de dança um grande número de pessoas – negras, em sua ampla maioria – que se identificavam não só com os ritmos, mas também com os lemas em questão (Vianna, 1988). No que diz respeito às bases musicais, cantores como James Brown, Marvin Gaye, Isacc Hayes e grupos como Earth, Wind & Fire e Commodores dominavam as pistas, ao lado dos pioneiros da *black music made in Brazil*, como Tim Maia, Gerson King Kombo, Toni Tornado e bandas como Dom Salvador e Grupo Abolição e Banda Black Rio.

O nome dessa banda, *Black Rio*, era também o nome atribuído ao fenômeno dos bailes *funk* da década de 1970, que chegava a reunir milhares de pessoas em clubes e quadras do subúrbio da cidade. Esses bailes *funk*, porém, estavam distantes da realidade dos atuais bailes. Sem nenhuma ligação com a questão da violência ritualizada ou com os demais pontos de acusação sobre os atuais bailes, nos anos 1970 a música era a grande base de aglutinação das comunidades. Nesse sentido, é interessante notarmos que, musicalmente, os negros e pobres das periferias brasileiras que enveredaram posteriormente pelo caminho do *funk* ou do *hip-hop* tiraram suas bases musicais do mesmo manancial: a *black music* norte-americana, com ênfase na *soul music* e no *funk* dos anos 1960-1970.

Assim, durante os anos 1980 e 1990, o *funk* e o *hip-hop* seguiram seus próprios caminhos, ora se aproximando - como no princípio, em que cantores de *funk* eram chamados de MCs e suas músicas, de *raps* - ora se afastando - como nos dias atuais, em que cada ritmo já tem uma identidade local bem constituída. O *funk* torna-se problema de polícia na mesma escalada em que surge ciclicamente como sucesso de público. Aparece durante todo esse tempo com freqüência na mídia, em uma relação de amor e ódio por parte da opinião pública. Ao mesmo tempo, gera um mercado milionário de festas, equipes de som, gravadoras, técnicos, rádios, revistas, roupas e acessórios. O *funk* carioca torna-se o primeiro caso de um ritmo musical ser transformado em tema de uma Comissão Parlamentar de Inquérito na Assembléia Legislativa do Rio de Janeiro, em 1999. Alguns de seus nomes mais famosos passam a atuar tanto na política local (uma das suas maiores figuras públicas torna-se vereadora em 2000) quanto nas páginas policiais, com prisões e ligações com o tráfico de drogas.[1]

Já o *hip-hop* tem um crescimento bem mais lento e tímido durante esse período, ficando restrito a grupos de jovens que se reuniam em associações (como a pioneira Atcon) e algumas poucas bandas. Nos anos 1990, acompanhando paulatinamente o *boom* do ritmo em São Paulo, a cena ganha força com alguns nomes que despontam no mercado musical e consegue criar alguns pontos de encontro e aglutinação dos interessados na cultura *hip-hop*. Festas no bairro carioca da Lapa (como a antológica e atualmente saudosa *Zoeira Hip-Hop*), desafios de *break* e o crescimento da arte

[1] Referimo-nos aqui ao ex-casal Rômulo Costa e Verônica Costa, donos da equipe de som Furacão 2000 há até bem pouco tempo. Ele foi preso diversas vezes nos últimos anos por problemas com a Justiça. Ela é vereadora da cidade do Rio de Janeiro. Atualmente, encontram-se separados, mas atuantes no mercado musical *funkeiro*.

do grafite nos muros da cidade indicavam o crescimento do *rap*. Apesar de ter menos força que seu similar paulista, o *hip-hop* carioca desenvolveu estilo próprio tanto no aspecto estético de suas composições quanto na sua postura de engajamento, como veremos mais adiante.

Feita essa contextualização das trajetórias desses ritmos na cidade, apresentaremos agora algumas questões surgidas no bojo das nossas pesquisas sobre os movimentos *funk* e *hip-hop* no Rio de Janeiro. Elas foram iniciadas em agosto de 2001, a partir de uma demanda sobre o papel – ou os papéis – que esses ritmos musicais contemporâneos exerciam na configuração social da juventude e da cultura urbana carioca nos últimos 10 anos. As conclusões, apesar de restritas principalmente ao universo carioca e paulista, podem ser relacionadas às cenas musicais desses ritmos em outras cidades do Brasil. Nosso intuito foi compreender, inicialmente, as possibilidades de se estabelecerem movimentos culturais autônomos a partir das condições de marginalidade social em que a maioria de seus agentes estão inseridos, e, em um segundo momento, a relação dialógica entre essa população jovem marginalizada e outras camadas da sociedade através da música e de suas práticas culturais.

Como primeiro passo de pesquisa, foi feito um intenso levantamento de fontes e trabalhos dedicados aos temas estudados. É relevante ressaltarmos que no próprio processo de levantamento dessas fontes, que são muitas, ficaram evidentes os conflitos e disputas estratégicas existentes na configuração desses movimentos e na sua relação com a sociedade. Paralelamente a esse levantamento de fontes – em sua maioria jornais, revistas e *sites* da Internet –, executamos um mapeamento dos ritmos e sua repercussão na vida sociocultural da cidade. Quando falamos em mapeamento, buscamos uma idéia de *espacialidade*, devido à relação intrínseca entre esses ritmos musicais e o espaço urbano da cidade do Rio de Janeiro.

Tanto o *funk* e seus bailes quanto o *hip-hop* e suas festas são formas de as diferentes parcelas da juventude carioca ocuparem os espaços da cidade, demarcando seus territórios, sua circularidade e suas fronteiras, construindo identidades locais através da música. A idéia é mostrarmos como funcionam esses ritmos musicais na formação de culturas autônomas no interior da vida cultural da cidade. Assim, mapeamos os espaços de execução, circulação e divulgação do *funk* e do *hip-hop*, suas diferenças internas e em relação a outros ritmos musicais, seus agentes criativos e seus *limites* discursivos e estéticos.

Construindo as diferenças

Feitas essas duas primeiras tarefas (levantamento de fontes e mapeamento do problema), nossa pesquisa passou a elaborar algumas questões que apareceram como fundamentais na busca de uma perspectiva crítica sobre o tema dos movimentos culturais marginalizados e sua condição de diferenciação em face de outros movimentos socioculturais contemporâneos.

A primeira questão levantada refere-se à origem comum do *funk* e do *hip-hop* nas comunidades marginalizadas e carentes do Rio de Janeiro e sua diferenciação no que toca aos estilos de vida dos seus membros participantes. Apesar de terem uma mesma origem - e estigma - social em sua maioria, *funkeiros* e *rappers* construíram duas comunidades criativas independentes e, até certo ponto, antípodas, com relação aos universos estéticos de ambas e suas demandas em face da sociedade. Enquanto os *funkeiros* passaram a se incorporar (e serem incorporados, em maior medida) a um universo semântico da marginalidade presente no subúrbio e periferia carioca - que envolve criminalidade, tráfico de drogas, brigas de gangues, camelotagem, pirataria, prostituição e delinqüência -, os *rappers* e participantes do movimento *hip-hop* construíram, ao longo de sua história no País, uma imagem pública ligada à luta pelos direitos, à conscientização dos jovens, à afirmação do movimento negro, em suma, ao universo da cidadania e do engajamento.

No Rio de Janeiro, enquanto os bailes *funk* ocorrem nas favelas e subúrbios da cidade (divididos em "Bailes de Clube", organizados pelas equipes de som, com segurança e bilheteria, e "Bailes de Comunidade", organizados nas quadras e abertos a todos) e são ainda marcados pelo estigma da violência e de serem freqüentados por negros e pobres, as festas de *hip-hop* ocorrem quase sempre em casas de *show* e boates da Zona Sul, com total legitimidade da classe média intelectualizada pela presença dos mesmos negros e pobres. Além disso, muitos *rappers* e membros ou simpatizantes da cultura *hip-hop* são oriundos de famílias de classe média ou foram criados em bairros mais centrais da cidade.

Outra diferença entre os grupos nesse sentido é que, apesar de ambos viverem um cotidiano violento no seu dia-a-dia, *funkeiros* incorporam de forma orgânica esse cotidiano no seu momento de lazer e criação cultural, enquanto *rappers* elaboram um discurso crítico sobre essa violência, ora propagando seus malefícios, ora reificando suas possíveis e nefastas conseqüências. O paradoxo dessa situação é que, enquanto os primeiros são vistos como agentes desestabilizadores da ordem por trazerem em suas roupas, danças e músicas a presença residual da violência e da marginalidade, eles não reivindicam para si a representação dessa violência como elemento constituinte do seu movimento. Já os últimos, apesar de serem vistos pela grande maioria como elementos conscientes e engajados na transformação da sociedade, são os que, em alguns casos, reivindicam abertamente os usos das representações da violência em suas capas de discos, letras de música e aparições públicas.

Nesse sentido, podemos afirmar que, além de uma *construção da diferença* que chamaremos aqui de *externa*, isto é, relativa ao que *se diz* sobre esses ritmos e seus participantes, existe também uma diferenciação *interna*, isto é, feita pelos próprios agentes envolvidos nos movimentos, ou seja, os que *dizem*. Mais uma vez, mesmo que *funkeiros* e *rappers* morem nos mesmos locais e comunidades, muitos reivindicam especificidades estéticas e de público para suas músicas e suas práticas. Apesar de existirem algumas confluências históricas, como as origens no movimento Black Rio, *funk* e *rap* no Rio de Janeiro são dois universos, duas comunidades criativas que funcionam paralelamente na cidade e nas suas periferias.

Assim, percebemos que a definição dos limites sociais que permeia o discurso do *funk* e *hip-hop* na cidade é vinculada, em grande medida, a uma espécie de expectativa da sociedade leiga em relação às possibilidades de ação e reação desses grupos jovens marginalizados. Enquanto o jovem *funkeiro* é visto como um agente perturbador em potencial da ordem e dos bons costumes – pela relação direta que se faz entre *funk* e violência, *funk* e negritude, em suma, *funk* e barbárie –, o *rapper* é visto como um agente conscientizador, um artista engajado na transformação social. Enquanto o primeiro vive uma situação de *transgressão* sem reivindicar para si o discurso aberto da *ruptura*, o segundo vive dentro dos limites de aceitação do "outro" (o *rapper*, o negro, o pobre), mesmo que pratique abertamente o discurso da ruptura. Os limites das ações do movimento *funk* e do movimento *hip-hop* são traçados pelos seus próprios agentes e pela sociedade leiga em geral, em uma relação dialógica tensa e constante; relação essa em que admiração e terror são dois extremos de entendimento e enfrentamento.

A partir desses pontos, uma segunda questão se impôs aos pesquisadores: devido a essas diferenças propagadas pelos próprios agentes e por terceiros (imprensa, especialistas, pesquisadores), buscamos uma melhor compreensão das especificidades de cada ritmo e de cada movimento (e movimentação) existente. O que fica evidente ao longo de leituras e entrevistas é, em um primeiro momento, a intensa estigmatização que o "mundo *funk* carioca" e seus membros sofrem, não só no meio cultural como na sociedade carioca e brasileira em geral.

A aura de violência e hedonismo exacerbado que permeia os discursos críticos sobre o *funk* carioca fez com que esse ritmo e sua comunidade permanecessem, até hoje, prisioneiros de análises imediatistas e rasteiras sobre o tema. Já o *hip-hop* carioca, apesar de ter uma força cultural muito menor do que o *funk* ou do seu similar em cidades como São Paulo, consegue, no Rio de Janeiro, romper barreiras das quais o *funk* continua prisioneiro, como a da aceitação positiva por parte da comunidade musical brasileira e da maior circularidade cultural em meios ditos mais "sofisticados", como a academia e o circuito cultural da Zona Sul. Se o *funk* se impõe em geral como um produto meramente mercadológico e incômodo, o *hip-hop* aparece como seu contraponto, ou seja, um objeto cultural fruto de uma politização e de uma conscientização por parte de seus agentes. Isso mostra que a origem social dos criadores do *funk* e do *hip-hop* não determina a forma como se produzem, se divulgam e se consomem os ritmos. Não é à-toa que até hoje grandes astros do *funk* permaneçam restritos às gravadoras independentes, *shows* em clubes e locais precários e distribuição através de discos piratas, enquanto *rappers* e grupos de *rap* sejam estrelas para o *marketing* de gravadoras *majors* e apareçam com constância em canais sofisticados de televisão paga, como a MTV.

O aspecto fundamental que deve ser ressaltado e bem observado sobre esses ritmos é que, mesmo oriundos de situações sociais violentas e degradadas, eles constituíram através da música *formas autônomas* de esses jovens se imporem no mercado cultural brasileiro e na sua relação com o resto de nossa sociedade e suas instituições. Tanto o *funk* quanto o *hip-hop* são movimentações em que o *consentimento* do mercado cultural sofisticado e dos formadores de opinião não foi, não é e nem será necessário para sua existência. O funcionamento de suas festas (com centenas de milhares de freqüentadores todos os fins de semana), a manutenção de seus códigos e representações e a alta circulação informal de seus discursos estéticos foram feitos ao longo de suas histórias pelos próprios agentes envolvidos e pelo seu público cúmplice dessas propostas. Ambos os movimentos (e aqui a idéia de *movimentação* é aplicada de forma pertinente), quando foram percebidos pelos jornais, pela imprensa e pelos intelectuais, já estavam constituídos como espaços autônomos de ação política, cultural e social de jovens marginalizados.

Até mesmo nos períodos pendulares em que a classe média, a mídia oficial e os jovens da Zona Sul incorporaram o *funk* aos seus hábitos de lazer, os temas e as músicas não foram "ajustados" ao gosto do novo público. Ao contrário, quanto mais sucesso fazia, mais as músicas iam perdendo em qualidade e elaboração. Se nos seus primeiros anos de sucesso o *funk* carioca tinha como principais hinos músicas com letras trabalhadas e de cunho social como o "*Rap* do Silva" (cujo refrão era "Ele era *funkeiro*, mas era pai de família"), quando ele passou a ser produto vendável em programas da Rede Globo de Televisão ou de grandes gravadoras em meados dos anos 1990, suas letras e refrões ficaram mais pesados, reduzidos aos apelos do erotismo e do duplo sentido das danças.

Isso demonstra a força do movimento musical, que, mesmo sem estar atualmente com a mesma visibilidade e mercado de anos atrás, continua a movimentar a massa e a afirmar suas referências e músicas, com ou sem sucesso de público.[2] Citando uma declaração do DJ Marlboro (sem dúvida o maior nome do *funk* carioca e brasileiro), ele afirma que

> O *funk* carioca não tem que olhar na revista pra saber o que vai tocar. Nunca precisou disso. O *funk* cria os sucessos que depois vão tocar nas boates, em todo o lugar... O *funk* se tornou uma cultura própria exatamente porque ele não faz o que lá fora manda... Não busca o que os outros falam que é bom... O que é bom para gente pode não ser bom pra ninguém lá fora, mas se é bom pra aqui, tá tocando. (DJ *Marlboro na terra do funk*, 2003:77)

Assim, impondo-se de forma autônoma, jovens *funkeiros* e *rappers* quebram a barreira do *exotismo* ao surgirem como coletividades atuantes e contemporâneas, e não como mananciais de tradição cultural, escondidos em favelas e guetos das cidades à espera de sua descoberta por parte das classes altas ou da academia. Eles saem da condição de cultura de gueto ou *discurso para iniciados* ao invadirem e penetrarem constantemente no mercado brasileiro de bens culturais, dialogando com seus pares e com leigos que compram ou repelem veementemente seus discursos sobre suas condições sociais e suas impressões sobre os problemas e desafios que os cercam. *Funkeiros* e *rappers* vivem o cotidiano da cidade e sinalizam, para essa mesma sociedade, que estão presentes, atuantes e falantes, doa a quem doer.

A partir desse procedimento inicial de diferenciar os ritmos e suas origens, isto é, de desmistificar as proximidades e distâncias entre o *funk* e o *hip-hop* no Rio de Janeiro, passamos a buscar as especificidades dos ritmos musicais no interior de seus movimentos. Analisando primeiramente o movimento *funk*, sua história e seus mitos, percebemos diversas nuanças que, vistas de forma pre-

[2] Temos exemplos até mais contundentes no *rap*, como é o caso do grupo Racionais MCs, de São Paulo, que vendeu mais de um milhão de cópias do seu disco independente *Sobrevivendo no Inferno*, em 1998, sem divulgação alguma da mídia especializada ou de gravadoras.

cipitada, acabam sendo obliteradas por pesquisadores em geral e comentaristas do tema. A limitação restritiva do tema aos tópicos relativos a sexo e violência, presente em nove entre 10 trabalhos sobre *funk* no Rio de Janeiro, não permite que se analise de forma mais contundente o papel primordial que tal ritmo musical detém na sociabilidade de uma parcela significativa da juventude carioca, que vive em sua maioria na periferia da cidade.

Apesar de realmente estar inserido nesses dois limites discursivos, o universo criativo do *funk* envolve uma série de questões estruturais mais relevantes presentes no funcionamento da sociedade carioca, como a questão dos espaços de lazer e circularidade da sua juventude pobre, as formas que essa juventude tem para obter acesso a outras opções culturais na cidade, a relação dos criadores e consumidores da música *funk* com o mercado de bens culturais de massa, o papel que um ritmo musical exerce na sociabilidade dessa juventude vista como marginalizada em face de outros grupos juvenis da cidade e a própria discussão acerca da aceitação e positivação do *funk* como manifestação sociocultural autóctone, legítima e representativa de uma imensa parcela da população.

Já a análise das especificidades do movimento *hip-hop* no Rio de Janeiro traz outros pontos que, em um primeiro momento, não se encontram presentes nas discussões sobre o *funk*. Inicialmente, o *hip-hop* surge como tema mais diversificado, devido às suas diferentes manifestações, como o grafite, o *break dance*, o disc-jokey (DJ) e o *rap*. Assim como existem diferentes universos estéticos no *funk* (mais centrados na polaridade sexo/*funk* comercial – violência/*funk* engajado ou "de contexto"), o universo estético-discursivo do *rap* se encontra dividido em estilos que, nos apropriando da classificação proposta por Paul Gilroy, podemos situar como *pedagógicos, afirmativos e lúdicos*. (Gilroy, 2001:179)[3] Os

[3] No trabalho referido de Gilroy, os termos utilizados são "pedagogia", "afirmação" e "brincadeira". Substituímos o último por "lúdico", por achar que a idéia de *ludismo* é mais propositiva nesse caso do que "brincadeira". Reproduzimos o trecho de Gilroy para o leitor: "É importante enfatizar que os três elementos do *hip-hop* – pedagogia, afirmação e brincadeira – contribuem para uma constelação cultural-popular que nem a bússola

dois primeiros são estilos de discurso similares, que acenam para uma prática referente ao compromisso político-partidário contra as desigualdades sociais e raciais que existem no Rio e no Brasil (*pedagógicos*), ou para a afirmação da cultura negra no contexto mais amplo das representações nacionais (*afirmativos*). Em ambas as posturas, o *rapper* goza do *status* de ativista político e agitador cultural, um agente engajado na transformação social do País e de sua comunidade (local e racial). Podemos situar, como exemplos dessa vertente, bandas e *rappers* como Racionais MCs, RZO, GOG, Xis, Esquadrão ZN, MV Bill e todos aqueles ligados à cultura carcerária, forte foco de produção de *rap* no País.

Já em outra frente, há os que se concentram na busca da experimentação sonora e discursiva da estética do *hip-hop* e na elaboração de uma crítica criativa aos problemas sociais que nos assolam – estilo esse em que o *rapper* é um artesão, um criador engajado na transformação social através das possibilidades *lúdicas* de invenção presentes na estética da música e da cultura *hip-hop* no País. Como exemplos, temos os trabalhos de Thaíde e DJ Hum (pioneiros do *rap* no País), B Negão, Marcelo D2, Gustavo Black Alien, *Rappin* Hood, Academia Brasileira de Rimas, Mamelo Sound System, Inumanos, entre outros. Essas três formas de *uso musical* do *hip-hop* no Rio de Janeiro e no Brasil acabam por criar subestilos híbridos, em que *rappers* e público consumidor passam a definir suas mensagens e seus "inimigos culturais". Em alguns casos, como no *rap* de São Paulo, o próprio *funk* carioca – visto como alienado politicamente – surge como um desses inimigos.

Outro ponto importante a ser ressaltado nessa discussão sobre semelhanças e diferenças entre os movimentos e ritmos musicais é a forma como seus criadores se relacionam com o universo musical brasileiro e um tema caro ao seu domínio cultural, que é a questão da *tradição*. Tanto o *funk* quanto o *rap* são estilos musicais que trabalham com a prática do *sampler*, da recriação musical a partir de matrizes musicais preexistentes. Nesse sentido, a originalidade

---

política do esquerdismo cansado, nem os lustrosos instrumentos de navegação do pós-modernismo negro prematuro ofereceram até agora muita coisa de útil em relação a estéticas" (Gilroy, 2001:178).

de seu material depende da forma criativa com que DJs e produtores musicais conseguem reelaborar um manancial de canções que se encontram, de alguma forma, ancoradas no âmbito da tradição musical de diferentes países e culturas. Se, por um lado, o *funk* e o *rap* indicam uma espécie de *acomodação* da tradição – ainda mais agora, que o samba brasileiro passa a competir e superar os ritmos norte-americanos na composição das bases musicais de *rappers* –, eles são estilos musicais que, necessariamente, trazem o dado da transposição dessa tradição ao demonstrar que tal idéia só serve como elemento de criação, e não como elemento de louvação.

O tradicional, para o *funk* e o *rap*, é um ponto de partida, é algo que deve ser transposto em direção ao novo, isto é, recriado sob a luz de novas experiências. Ao contrário de folcloristas e cultuadores urbanos do exótico, *funkeiros* e *rappers* afirmam a diferença redimensionando a tradição, e não buscando sua permanência estética e estática.

Incorporando a diferença?

Feito esse entendimento dos diversos *modus operandi* dos estilos musicais e dos movimentos sociais surgidos no bojo dessas manifestações, surgem novos elementos para a formulação de questões e hipóteses ligadas ao tema da música popular e da juventude urbana carioca. E as duas principais questões que se destacaram ao longo da pesquisa foram: a relação pouco estudada entre *funk*, *rap*, juventude e tecnologia nas periferias urbanas de grandes centros como o Rio de Janeiro e São Paulo, e a forma como esses movimentos abriram, mesmo que forçadamente, um novo paradigma para a questão da diferença e da incorporação do *Outro* na sociedade brasileira contemporânea.

Sobre o primeiro ponto, podemos afirmar que esses ritmos, assim como a música eletrônica, trazem a contradição de serem ritmos basicamente feitos em lugares de baixa renda, por populações pobres e, ao mesmo tempo, envolverem uma relação altamente elaborada desses jovens pobres com a tecnologia de ponta existente no meio musical. São ritmos que demandam dos seus agentes criadores um conhecimento apurado do uso de instrumentos tecnológicos, como os computadores, os *samplers*, as mesas de som, seqüenciadores e *pick-ups* (toca-discos) para sua realização. Assim, o que percebemos ao entrevistar membros desses movimentos foi o papel revolucionário e estruturador que não só a música, mas também todo o universo de aprendizado técnico que esses ritmos acarretam, teve em suas vidas profissionais e pessoais. A tecnologia e a necessidade de dominar seus fundamentos para a execução musical apareceram como uma forma viável e presente de ascensão social desses jovens e de construção de novas identidades. Em meios onde a violência e a indigência surgem como caminhos quase inexoráveis pela atração magnética que o tráfico de drogas exerce sobre esses jovens, o *funk* e o *rap* surgem como rotas alternativas de inserção e valorização de carreiras profissionais que não se encontram diretamente vinculadas ao universo do narcotráfico ou de suas conseqüências indiretas, como a camelotagem e o contrabando de produtos.

Esse tema surge como uma forte referência de reflexão, ao demonstrar que a música *funk* e o *rap* – por mais estigmatizados que sejam pela sociedade "branca" e "civilizada" – podem ser uma forma de valorização social da juventude brasileira e de incorporação de atores sociais que, dentro da lógica nociva da concentração de renda brasileira, seriam alijados do processo de expansão da tecnologia no País. Nesse sentido, o *funk* e o *hip-hop* aparecem não apenas como ritmos musicais importantes para a compreensão da nova música popular carioca e brasileira, mas também como elementos-chave na busca de uma maior inserção social da juventude brasileira marginalizada em nosso processo histórico e cultural.

Esse é o gancho para o segundo ponto de discussão que propomos, relativo ao tema da questão da diferença e da incorporação do *Outro* na sociedade brasileira contemporânea. *Funkeiros*, *rappers* e todo o público e comunidade criativa que os cercam definiram, como dissemos, formas autônomas e transgressoras de inserção social na história recente do País. Em sua maioria pobres e negros, esses agentes passaram a construir, à revelia do resto da sociedade, suas formas de sociabilidade e criação cultural, suas propostas de ascensão social e seus rituais e códigos de pertencimento. Por serem oriundos do tecido urbano esgarçado das grandes metrópoles brasileiras, não podem ser vistos como exóticos pela presença maciça e diária que detêm no cotidiano dessas cidades.

Assim, a pujança e a energia dos bailes *funk* ou das letras de *rap* começam a surgir de forma positiva na imprensa no início dos anos 1990 como verdadeiras descobertas antropológicas, mas logo se tornam alvo de menosprezo e desconfiança após os primeiros "arrastões" ocorridos nas praias cariocas em 1992. Os jovens "exóticos e distantes" dos bailes tornam-se, após surgirem os elementos que configuravam uma situação de ruptura e da transgressão durante a repercussão dos "arrastões", *o Outro*, ou seja, aqueles que demarcam a diferença entre "eles" e "nós". No caso do *rap*, a construção de um outro exótico também vai por terra no momento em que seus agentes e seu discurso indicam a não-aceitação radical dessa perspectiva. No *rap*, a sociedade "branca", a "classe média" ou os "ricos" é que aparecem para negros e pobres como elementos de crítica e estranhamento. Enquanto o *funk* não é incorporado pela diferenciação imposta por terceiros, o *rap* não é incorporado pela diferenciação imposta pelos seus próprios agentes.

Assim, os "diferentes" e os *usos estratégicos da diferença* não se localizam no campo do exótico ou do folclórico, na medida em que não precisam ser "inventados" ou "descobertos". Eles estão presentes, emergindo diariamente dos bolsões marginais como interlocutores legítimos na feitura de um novo contrato social, na configuração de novos parâmetros de identidade nacional. Em meio aos atuais debates sobre a implementação ou não de uma política de ação afirmativa para a resolução das questões raciais no Brasil, os movimentos *funk* e *hip-hop* surgem como elementos fundamentais para entendermos os limites desse processo de construção da diferença e da igualdade no bojo da sociedade brasileira contemporânea e de sua juventude.

Conclusão

Partindo desse pressuposto defendido aqui de que o *funk* e o *hip-hop* constituem movimentos culturais e sociais coletivos, com milhares de participantes e simpatizantes, podemos perguntar: O que buscam esses movimentos e sua juventude? Estruturados no campo da arte e do entretenimento, eles podem ser vistos como movimentos com objetivos coletivos atuantes no campo da transformação social? Ou devemos mantê-los no alcance restrito de uma poética sugestiva, da constituição de hábitos fugazes, realizados apenas na fruição das músicas e em uma postura reprodutiva de certos símbolos e discursos que não se realizam efetivamente?

O *funk*, se visto como movimento social, não traz bandeiras explícitas, não tem uma direção clara de ataque nas suas letras e posições, não prioriza as temáticas racial e social em suas músicas e não exige de seu público atitudes e posicionamentos politizados, engajados ou questionadores. Ao contrário, no geral estimula a diversão do corpo, o entretenimento sem compromisso, a dança marcada e a repetição dos refrões e temas simples de se assimilar. Fala basicamente sobre violência, consumo e sexualidade, temas presentes no cotidiano de seus ouvintes. Assim, não assume um discurso de ruptura, pois não tem um interlocutor explícito – o inimigo cultural – em suas letras e ações; não busca a integração – ou enfrentamento – entre as classes e, por conseqüência, se estabelece como um movimento que se constituiu pela *afirmação autônoma* de seus agentes em face de sua própria comunidade de consumidores e seguidores, sem necessidade de troca ou aceitação por parte de outros movimentos ou segmentos sociais.

Já o *rap* em particular, e a cultura *hip-hop*, em geral, nascem justamente da necessidade desse compromisso político e social com a música e a realidade que cerca seu ouvinte e praticante. Não há como *ser* do movimento *hip-hop* sem assumir uma postura questionadora ou crítica em relação ao "sistema". A cultura *hip-hop* tornou-se um manancial mundial de atitude e engajamento, e o *rapper* é uma voz: a voz dos excluídos, dos marginalizados, daqueles que não podem dizer de forma direta o que gostariam de dizer para diferentes segmentos da sociedade, sejam estes a polícia, o governo, o mercado ou a classe média, em qualquer lugar do planeta. Nesse sentido, o *rap* assume como elemento de sua identidade o discurso da ruptura, assume os símbolos de uma ruptura forçada entre polaridades como "negros *versus* brancos", "periferia *versus* centro" e "pobres *versus* ricos". O que deve ser destacado, porém, é que, ao mesmo tempo, o *rap* e a cultura *hip-hop* brasileira em geral constituíram uma série de organizações e coletividades que visam à integração e ascensão social de indivíduos marginalizados. A ruptura é vista como *etapa*, e não como fim. Como forma de superação das desigualdades em uma sociedade historicamente desigual e excludente.

Ao assumir a transformação da condição marginal de seus participantes como elemento central em seu discurso, o *rap* incorpora a retórica e os símbolos da ruptura e da transgressão. Alia-se a isso a vivência violenta desses agentes em seu cotidiano. Isso nos leva a pensar até que ponto a ruptura não vai além de uma convocação, surgindo mais como uma constatação e um alerta dessa posição limítrofe entre as classes sociais. Sempre junto da retórica da ruptura, surge o chamado transformador para a integração coletiva, para a constituição da "família", da comunidade (seja essa o bairro, a favela ou a cor de pele) que atuaria em conjunto, um dando suporte ao outro. *O discurso de ruptura, nesse sentido, pode ser visto não como declaração de guerra contra os estabelecidos, mas sim como constatação motivadora para os marginalizados.* Ao assumirem que fazem parte de outra história, de outra cidade e até mesmo de outro país dentro do nosso "país oficial", esses grupos ligados ao *rap* elaboram saídas integradoras para essa situação limite que comentamos.

Ou seja: o *funk*, a partir da pergunta que fizemos, não buscaria na sociedade algo além de se estabelecer como meio de entretenimento de massa, espaço de criatividade estética de uma larga parcela da juventude carioca e, em última instância, mercado de consumo das suas músicas, rádios, programas de televisão, revistas e produtos periféricos comprados pelos freqüentadores dos bailes e ouvintes. Sua característica principal não é a formulação consciente e estratégica de uma situação de ruptura, mas a verbalização – às vezes chocante – dessa ruptura já em curso, da fratura social brasileira na qual lhes coube a pior parte da conta.

Já o *hip-hop* se constitui como movimento justamente a partir dessa constatação e dessa busca de outra situação social de sua comunidade. Seja no âmbito da ruptura discursiva, seja no âmbito da prática inclusiva, a busca de se estabelecer uma nova inserção social do seu público e integrantes é seu fundamento principal.

De modo geral, podemos afirmar que o *funk* narra o *aqui e agora*, a constatação pura de uma situação de ruptura em curso, cujas brechas para um processo de mesmerização ficam restritas ao âmbito do mercado de bens culturais (bailes que juntam pobres e ricos, discos comprados por jovens de classes abastadas etc.). O *hip-hop*, por sua vez, não só constata essa ruptura em curso como a denuncia, parte dela para sugerir uma nova situação social em que os excluídos podem e devem se integrar em movimentos sociais que buscam a transformação da situação social de seus integrantes. Apesar de ser originário e propagador dessa situação de ruptura em seu discurso, aplica uma prática integradora no seu cotidiano – seja esta pedagógica, afirmativa ou lúdica.

Ao estimular a politização dos seus ouvintes, cria novas possibilidades de ação cultural, expressas em ONGS, partidos políticos, posses e bandas. Assim, constroem contraditoriamente a possibilidade de mediação com outros segmentos sociais por meio dessa prática integradora e coletivista. Esses coletivos atuantes, formados a partir do caldo cultural que esses movimentos propiciaram nas comunidades carentes das cidades, estão sendo chamados, por pesquisadores como Silvia Ramos (Cesec/Ucam), de "novos mediadores sociais". Isto é, em vez de se estabelecerem no campo da barbárie e do terror, por serem portadores de um discurso que assume a ruptura social no Brasil, eles propiciam novas formas de se travar contato entre as diferenças sociais e os novos parâmetros de associativismo político e ação coletiva no âmbito da sociedade civil. Sem perder de vista as contradições nos usos exacerbados de elementos ligados ao universo semântico da violência urbana (como assassinatos, tráfico de drogas, uso de arma de fogo e assaltos), essas outras questões devem ser levadas em conta na análise dos grupos e coletividades ligados ao *hip-hop* e seu complexo universo cultural.

A partir do que foi proposto neste breve artigo, devemos pensar que preconceitos e resistências devem ser revistos ao se trabalhar com tais temas. Devemos questionar até que ponto esses novos discursos, surgidos fora do âmbito e monopólio das esquerdas brasileiras e da intelectualidade, promovem a ruptura e até que ponto promovem a integração da juventude carioca e brasileira no âmbito das grandes cidades. Por fim, deixamos no ar, como uma continuidade desse debate, uma questão para futuras reflexões sobre o tema aqui proposto: Essas movimentações ligadas ao *funk* e ao *hip-hop* carioca e brasileiro são partidárias da separação social através da constatação da diferença ou são partidárias da construção de uma mediação entre classes, mesmo que tensa e bélica, como meio de se superar tais diferenças?

Cremos que os elementos para debatermos essas questões se encontram, ao contrário do que se passou no País ao longo das últimas décadas, muito mais na rua do que nos livros. É no diálogo e no reconhecimento de que são esses "novos objetos" que sugerem novas formas de pensar as relações sociais e culturais no País que podemos efetivamente produzir reflexões inovadoras e atualizadas sobre tais problemas. Afinal, são eles, *rappers* e *funkeiros*, que estão com o microfone na mão.

Eu não sou cachorra, não! Não? Voz e silêncio na construção da identidade feminina no *rap* e no *funk* no Rio de Janeiro

Kate Lyra

Esta comunicação tem como tema as jovens mulheres *performers* do *rap* e do *funk* no Rio de Janeiro, em uma tentativa de compreender como esses gêneros musicais refletem as políticas e projetos de identidade feminina de jovens mulheres marginalizadas. A investigação surgiu a partir do projeto inicial do Cesap (Centro de Estudos Sociais Aplicados), e foi iniciada em agosto de 2001, quando o NUM (Núcleo de Estudos Musicais) tentava entender a função desses ritmos no contexto da cultura carioca urbana e jovem.

O *rap* (de *rhythm and poetry*) é um fenômeno internacional, encontrado nos Estados Unidos, Portugal, Brasil e outros países da América Latina, seguindo as rotas da diáspora negra. *Rap* é a parte musical da cultura *hip-hop*, uma cultura de rua que inclui também artes plásticas (grafite) e dança (*break-dance*). Oriundo dos Estados Unidos, o *rap* surgiu nas *block parties*, grandes festas de rua em Nova Iorque nos anos 1960. Tradicionalmente, os *rappers* falam seus versos sobre uma base instrumental eletrônica, colocando afirmações enfáticas e estilizadas sobre a péssima condição social e política da população negra e marginalizada.

O *funk*, tal como produzido no Brasil de hoje, tem muitas semelhanças com o *dancehall* jamaicano. O termo *dancehall*, originalmente, referia-se a qualquer salão onde pessoas se juntavam para dançar, geralmente com música ao vivo. Durante sua evolução, *dancehall* veio a ser uma forma de *street-style reggae*, vindo a dominar a música jamaicana após a morte de Bob Marley, em 1981. Os movimentos (*moves*), a maneira de se vestir, a "atitude", as *dancers* e *performers* femininas do *dancehall* são muito parecidas com as da "favela" *funk*. Reconhecemos em ambos uma celebração da sexualidade feminina. O *rap* e o *funk* brasileiro, como o *dancehall* jamaicano, são encontrados predominantemente em favelas ou *shanty towns*, mas tanto o *dancehall* da Jamaica quanto o *funk* do Brasil são vistos como sendo "inferiores" pelos *performers* (intérpretes) de outros gêneros musicais, inclusive pelos *rappers*. Talvez esse primeiro preconceito identificado sinalize mais do que podemos supor à primeira vista.

Ser humano, homem, mulher, gênero

Segundo o estudioso de culturas transatlânticas Paul Gilroy, nosso conhecimento das origens históricas, tecnológicas e culturais do *hip-hop* e do *funk* em nada nos ajuda a analisar suas conseqüências contemporâneas. Ao tentar focalizar a mulher dentro desse universo, torna-se evidente que a área a ser investigada representa um campo minado - um eixo em que raça, gênero, sexualidade e classe se encontram e se sobrepõem. Uma abordagem pluralista abrangente demais corre o risco de se perder em uma "multiplicidade de línguas e discursos", como Catharine Stimpson alerta. As dificuldades em compreender o conceito de gênero ameaçam nos encurralar, não dentro do problema fatídico de explicar "o que a mulher *quer*", mas na tarefa complexa de ter de definir o que de fato uma mulher *é*.

Em geral, estudos de gênero evoluíram de estudos feministas, ou estudos "da mulher", uma *cross-referencing* (cruzamento de referências) que tem assegurado uma consideração menor na maioria das disciplinas acadêmicas, marcadas como são por uma persistente ausência de analise sistemática de gênero.[1] No entanto,

[1] Maria Luiza Heilborn e Bila Sorj (*Estudos de gênero no Brasil*) apontam a origem anglo-saxã do conceito de gênero, em contraste com os *rapports sociaux de sexe*, oriundos da linha de investigação francesa convencionada nessa linha de estudos. Ambos os conceitos têm referências teóricas baseadas no marxismo. Os estudos dos anos 1980 sobre sexualidade

gênero se faz presente em cada aspecto de nossas vidas, ao nascer até morrer, do político ao cultural. Com isso em mente, faço referência a Mariza Corrêa (1998), que define a noção de gênero como "relações construídas a partir de identificações ou atribuições de masculinidade ou feminilidade a todos os seres humanos, isto é, 'mulheres' entre 'homens' e entre 'mulheres e homens'".

Em relação à música, como observa Jane Sugarman (1997), "gênero se mostra intrínseco a nossas *performances* musicais, e qualquer *performance* musical é também uma *performance* de gênero". Isso é especialmente aparente nas *performances* de *rappers* e *funkeiros* homens. Inclusive, a própria palavra "*rapper*" é geralmente compreendida em referência a um *performer* masculino. Portanto, já que faz parte do imaginário generalizado, é importante dedicar atenção a tal manifestação de "gênero como *performance*", tal como é sinalizada pelos próprios *rappers*.

Como os *rappers* americanos, o *rapper* brasileiro masculino conta com um repertório de movimentos e atitudes: o gesticular minimalista, o rosto carrancudo, uma arrogância machista e uma postura de "ameaça à sociedade".[2] A apresentação de MV Bill no palco do Free Jazz Festival pode disparar o pânico que gira em torno de machos negros armados (ao mesmo tempo que faz lembrar o uso público e teatral de armas pelos *Black Panthers*, nos anos 1960, na Califórnia[3]).

---

vieram a considerar as escolhas eróticas e de identidade sexual. Os *gay* e *lesbian studies*, como também a *queer theory*, questionam a relação entre o que é culturalmente construído e o que é biologicamente dado.

[2] Ao se folhear, por exemplo, a revista *The source – the magazine of hip-hop music, culture & politics*, de abril de 2000, nota-se que, de 354 homens fotografados, somente 34 estão sorrindo – e esses, na maioria, estão fazendo comerciais para algum produto.

[3] É mister lembrar que os *Black Panthers* eram um grupo altamente organizado, politizado e militarizado. Pleiteavam o direito de portar armas – direito garantido pela Constituição norte-americana para cada cidadão. Se o gesto isolado do MV Bill simboliza uma massa oprimida que pode se revoltar a qualquer momento, ou se personifica uma certa romantização de banditismo, o uso de armas, nas duas situações, remete ao mesmo medo.

Rap e *funk* trouxeram visibilidade para os jovens marginalizados, mas a significância dessas manifestações culturais vistas pela mídia e pelo público em geral tem sistematicamente evitado focar a estrutura inerentemente política evidenciada por esses gêneros musicais. O *rap*, com seu crescente grau de reconhecimento – e crítica – em âmbito nacional, revela uma batalha por um espaço de representação e a negociação do mesmo. Aqui, a superimposição do político e do cultural é muito evidente. Não surpreende que MV Bill, embora tenha conseguido visibilidade no *mainstream*, permaneça agarrado ao seu bairro, Cidade de Deus. Seu lugar, em um sentido literal da palavra, legitima sua autoridade, ao mesmo tempo que fornece inspiração para suas letras. Esse é o lugar pelo qual e para o qual ele fala, tanto cultural quanto politicamente – Mensageiro da Verdade Bill.

As condições sociais de jovens marginalizados e de baixa renda nos Estados Unidos e no Brasil se prestam a comparações.[4] Andrew Ross (1994) aponta a dizimação sistemática de jovens negros nos Estados Unidos como conseqüência das indústrias de drogas, armas, prisões e sistemas de ensino. Ao falar da situação de jovens negros nos Estados Unidos, ele diz que é "(...) uma realidade na qual a 'limpeza das ruas', feita pelas armas das '*gangstas*', seria tachada de genocídio se estivesse sendo executada por armas policiais". No Brasil, o uso indiscriminado de armas por ambos os lados – policiais e "*gangstas*" – contribui para uma situação semelhante.

É inegável que os fenômenos de *hip-hop* e *funk* estão trazendo visibilidade para os jovens marginalizados e para as péssimas condições políticas e econômicas nas quais eles vivem. No entanto, quando comecei minha investigação de *rap* e *funk* no Rio de Janeiro, em 2001, foi a invisibilidade do *rap* e do *funk* em geral o que mais me chamou a atenção. Ao mencionar o projeto de pesquisa em casa, meu (ex)marido dizia: "Você está pesquisando o *quê*!?" Com-

---

[4] Judith Still (1999) argumenta: "*While race in the U.S.A. is largely seen as a question of inheritance in the sense of genes, in Brazil it has at least two other components which work alongside and complicate the genetic one. These two other components are physical and cultural characteristics.*"

preensível. Lyra, afinal, é um ícone da Bossa Nova. Mas mesmo a minha jovem filha, cantora e compositora, ficou perplexa. Quando entusiasticamente mencionei que iríamos entrevistar B. Negão, Kay perguntou: "B. Negão? É o nome dele?" Ou, após uma conferência promovida pela CUFA (Central Única das Favelas), quando mais tarde informei a minha filha de que eu havia tido uma conversa muito produtiva com MV Bill, Kay respondeu: "Quem é MV Bill?" "O quê? Você nunca ouviu falar do Mensageiro da Verdade Bill? Mestre Catre? Tati Quebra-Barraco? Radical Rappers, Filhos do Gueto, DJ Marlboro, DJ Hum?"

Hermano Vianna (1997), em seu trabalho de mestrado sobre o *funk*, de 1988, declara que houve aproximadamente 700 bailes *funk* no Grande Rio (quando?), freqüentados por mais de um milhão de jovens. Hoje, 15 anos depois, bailes *funk* e *rap* continuam a crescer. Só as equipes de som do DJ Marlboro produzem uma média de 30 bailes todo fim de semana, sem contar aqueles produzidos por outras equipes.[5] Certamente, o número de freqüentadores é significante. Mas eles não são "vistos" pela classe média brasileira em geral, e isso é parte essencial do problema: ver e ser visto.

Michel Misse (1989) mapeia a evolução da "síndrome de cidade partida" pela seguinte dinâmica:

> um processo que começa em meados dos anos quarenta, diretamente ligado ao crescente processo de modernização econômico-social. Com a remoção de muitas favelas da Zona Sul, loteamentos provocados pela Via Dutra, a transferência do Distrito Federal para Brasília, o *boom* imobiliário da Zona Sul, Tijuca e Barra da Tijuca veio demarcar ainda mais a separação socioespacial entre as áreas "ricas" e "pobres". Aos poucos, os subúrbios e os municípios se transformam em "zonas de contenção" da convivência interclasses na cidade, alargando a antiga separação entre "cidade" e "asfalto" numa separação geral da "Zona Norte" (incluindo todos os subúrbios e municípios periféricos da Baixada) da "Zona Sul".

[5] Entrevista da autora com DJ Marlboro, 14/8/2003.

Os grupos econômica e socialmente marginalizados tornaram-se definitivamente marginalizados, longe dos olhos da classe média. Como diz o ditado, o que os olhos não vêem, o coração não sente.

Ver. Ser visto

Ver. Ser visto. Quando se dirige um filme, se edita a realidade em um primeiro momento, ao selecionar o tamanho do *shot* – se será um grande angular, média ou um grande *close-up*. Corta-se tudo que não seja de interesse imediato para se concentrar numa área específica, em uma visão específica, em um mundo particular. Retira-se o que for acessório, afastando adereços que possam perturbar a cena. Mas, mesmo quando se está filmando, não se está sempre no controle. A sombra do microfone irrompe no quadro, ou um transeunte o pega desavisado, invadindo a cena.

Apesar de toda a sua "invisibilidade", imagens não planejadas de *funkeiros* às vezes vieram à tona. Em 1992-1993, o que viriam a ser chamados de "arrastões" tomaram de assalto as praias da Zona Sul, no seio das classes média e alta do Rio. Não era a "garota de Ipanema, mais linda, mais cheia de graça" que balançava suavemente nas telas de nossas televisões – mas jovens machos morenos e beligerantes que varreram as areias brancas do Arpoador, brigando, roubando e aterrorizando a classe média. Fomos informados de que eram "galeras" dos "bailes" *funk*. Nesses mesmos anos, imagens do massacre de jovens na Candelária e do massacre em Vigário Geral chocaram pessoas no Rio e ao redor do mundo. Essas imagens nos perseguiram e ainda nos atordoam. Como diz MV Bill: "Quando o sangue do morro derrama no asfalto, aí que todo mundo começa a se preocupar." No fluxo da vida ao nosso redor, essas imagens irromperam em uma montagem a esmo – tão dissonante quanto um *jingle* para detergente inserido no meio de um concerto de Bach.

Em novembro de 1999, a CPI do *Funk* (da assembléia estadual do Rio de Janeiro) se reuniu para determinar as causas da violência nos bailes *funk* e criar medidas para contê-la. O *funk*, como gênero musical, entrou em foco, e as pessoas solicitadas a dar depoimentos passaram a fazer considerações estéticas.[6] Alguns atribuiriam um poder praticamente diabólico ao próprio ritmo do *funk*, aludindo à sua capacidade de estimular a violência e o sexo desenfreado, fazendo lembrar situações semelhantes com o advento da valsa, do maxixe, do samba e, mais recentemente, do *rock*. O *funk* aparece pela primeira vez em âmbito nacional, e já estigmatizado.

O segundo choque para a sensibilidade da classe média vem à tona com o advento de letras de *funk* denominadas "degradantes", letras que retrataram mulheres como "cachorras", "potrancas", "popozudas", "preparadas", "ordinárias" (lembranças de Nelson Rodrigues). A antropóloga Alba Zaluar também enfatiza a hipertrofia da sexualidade como forma de afirmação masculina no *funk*, que ficaria ainda mais estigmatizado devido às suas letras, suas coreografias, enfim, sua linguagem. (Zaluar, 1997)

Ser humano, homem, mulher, gênero

Maria Elisa Cevasco (1999), em seus estudos feministas, define linguagem como "consciência prática. É através da linguagem que nos relacionamos com a realidade". A minha investigação, portanto, não poderia começar sem algumas indagações sobre essas construções e *gestalts*, lingüísticas e não lingüísticas, como também os fatores de *performance*, vistos em relação à mulher.

A sociolingüista Eliane Vasconcellos Leitão (1988), em *A mulher na língua do povo*, trabalho baseado em material recolhido nos anos 1978-1979, cita os verbetes do *Novo dicionário da língua portuguesa*, de Aurélio Buarque de Holanda, para a palavra homem: "qualquer indivíduo pertencente à espécie animal que apresenta maior grau de complexidade na escala evolutiva; o ser humano; a espécie humana, a humanidade; ser humano, com sua dualidade de corpo e espírito; ser humano do sexo masculino". Homem também aparece nas seguintes expressões: "homem da rua – homem do povo; homem de bem – indivíduo honesto; homem de ação – indivíduo enérgico; homem de Deus – homem santo, piedoso; homem de

[6] Assembléia Legislativa do Estado do Rio de Janeiro, CPI para Investigar Bailes *Funk*, Departamento de Taquigrafia e Debates, Rio de Janeiro, 31 de outubro de 2000.

letras – intelectual, literato; homem do povo – indivíduo considerado como representativo dos interesses e opiniões do homem comum; homem público – indivíduo que se consagra à vida pública". Mulher é definida como: "1. pessoa do sexo feminino, após a puberdade; 2. esposa". A palavra mulher aparece ainda nas expressões: "mulher à-toa – meretriz; mulher-da-rua – meretriz; mulher-da-vida – meretriz; mulher pública – meretriz; mulher perdida – meretriz; mulher de César – mulher de reputação inatacável". Ou seja, o dicionário capta a concepção de mulher do imaginário coletivo, segundo a qual ela só é digna se pertence a alguém.

Luce Irigaray, lingüista, filósofa e psicanalista lacaniana, uma das primeiras e principais expoentes de filosofia feminista, lançou *Speculum of the other woman* (1974), procurando identificar e desenvolver uma escrita especificamente feminina (*écriture féminine*), capaz de subverter um imaginário masculino que condena as mulheres ao silêncio. Irigaray (1988) também lançou uma crítica radical às instituições da psicanálise, linguagem e cultura, nas quais ela vê até gestos supostamente igualitários como sendo comprometidos.[7]

No período do pós-estruturalismo, um de seus principais procedimentos, a desconstrução, forneceu, ao longo dos anos 1980, um ponto de apoio para grupos subordinados por meio do seu questionamento das hierarquias ocultadas em oposições binárias. A desconstrução permite uma perspectiva em que nenhum dos termos das oposições binárias – centro/periferia, macho/fêmea, modelo/imitação, significado/significante – é considerado superior ao outro. Cevasco, no entanto, pede certa cautela, e pergunta se o reconhecimento e combate a relações hierárquicas no plano da retórica podem garantir o sucesso no combate a relações hierárquicas

---

[7] Irigaray nos lembra que "a sexualidade feminina sempre foi conceitualizada com base nos parâmetros masculinos" (1988). Freud estabelece o pênis como padrão de referência. Lacan compreende a presença ou ausência do falo como significância da diferença sexual, e a linguagem como sendo fálica – a mulher, para comunicar, precisa falar como um homem. Para forjar uma identidade própria, o simbólico calcado no "falicismo" precisa ser subvertido.

em que a "linguagem não é meramente um jogo de significantes, mas uma prática humana emaranhada em condições sociais nos quais luta, e não '*free play*', é a regra".

Em uma referência a Hegel, Kate Millet (1971) define "política" como "relacionamentos arquitetados no poder, arranjos através dos quais um grupo de pessoas é controlado por outro". A "política", para as propostas deste trabalho, é a negociação e administração de poder, *status* público, identidade e participação. Para que mulheres possam participar nesse processo contínuo de negociação, elas precisam de visibilidade e voz.

Visibilidade e voz

Mas, o que é revelado pelas *performances* de mulheres *rappers*? O que significam, na verdade, as vozes de mulheres no *rap* e no *funk*? Ou talvez seria mais pertinente perguntar o que significa a ausência de mulheres nesse fenômeno que se multiplica fora do *mainstream*, mas definitivamente dentro de um "*malestream*"? Embora *rap* e *funk* sejam expressões culturais cujas características são bastante diferentes, ambas refletem muito sobre a situação da mulher das classes menos favorecidos.

Nessa tentativa de ver e ouvir as mulheres do *rap* e do *funk*, alguns dados saltam à vista. Um deles diz respeito às restrições do mercado às mulheres do *rap*. Nega Gizza é a única *rapper* carioca, no momento, cujo CD está sendo distribuído nas lojas de discos, e mesmo assim restringe-se a determinadas lojas. As Anfetaminas não têm CD, a não ser demo, cuja distribuição é praticamente nula. Na área do *funk*, os CDs de Tati Quebra-Barraco são encontrados somente em CDs "*white label*" nos camelôs especializados no centro da cidade do Rio de Janeiro, embora suas músicas estejam disponíveis em alguns *sites* na Internet.

Mesmo que existam ainda poucas mulheres visíveis no *rap* do Rio de Janeiro, o número de *rappers* mulheres no Brasil está crescendo: Verônica e As Fora da Lei, de Brasília; As Anastácias, de Porto Alegre; Sacerdotisa, de Florianópolis; Damas do *Rap*, MC Rose, Rúbia (do RPW), Rose, Visão de Rua, de São Paulo (Dina Dee e Lia). MV Bill, quando perguntado sobre a situação das mulheres no *rap*, disse: "(...) elas costumam reclamar que é um machismo muito grande. Acho que o machismo não está dentro do *rap*, o machismo está no mundo, o mundo é machista. (...) Se você fizer uma escala de cinco de ponta de *rap* hoje, você vai incluir mulheres também".[8]

In loco

O *show* para o lançamento do CD da Nega Gizza aconteceu no Ball Room em 2002. O acesso ao local só era permitido após uma rigorosa investigação das roupas, bolsas etc. dos freqüentadores, entre os quais um número significativo de mulheres jovens, negras, bem vestidas, magras, lindamente maquiladas e excepcionalmente altas, muitas vezes mais altas que os homens que as acompanhavam. O Ball Room abria às 23 horas, o *show* estava marcado para a meia-noite, mas começou a rolar mesmo por volta das duas da manhã. É interessante, talvez simbólico, lembrar que o atual Ball Room era o antigo Oba-Oba. Porém, as mulheres que agora iriam se apresentar têm muito pouco em comum com as "Mulatas de Sargentelli" de outrora.[9]

As Anfetaminas abriram o *show* – Luciana Rezende, Manoela Mendes, Luana Souza e Flavia Uva. *Minas* da pesada, mas ainda sem CD, a não ser um *demo*. Do repertório, cito alguns trechos de letras: *A febre*, que reclama da falta de "homens inteligentes, quentes, decentes e independentes", e remata: "O que eu quero é um homem gostoso sem tirar nem pôr/com neurônios ativos e um membro superior!" *Malandro-caracol*: "Forte é aquele que corre em busca do que quer, não fica mendigando, pedindo dinheiro pra mulher/Homem da sua espécie tinha que ser interditado, lacrado,

[8] Entrevista com MV Bill, 14/5/2003, Cidade de Deus, equipe, Gizza e Jonas Henrique.

[9] Atualmente a casa de espetáculos Ball Room também já fechou. O clube Oba-Oba, inaugurado em 1973 no lugar onde hoje se encontra o Ball Room, foi palco de Oswaldo Sargentelli e seus "Mulatas que não estão no Mapa". Nos anos 1970 e 1980, esse *show* viajou o mundo, sempre voltando para o seu berço: o Oba-Oba. Sambista e jornalista, sobrinho de Lamartine Babo, Sargentelli, que se autodenominou um "mulatólogo", foi acusado de racismo e de praticar exploração de mulheres negras nos anos 1980.

fechado e bem embalado/Impróprio para uso e se possível exterminado." (Não sei como os homens reagem a essa letra. As mulheres de 10 anos atrás já achavam que *Minha namorada* era machista!) *Preta no branco*: "Vira-lata brasileiro da socialite ao funkeiro/Raça pura é o da mata índio, caboclo, cafuzo/Confuso é o doutor que jura ser alemão/Tem até a descendência, mas o avô era negão (...) Quartinho de empregada senzala individual/Dentro da cozinha pra não parecer igual...".[10] E *Mulheridade*, que homenageia as mulheres, desde Clementina, Frida Khalo, Nélida Piñon, até Evita, Bené, Ivone Lara, Maria Madalena. Qualquer feminista da segunda onda, seja ela liberal, radical ou socialista/materialista, ouviria com prazer essa letra, que diz: "Quer igualdade, diminuída pela sociedade, não importa que idade, se tem ou não vaidade. Dona da sexualidade, sempre há sensualidade/Prima-irmã da lua, se é de família ou cria da rua/Não importa de que jeito, toda mulher merece respeito/Um ser que traz outro em si tem dom especial, ciclo menstrual/Mães são heroínas, as da Candelária perderam seus meninos e meninas/ Luto e dor, luta e rancor, delas que são o orgulho da bandeira/Brava gente guerreira! Viva toda brasileira!/E pra provar que no *rap* tem menina, chegamos pra ficar!/Valeu, Anfetaminas!". Valeu!

Embora alguns casais dançassem na pista antes do começo do *show*, ninguém dançava durante as apresentações de *rap*. As pessoas se juntavam cada vez mais perto do palco, acompanhando o *show*, escutando em silêncio. O cheiro de maconha se alastrava pelo salão.[11] O silêncio da platéia mais parecia uma comunhão, uma cerimônia compartilhada.

---

[10] Judith Stills assinala que, apesar de o Brasil só ter abolido a escravidão em 1888, o país tem sido bem-sucedido em criar um sentimento de que a discriminação racial não é uma questão importante (ver Introduction. Identity and difference. *Ibidem*, 1999). Porém, Hermano Vianna, no seu artigo "A voz não cordial" (*Folha de S. Paulo*, 2002), fala sobre o questionamento do racismo no Brasil feito pelos Racionais MCs nas suas letras de *rap* – um tema que é freqüentemente tratado tanto por *rappers* homens como por *rappers* mulheres.

[11] Andrew Ross, no seu "The gansta and the diva", diz que a maconha é a droga escolhida pelo *hip-hop*, salientando que a sua divulgação entre *rappers* (no Brasil, pelo Planet Hemp, entre outros) desafia a indústria do *crack* e reforça a campanha para a legalização da maconha e seu uso.

Gisele Gomes de Souza, 25 anos, criada pela mãe, que era empregada doméstica, começou a trabalhar com sete anos, deixou a escola no sétimo grau, e depois trabalhou apresentando programas de *rap* em rádios comunitárias. Ela é Nega Gizza, a "voz feminina do protesto", como foi chamada por um jornal paulista. Ela entrou no palco radiante e mais do que obviamente grávida (quase nove meses). Com uma boa cobertura jornalística, o lançamento aconteceu dentro dos padrões de uma grande gravadora, apesar de o selo ser independente. Mas a chegada de Nega Gizza com seu CD é suave, desde o nome – *a humildade* – até a foto da capa: ela tem as mãos juntas na frente, cobrindo o rosto. Nas fotos dentro da capa, os olhos são fechados ou abaixados.

A música "Prostituta", de Nega Gizza, primeiro *hit* que conseguiu emplacar, virou clipe, dirigido por Kátia Lund. O vídeo foi um dos indicados a melhor produção de *rap* no Vídeo Music Brasil da MTV. Porém, o clipe ficou depois nas mãos de uma juíza da 1ª Vara da Infância e Juventude do Rio de Janeiro, que pedira sua proibição em todo o território nacional por considerar que há cenas que fazem apologia à prostituição (O mesmo aconteceu com o clipe da música *Soldado do morro*, considerado igualmente nocivo por fazer apologia ao tráfico.). "É uma letra de protesto," disse Gizza, "e não de conivência com as prostitutas. Um protesto à mídia que leva uma erotização precoce a meninas de cinco ou seis anos". A letra começa: "Ontem vi um anúncio no jornal/Vi na TV, no *outdoor* e em digital/pediam mulheres com corpo escultural/pra dar prazer a homens, mulheres, e até casal/mas na real o que eu quero é ser artista/dar autógrafos, entrevista/ser capa de revista/quero ser vista bem bonita na televisão/rolé de carro e não mais de camburão".

Um jornal carioca elogiou a letra "equilibrada na tênue linha entre irritante falta de sutileza e brilhante objetividade, entre melodrama e realismo social que caracteriza as obras-primas do *rap*". O jornal continua falando sobre o processo que a autora usou para encarnar a personagem da prostituta (ela fez pesquisa) e conclui: "Se o meio foi simplório, o fim é perturbador. Uma mulher sobe ao palco cantando um refrão que diz 'Sou puta sim'. Há que se reconhecer a ousadia."[12]

Ousadia é o que aparece na configuração da mulher no *funk* – ousadia, *daring*, *cheek*, *impudence*, *nerve*, audácia, atrevimento. Ao contrário do *rap*, o *funk* no Rio conta com muitas mulheres: As Panteras, As Pepitinhas, As Pitchulas, As Tchutchucas, O Bonde das Loiras, O Bonde das Minas, o Bonde da Tigrona, Deyse Tigrona, A Gaiola das Popozudas, e a pioneira, Tati Quebra-Barraco. Calcado no *Miami Bass* e com suas letras instigantes, contagiantes, ultrajantes e divertidas, as músicas das *minas* do *funk* do Rio já invadiram outras pistas no Brasil.

DJ Marlboro diz que Tati Quebra-Barraco é a "mulher do futuro". O tão estigmatizado *funk* oferece uma interessante reflexão sobre o uso da linguagem. Como lembra Marlboro: "O *funk* é a musica mais 'preconceituada' e menos preconceituosa."

Deixando para trás os meus próprios preconceitos de feminista da segunda onda,[13] de mulher branca da classe média, enfim, todas as influências que carrego, entro na quadra do clube Emo-

---

[12] Entrevista com Gizza, maio de 2003, equipe, Silvia Ramos. Gizza elogia a coragem de Bill ao colocar uma mulher do lado dele, sem preconceito. Diz que "gente precisa ter voz, realmente, em todas as partes. A gente precisa ter voz para falar para as pessoas ouvirem e entenderem o que a gente quer, a mensagem que a gente precisa passar, ver que a gente precisa de respeito, a comunidade precisa de respeito, a comunidade ver que precisa respeitar também, o trabalho dos policiais, para ter toda uma conexão". Comentando os temas de mulher nas suas músicas, que mostram um lado ainda não explorado pelos homens no *rap*, enfatiza a importância de dar "voz": "É, dando voz. Eu acho que acabaria também o preconceito com isso, de não conseguir falar como a mulher se sente, falar os problemas da mulher, dar voz a essas mulheres. Mas eu acho que é uma sensibilidade que vai demorar muito para o homem ter, está longe ainda do homem ter essa sensibilidade que ele precisa ter com a mulher. Mas é isso que a gente vem querendo conquistar."

[13] Hoje podemos dividir feminismo em três ondas: uma primeira, que se preocupa em conseguir o voto, uma segunda, nos anos 1960, preocupada com igualdade de salários, educação e oportunidades, e uma terceira, que identifica diferenças, esta última freqüentemente chamada de "*lipstick*" ou "*girlie*" feminismo.

ções, na subida da Rocinha. Passo por uma revista tão rigorosa quanto a do Ball Room. São 23 horas e o *funk* rola solto. E alto. Alguns meninos, de uns oito a 10 anos de idade, ensaiam passos complicados. A galera começa a chegar, mas a festa mesmo começa depois de uma e meia. Fico perto de Lacraia, figura famosa, cabelo tingido de louro, raspado bem curto, um brinco comprido e maravilhoso pendurado na orelha direita. Poucas pessoas fumam e só se vê (e cheira) cigarro comum. Homens e mulheres executam passos coreografados. Um bonde se forma ao lado, lembrando linhas da "conga" ou da *bunny hop* dos anos 1950, só que com passos e contorções mais ousadamente "sexuais" (o que não é mais ousadamente sexual hoje em dia?). Mas o clima é de festa, de brincadeira. Depois, chego perto do palco e do DJ Marlboro. O som é ensurdecedor, e "conversamos" ao pé do ouvido.

Tati Quebra-Barraco, Tatiana dos Santos Lourenço, tem 23 anos, dois filhos e foi babá na Cidade de Deus antes de se tornar *funkeira*. Usou o termo "cachorra" pela primeira vez em uma música – fato que cria polêmica até hoje. Embora chamada de "sucesso efêmero" por um jornal carioca de 2001, Tati está no mercado há mais de seis anos, e seu sucesso não pára de crescer. Vide o sucesso de sua nova música *Barraco III* ("Me chama de cachorra, que eu faço au-au/Me chama de gatinha, que eu faço miau/Goza na cara, goza na boca/Goza onde quiser"). Atualmente, ela está sendo processada pela Dako, indústria de fogões comprada há algum tempo pela multinacional GE, pela menção "indevida" da marca Dako em uma letra de *funk* que ela canta ("Daco é bom!"). O Brasil corporativista ainda não enxergou que as mulheres que "pilotam" os fogões não são mais as mesmas de antes.

As feministas da segunda onda chamavam a atenção para os estereótipos sexuais da mulher, a mulher relegada a mero objeto sexual. Nesse sentido, a maneira de o homem falar da mulher nas músicas do *rap* e do *funk* tem criado muita polêmica. Artigos proliferam na Internet – "O que as mulheres serão para as gerações futuras?" ou "'Cachorras', 'tigrões' e outros 'bichos': problematizando gênero e sexualidade no contexto escolar" etc. –, registrando espanto pela maneira de a mulher ser tratada e retratada nas letras como *Máquina de sexo*[14] ou *Jonathan II*,[15] esta última gravada pelo *rapper* mirim Jonathan, com sete anos de idade. Será que estamos vendo um *backlash*, uma reação que combate os avanços feitos a tanto custo pelos movimentos em prol dos direitos da mulher? Devemos considerar essa nova "linguagem" como sendo mais uma degradação da mulher, uma represália à sua relativamente recém-conquistada liberdade? Ou até que ponto esse pânico se deve à "eterna tensão binária de 'ordem moral' *versus* o 'caos de permissividades sexuais desenfreadas'" (Jim, 1988)? Até que ponto um olhar preconceituoso, oriundo do processo de colonização, mantém a visão de que o sexo e a sexualidade são ameaças à ordem moral da civilização?

Por mais espanto que os retratos de mulheres nas letras de *rappers* e *funkeiros* homens tenham criado, o que dizer quando a *rapper* ou *funkeira*, o *performer*, é, ela mesma, uma mulher? Quem são essas mulheres que se mostram nada frágeis, delicadas, recatadas e, certamente, nada silenciosas? O que está sendo negociado nas suas discussões francas sobre sexo, prostituição e desejo, e raça, que aparecem nas letras de mulheres *rappers* e *funkeiras*? Elas fogem dos modelos (*role models)* femininos impostos e atualmente aceitos – representados por mulheres como Benedita da Silva, Ivone Lara, Clementina de Jesus (assemelhando MV Bill, que representa um "*role model*" bastante diferente de Pelé ou Pixinguinha). Qual é o momento em que o sexual vira também político? Onde se encaixa o feminismo?

Feminismo: na teoria, na prática

As *rappers* do grupo As Anfetaminas têm grandes restrições ao movimento feminista da segunda onda. Não são as únicas a demonstrar isso. Perguntada sobre o papel da mulher no *rap*, Nega

---

[14] A letra que diz: "Máquina de sexo, eu transo igual a um animal/A Chatuba de Mesquita do bonde do sexo anal/Chatuba come cu e depois come xereca/Ranca cabaço, é o bonde dos careca."

[15] Letra: "De segunda a sexta, esporro na escola/Sábado e domingo, eu solto pipa e jogo bola/Mas eu já estou crescendo com muita emoção/E eu já vou pegar um filé com popozão."

Gizza diz: "a mulher não tem nenhum papel no *rap*, ela tem um papel fundamental na sociedade brasileira". Ela nega que esteja mandando qualquer mensagem para as mulheres, arrematando: "Eu não sou um grupo feminino, sou um grupo de *rap*. Até entendo esse conceito, mas não concordo."[16]

Ao envelhecer, a palavra "feminismo" tem adquirido diversos significados. Para algumas mulheres (e homens), feminismo quer dizer ódio aos homens. Outros equacionam "feminista" com o rótulo homofóbico de "lésbica". Mulheres mais jovens incorporaram os ganhos dos movimentos feministas dos anos 1960 e 1970 como sendo já dados, esquecendo, ou ignorando, as mudanças radicais que as militantes da época conseguiram.

No entanto, as mulheres de hoje em dia querem até mais que as gerações anteriores. Querem a liberdade de serem objetos e sujeitos sexuais. Abraçam de forma mais completa suas contradições pessoais e políticas, abrem espaço para a inclusão de ideologias mais abrangentes, reconhecendo diferenças de raça, classe e orientações sexuais, reclamando os seus próprios direitos como mulheres sexuais e sexuadas.

Se a segunda onda do feminismo focalizava problemas de igualdade, a terceira onda focaliza o direito de ser diferente. Enquanto as feministas da Segunda Onda eram unidas em uma irmandade que parecia ser predominantemente branca, primeiro-mundista, alfabetizada e heterossexual, lutando em prol da igualdade e contra o estigma de serem classificadas como "objetos sexuais", as mulheres da terceira onda são unidas em um franco reconhecimento de diferença e de celebração da sexualidade.

Um jovem rapaz com libido é chamado simplesmente de *jovem*. Mas como se define uma jovem mulher com libido? Ela é cha-

---

[16] Gizza, em entrevista no *site* Real Fórum e revista Ocas: "Eu não vou mandar mensagem para as mulheres, não. Vou mandar um toque para quem estiver lendo. Eu não sou um grupo feminino, sou um grupo de *rap*. Até entendo esse conceito, mas não concordo. Acho que vai mudar quando tiver muitas meninas fazendo barulho. O toque que mando é o seguinte: a união é utopia, mas o respeito é um projeto que tem que estar na alma de cada um, de cada uma de nós. É nós!"

mada de cadela? Cachorra? Puta? Estamos de volta aos anos 1970? No jogo dialógico da sedução, quem está no poder? O(a) sedutor(a) ou a(o) seduzida(o)?

Embora resistentes à palavra "feminista",[17] as jovens *performers* no Brasil e em outros países se mostram muito cientes, muito partidárias de uma forma de ser "*womanist*", como se autodefine a *rapper* Queen Latifah, que admite que tinha dificuldade em se identificar com o feminismo "branco". Flávia, do grupo As Anfetaminas, diz sentir um pouco de pena das feministas, que o feminismo delas não é diferente do machismo: "Diferença não é necessariamente oposição. Diferença pode agregar valores ao outro e disso nascer alguma coisa que vai coexistir junta e feliz; uma coisa não precisa deixar de existir para que o outro exista." Luciana, do mesmo grupo, continua: "Pesou mais pra gente, assim, ao mesmo tempo que a gente corre atrás de tudo; mas existe ainda aquele nosso outro lado que às vezes fica mesmo atrás do cara, não no sentido ruim, mas..." Flávia (interrompendo): "Conquistar as coisas que a gente conquistou não implica se desfazer das que você já tinha, as obrigações que você já tinha. Então você trabalha, seu marido te deixa trabalhar, ele trabalha também, mas você continua botando chinelinho no pé dele, levando jornal, você que cuida do filho e você no seu trabalho continua sendo mãe – o marido, não. Ele é pai em um momento, profissional no outro, ele não mistura as duas coisas. A mulher continua sendo tudo ao mesmo tempo agora... *anyway*..." Luana e Manoela concordam: "O feminismo vai tentar atingir um extremo para chegar ao meio-termo. É necessário, mas para mim não é ideal, ainda não, porque eu quero que o cavalheirismo exista." Luciana: "Se pelo fato de eu ser mulher eu tenho que ser feminista, uma obrigação, não é verdade, entendeu? Mas se for valorizar isso, vou continuar sendo mulher e sou feminista, se for o caso. Aceito."

E Nega Gizza escreve no seu CD uma dedicatória: "Se liga, vou oferecer este meu sonho a todas as prostitutas desse país e a todas as mulheres em geral, que a cada dia têm que provar que são mulheres de verdade."

---

17 Ao longo das leituras e entrevistas das mulheres jovens, encontra-se: "Não sou feminista, mas..."

Feministas da terceira onda

Tachado pejorativamente de "*lipstick*" ou "*girlie*" feminismo, o feminismo da terceira onda aponta para uma luta intergeracional. Anna Quindlen, ex-colunista do *New York Times*, lamenta o foco dado pelo "*girlie*" feminismo, que coloca o pessoal e o cultural acima de questões políticas, e julga que equacionar "batom" com *empowerment*, ao mesmo tempo que reivindicando o uso de palavras como *bitch* e *slut* (cachorra e puta), ridiculariza as metas a que as feministas da segunda onda visaram e pelas quais lutaram tanto e que ainda não foram conquistadas, isto é, igualdade social e econômica.

Amy Richards (2000) esclarece: "O que as pessoas não entendem é que falar de sexo e auto-estima sexual é falar de igualdade." Essa é uma fronteira que as feministas da *second wave* não ousaram explorar dessa forma, limitando suas discussões ao sexo violento ou invasivo. Mulheres mais jovens, ao assumir sua sexualidade, às vezes de maneira exagerada, não estão pedindo para serem objetificadas, mas estão dando avanços, afirmando seu direito à sua própria feminilidade. As feministas da terceira onda, de acordo com Richards e Baumgardner, continuam a luta por direitos de igualdade, mas não em detrimento de sua sexualidade.

Nos Estados Unidos, referindo-se ao uso das palavras "*girl*", "*bitch*", "*slut*" e "*cunt*", Richards coloca a questão de quem está no controle dessas palavras (Uma situação semelhante ocorre no *rap*, tanto no Brasil quanto nos Estados Unidos, em que palavras racistas são usadas pelos *performers* negros.). "Durante tanto tempo essas palavras foram usados contra as mulheres. Agora, o uso dessas palavras é uma tentativa de reclamar essas palavras para si", notando que elas são muito mais hostis quando são usadas *contra* mulheres do que quando são usadas *por* mulheres.

Ao utilizar os "insultos", os termos pejorativos, como bandeiras triunfais e gloriosas, as jovens de hoje em dia invertem preconceitos, deixando certa perplexidade em um mundo dominado por pensamentos corporativistas e conservadores do atual *mainstream*. Babes in Toyland, L7 e Bratmobile, do movimento punk; mulheres roqueiras como Bikini Kill, Hole, 7 Year Bitch; *funkeiras* como Tati Quebra-Barraco e Deyse Tigrona; *rappers* como Missy

Eliot, As Anfetaminas e Nega Gizza cooptam a linguagem usada contra mulheres para utilizá-la a seu favor.

A transformação de "*girl*" em "*grrrl*", usada por movimentos sociais e *e-zines*, pelas mulheres jovens do feminismo da terceira onda, ostenta poder, força, intensidade. Richards e Baumbardner, em *Manifesta: young women, feminism, and the future* (2000), argumentam que a jovem dos dias atuais assume com alegria a sua sexualidade e a usa como forma de poder.

Peter Fry (1982) revela os conceitos de "ativa" e "passiva" aplicados no universo hierárquico do homossexualismo. No jogo hierárquico dos binários ativo/passivo, este último sempre foi considerado o mais fraco, por se referir à mulher, ao dominado, ao submisso. Ao implementar o conceito "ativo" nas suas vidas sexuais, políticas e sociais, as mulheres invertem o jogo. O caleidoscópio das idéias dá, assim, uma girada, colocando suas peças em um novo formato. Existe algo assustador na idéia de uma mulher jovem sexual, política e economicamente ativa?

Protagonizada pelas mulheres das camadas médias e altas, a principal revolução dos anos 1920 foi a primeira onda do movimento feminista relacionada à questão da cidadania política, à questão do voto. Zuleica Lopes Cavalcanti de Oliveira chama a atenção para o impacto da segunda onda do movimento, nos anos 1970, que resulta no aumento do ingresso da mulher de classe média no mercado de trabalho,[18] ocupando áreas administrativas de rotina, trabalhos não manuais, o aumento da escolaridade, aumento de separações e divórcios.[19] Começa a despontar uma grande mudança no padrão reprodutivo, com expressiva queda na taxa de natalidade. A configuração da família brasileira começa a mudar, como também as relações de gênero dentro da família. A discussão sobre o privado que é também público cada vez mais chama a atenção para a questão da sexualidade.

A noção de gênero (um atributo de todos os tipos de substantivos – além de pessoas – em português) "é inseparável das in-

[18] Vale ressaltar que as mulheres das classes mais baixas, no Brasil, sempre trabalharam.

[19] Em entrevista com a autora.

terseções políticas e culturais onde é produzido e mantido", aponta Houston A. Baker. Ao contestar os falocêntricos sistemas epistemológicos/ontológicos no próprio campo da linguagem, nos quais se formam as legitimações e exclusões, essas jovens trazem à tona os privilégios de sexo, classe e de raça, antes escondidos ou confundidos. As vozes das mulheres do *rap* e do *funk* colocam em xeque as reificações de gênero e de identidade. A música encontra eco na sociedade, nas mulheres para as quais o acesso a sistemas de saúde pública, a informações sobre direitos de reprodução, imagens do corpo da mulher, criação de filhos por mães solteiras, educação, emprego, violência contra a mulher, controle da natalidade, doenças sexualmente transmissíveis e AIDS representam pontos cada vez mais críticos. Cinqüenta por cento da população do Brasil são de mulheres, das quais 36 milhões são mulheres negras, representando 23% da população total, 44% da população feminina, 27% da população rural e 22% da população urbana. A mulher negra ganha 55% menos que as não negras, e 60% das famílias chefiadas por mulheres negras têm uma renda mensal de menos de US$75.[20]

Vozes com microfones

Como seus colegas masculinos, as mulheres no *rap* e *funk* também chamam a atenção para segmentos específicos e significativos da população, criando visibilidade e voz. As mulheres de baixa renda, e negras na sua maioria, desempenham múltiplos papéis. Provedores e esteios moral-educativos das suas famílias, elas reivindicam seus papéis nesse processo contínuo para conquistas na área de direitos civis como mulheres e como cidadãs.

Geralmente, o termo MC vem sendo traduzido em português como Mestre de Cerimônias, mas os *rappers* nos Estados Unidos geralmente se referem ao *microphone controller* (controlador de microfone). Quem estiver com o microfone controla o palco – e a platéia (Um pouco como tomar posse do controle remoto da televisão em casa.). Com o som rolando até fazer os alicerces do prédio vibrar, o poder reside aí.

[20] Fonte: IBGE, Censo de 2000, e National Household Sample Survey, 1999.

Como diz Deyse Tigrona: “Não é só um corpinho bonito/Tem que ter muita cuca no lance/Eu Deyse Tigrona/Sou muito interessante/Vocês querem mudar o meu jeito/É meu modo de falar”.

As mulheres no *rap* e *funk* acrescentam suas presenças, suas palavras, suas vozes. Nesse espaço de negociação, quem vai controlar o microfone? E quem vai prestar atenção no que elas têm para dizer?

O trabalho das sensações: a experiência das festas de música eletrônica

Tatiana Bacal

"O uso da dança como modo de acesso ao êxtase e a um mundo de esvaziamento do ego é antigo e talvez praticado em todo o mundo, mas os balineses (e talvez todas as populações) têm a sua versão particular deste caminho de acesso."

Gregory Bateson

Este trabalho deriva diretamente de minha dissertação de mestrado, que teve como tema central o relativamente recente papel dos *DJs* de música eletrônica como criadores musicais. Um dos temas desenvolvidos tratou dos modos de *performance* desses artistas. E esses modos de *performance* estão intensamente imbricados na pista de dança e nos dançantes presentes,[1] já indicando um caráter que gostaria de destacar como *relacional* nessas experiências musicais.

Pretendo aprofundar aqui as experiências vividas pelos dançantes durante uma festa de música eletrônica, enfatizando o que Steven Feld (1991) chamou de as "conseqüências do som", ou seja, tratar o som como principal mediador na articulação dos elementos presentes, destacando o seu poder evocativo (Reddy, 1997) – uma

[1] Uso "dançantes" em vez de "dançarinos", porque esta última palavra normalmente é associada a modos profissionais de dança. Por outro lado, nem todos os freqüentadores dançam.

condição de possibilidade própria às músicas eletrônicas dançantes. Claramente, a música como meio evocativo de emoção é uma qualidade presente nos mais diversos estilos de música. O que estou ressaltando é que, para as músicas eletrônicas dançantes, o único modo de avaliação e de apreensão pragmáticas se dá a partir da sensação evocada.

Seguindo essa direção, pretendo analisar o "trabalho das sensações" propiciado pela experiência nessas festas através da relação de três idéias-chave: o espaço performativo dos clubes, a "produtividade da repetição rítmica" e o DJ como catalisador das sensações. Basicamente, parto do trabalho de campo realizado em diversos clubes e festas que tocam música eletrônica (principalmente *house*, *tecno* e *drum'n'bass*), entrevistas com DJs e algumas resenhas de festas escritas por integrantes da lista de discussão na Internet, a *BR-raves*.

No debate sobre as emoções, ultimamente a antropologia, menos preocupada em tentar localizar as emoções como experiências biológicas e intrapsíquicas ou como fortemente construídas dentro de uma teia de significação cultural, tem se preocupado em dissolver dicotomias, como as de "biologia e cultura" (Reddy, 1997), "significado e sentimento" (Leavitt, 1996), para ir ao encontro de um corpo *biológico* que "*habita o mundo* (cultural)" (Csordas, 2002). Como afirma Leavitt: "Usamos precisamente os termos e conceitos de emoção para referir-nos a experiências que envolvem ambos significado e sentimento, mente e corpo, cultura e biologia". (Leavitt, 1996:515)[2]

---

[2] Ambos, Csordas (2002) e Leavitt (1996), concordam com o fato de que não necessariamente a linguagem constrói a realidade. Se para Geertz (2001) não interessa à antropologia saber o que habita "dentro da cabeça de alguém" e que as emoções só interessam à medida que passam a ser sociais, Leavitt argumenta que "as emoções não são mais internas do que os atos de cognição; da mesma maneira que não sabemos o que o outro sente em seu interior, também não sabemos o que o outro quer dizer quando diz alguma coisa. Em ambos os casos interpretamos: postulamos sentidos para palavras, gestos ou para o pranto"(Leavitt, 1996), e Csordas propõe a abordagem do *embodiment* para analisar a experiência e sair de um estudo centrado na representação (Csordas, 2002).

Essas reflexões apresentam-se bastante proveitosas para este trabalho, que pretende lançar um olhar mais apurado à *experiência vivida*. Segundo Csordas (2002), *experiência* "é concreta, palpável e *embodied* e não abstrata, interna ou mental". Esta estaria diretamente relacionada ao imediatismo do significado – imediatismo no sentido de sua concretude, no ato de reconhecimento e registro. E haveria certos campos privilegiados para o estudo da experiência, principalmente aqueles em que não existe a mediação do discurso como veículo no trabalho de campo.[3] A proposta do *embodiment* como um modo de "metodologia" para a apreensão da experiência é interessante para o que aqui proponho como *sensação*.

A noção de *sensação* em uso corrente é utilizada tanto para designar algo que remete à esfera das emoções quanto à esfera dos sentidos. É uma categoria que flutua entre esses dois termos, que os confunde, indicando, de fato, a difícil separação entre essas duas esferas. Na própria literatura antropológica, que se denomina "antropologia das emoções" (Lutz & White, 1986; Rosaldo, 1984) e "antropologia dos sentidos" (Howes, 1999; Herzfeld, 2001), emoções e sentidos são usados em alguns casos como denotadores de um mesmo significado. E talvez a diferenciação entre sentidos e emoções tenha surgido mais como um esforço de enfatizar a primeira ou a segunda das esferas, a primeira remetendo ao sensorial e a segunda, à vida emocional.

Não pretendo questionar a demarcação ou o desmembramento desses significados; somente utilizarei a idéia de *sensação* porque esta é produtiva para apreender o contexto específico das festas regidas ao som eletrônico e possibilita englobar ambas as esferas dos sentidos e das emoções, além de ser a categoria-chave ou emblema das experiências vividas nas festas de música eletrônica. A noção de *trabalho* surge para dar conta de algo construído pro-

[3] O próprio autor enfatiza que o *embodiment* não nega a representação, mas problematiza a relação entre o corpo sujeito e o corpo objeto. Ao mesmo tempo que tenta "liberar o corpo de ser um escravo da textualidade", o *embodiment* é o reconhecimento de que o corpo como organismo não é uma entidade fixa e indeterminada. O corpo tem uma história, transforma-se constantemente por causa da cultura. (Csordas, 2002)

positalmente e especificamente para o jogo das sensações. Juntos, *trabalho* e *sensações* versam sobre uma experiência em que passeiam *sensações* fabricadas e efêmeras, dentro de um espaço e uma temporalidade circunscritas. Todos os elementos presentes durante a festa são indicadores de uma "fábrica" de sensações.

De algum modo ou de outro, alguns autores vêm trabalhando essa *experiência vivida* através das músicas dançantes. Walter Hughes, em seu "Empire of the beat: discipline and disco"[4] (1994), afirma que:

> Enquanto a letra de uma música *disco* é simples de um modo caracteristicamente redundante, a batida é implacável, nos move, nos controla, nos priva de nossa vontade. Dançar torna-se uma forma de submissão à batida dominadora (...) O paradoxo assustador da era tecnológica, de que as máquinas criadas como escravos artificiais, de algum modo, escravizarão e até mesmo mecanizarão seres humanos, é ritualmente performatizada na discoteca. (cf . Hughes, 1994)

Já Kruger e Richard (1998), em seus argumentos sobre as festas de música eletrônica na Alemanha, utilizam a metáfora da "*fun factory*" em que os dançantes realizam um modo diferente de "trabalho": o dançar contínuo. Essa metáfora está relacionada ao fato de que as festas embaladas ao ritmo de música eletrônica têm durabilidade mais longa, e os seus participantes a atendem primordialmente para dançar durante horas e horas seguidas. Para os autores, trata-se de uma forma provocativa de expressão, porque essa espécie de "trabalho" não produz possibilidades econômicas para se viver; muito pelo contrário, constitui um puro e interminável prazer para aqueles que estão continuamente na pista de dança. (cf. Kruger e Richard, 1998)

Também Jouvenet (2001) afirma que, facilitada pelo gigantismo sonoro e pelo aspecto surrealista do ambiente, a música, nesse contexto, contribui para um espaço social em parênteses,

---

[4] Para esse autor, a música *disco* também engloba os gêneros eletrônicos atuais.

quebrando a rotina dos atos cotidianos. A criação desse espaço diferenciado, segundo esse autor, é também causa da seleção de discos, cuidadosamente escolhidos fora dos circuitos de difusão dominantes e rapidamente substituídos por outras ou novas versões. Essa inclinação para o instantâneo, para o fugidio, mostra uma rejeição explícita a "experiências banais". (Jouvenet, 2001:51)

Espaços-festa

As músicas eletrônicas dançantes circulam em um campo múltiplo de discursos que engloba diversos gêneros que são tocados em discotecas e clubes. Esse metagênero ganha sentido primeiramente em oposição ao *rock* em meados dos anos 1960. Enquanto o *rock* começava a se distanciar de seus modos dançantes, surgia a *dance music*, composta de sons rítmicos e feitos principalmente para dançar. O seu desenlace se deve basicamente a dois fatores: o desenvolvimento tecnológico nos meios musicais e os *espaços* em que se criaram "culturas dançantes".

É importante analisar esses espaços, levando em conta que estes não se limitam a ser um mero contexto, sendo parte constitutiva da *performance* (Blázquez, 2002). Por combinarem trabalho, lazer e informação estética, os espaços onde se criam e se tocam as músicas dançantes estão em constante transformação, pois vão se revestindo de diversas maneiras, alterando seus nomes, suas localidades, sua estética, à medida que vão se criando novos modismos. Os *lugares*, como as boates e clubes, são sempre *estratificados* de modo imbricado. "Inúmeros são os elementos exibidos em suas superfícies", é uma colagem em que os seus "movimentos infinitesimais, atividades multiformes (...) todos seres de propriedades mal definidas em perpétua interação" dão a ilusão do imóvel (Certeau, 1994). Trata-se de uma falsa inércia, quase um "princípio invariante" (Paz, 1991). As boates e clubes têm vida curta. Estão sempre abrindo e fechando em diversos "espaços geométricos" dos centros urbanos. Devem ser maleáveis, para se transformarem de acordo com o momento. São "vetores frágeis", como os *outdoors*, a televisão, por não disporem de nenhuma estabilidade e entrarem no rápido circuito da moda.

Esses espaços funcionam como espécies de "não-lugares" (Augé, 1994), por onde transitam e se concentram fluxos de *soundscapes*. (Appadurai, 1997; Cannevacci, 1999) Boate, cidade, quadra de rua, galpão abandonado, sítios fora dos centros urbanos são todos "lugares" transformados em "espaços" pelo "movimento" que implica a transformação de um "lugar" em um *espaço-festa*. (Certeau, 1994)

Muitas vezes erguem-se festas em *lugares* que normalmente estão vazios ou que são revestidos especialmente para essas ocasiões. Tanto em lugares abertos – em casas ou fazendas fora dos perímetros da cidade – quanto em lugares internos – como as boa-tes ou hangares abandonados, incluindo os que são associados ao som eletrônico – há sempre o *movimento* que implica a criação de um *espaço*. E, para a sua confecção, produtores, iluminadores, *designers*, artistas e DJs se unem para criar um *espaço* específico para a festa de música eletrônica.

Além de se diferenciarem das outras boates por terem o seu *pico de noite* ou início por volta das quatro da manhã, no horário *after-hours*, têm suas ambientações mais escuras, mesmo nas pistas de dança; utilizam muita fumaça, luzes a raio *laser*, *flashes*. Os corredores são sempre sombrios, escuros. Normalmente a estética desses ambientes varia entre algo mais asséptico, embora escuro, negro, ou algo meio futurista, como canos, as cores cinza e prateado, ou decorações com grandes armações de ferro. Ou uma estética mais reminescente do *acid house* (espécie de mito de origem da cena *clubber*), usando vermelho, rosa, cores vibrantes em geral, motivos infantis, como laços, pirulitos e fumaças coloridas.

Na maioria dos clubes há vários ambientes de estar, com camas, almofadas, vídeos. Há sempre um ou mais bares. Alguns têm mais de uma pista e há outros, usualmente os menores, com somente uma pista. Os DJs tocam em cabines, pequenas elevações ou minipalcos, sempre um pouco afastados da pista. Não há um padrão para especificar esses lugares. Elevação alçada do teto, grande cabine, pequena cabine, aberta ou fechada. Às vezes a cabine também abriga o sistema de iluminação, outras vezes o DJ e o iluminador se colocam em espaços diferentes. Enfim, os elementos dos clubes são os mesmos, só variam as suas posições.

Por mais que os DJs tenham se tornado personalidades e atuem em palcos os mais variados, integrando em suas *performances* modelos de apresentação ao vivo, não se perdeu a idéia de que o evento no qual o DJ toca é a festa, independentemente do lugar geográfico ou do que trata o evento. E na noção de festa já está imbricada a idéia de que não há posições bem definidas entre palco e platéia, como ocorre em um *show* ou concerto. Os espaços das festas são construídos para que todos ali presentes sejam imagens e espectadores ao mesmo tempo. Os DJs são, ao mesmo tempo, imagem do público e espectador deste. O público, por sua vez, é espectador do *DJ*, das imagens nos telões, dos raios *laser*, dos outros dentro da pista de dança.

Partindo desse jogo múltiplo de olhares, a festa pode ser considerada uma obra de arte coletiva. Hans-Georg Gadamer introduz a idéia de que entre as bases antropológicas de nossa experiência de arte estariam o jogo, o símbolo e a festa. Sobre a festa, diz o autor:

> Se há algo relacionado com toda a experiência da festa, este algo é o que impede todo isolamento de alguém frente a outrem. A festa é coletividade e a representação da própria coletividade, em sua forma acabada. Uma festa é sempre para todos (...) ao mesmo tempo que o festejar não é algo senão para aquele que participa dele. (Gadamer, 1985:61, 75)

O que o autor mais ressalta é a noção de *tempo próprio* como característico de qualquer experiência artística. Para ele, o tempo próprio da festa se oporia à experiência pragmática do tempo, "o tempo de que se dispõe, que se divide, que se tem ou não se tem ou que se pensa que não se tem" (Gadamer, 1985:64-65). Nos dois extremos dessa concepção estariam o "vazio da monotonia" e o "vazio da atividade". O tempo da festa, por sua vez, já é preenchido, ali "o tempo não é contado, e não se agrega uma lenta seqüência de momentos vazios". Há, sim, uma *continuidade do mesmo fluir do tempo*. E esse levar o tempo a demorar-se é o que caracteriza para o autor o ato de festejar, algo presente também em toda experiência de obra de arte.

As festas seriam uma busca de "temporária perfeição" em um "mundo imperfeito", seriam parte "*of man's quest for Grace*". (Bateson, 1972:129) Para Bateson, a experiência artística (assim como a religiosa) se daria ao chegar-se a um estado em que se perde do processo consciente, das noções de tempo contado e espaço circunscrito.

A produtividade da repetição rítmica

Tendo até agora discutido os espaços das festas, passarei à música eletrônica, ressaltando algumas de suas características, principalmente a da produtividade da repetição rítmica. Dentro do universo *pop*, o metagênero música *dance*, segundo Thornton (1996) e Reynolds (1998), foi um gênero subestimado por críticos musicais e pela sociologia. A crítica de *rock* sempre se centrou no sentido semântico da música, muito relacionado à letra musical, enquanto as músicas dançantes dariam conta mais de um aspecto sensorial que, a princípio, daria uma impressão de "vazio teórico". E desde Adorno até Baudrillard, as últimas são vistas como a pior das formas musicais populares, por sua suposta fórmula simplificada, não havendo lugar para a criatividade e invenção. O espaço vazio na bibliografia sobre as músicas dançantes está rapidamente sendo preenchido em todos os seus âmbitos na última década.

Algumas características relevantes para se pensar a música eletrônica para o "trabalho das sensações" seriam que, em termos estéticos, as músicas eletrônicas dançantes levam às últimas conseqüências a realização do projeto pós-modernista. O passado é visto como um grande depósito; a ele se recorre a fim de se buscar o que for necessário. A considerável sobreposição entre suas várias formas e as fronteiras móveis e pouco nítidas e a resultante fragmentação em diversos subgêneros, muitas vezes com tênues variações, fala de um período em que a atenção se volta para a "variabilidade potente". Uma única música é modificada em centenas de possibilidades, mudando a ordem, a remixagem, ou sendo recortada. A virada está na rapidez e na facilidade com que isso é realizado.

Segundo Calil, "há uma dilacerante desconstrução e conseqüente moderadora reconstrução da memória" nesses gêneros (1996:17).

Esse esvaziamento ou perda de uma "estrutura original" mostra uma quebra com a importância outorgada a inícios, meios e fins. Refletindo sobre o panorama geral da música atual, Hermano Vianna fez um prognóstico, durante nossa entrevista, de que em breve "você vai vender programas ou pedaços de música para outras pessoas irem criando suas próprias músicas", e enfatiza que "cada vez mais vai ter menos música pronta".[5] Poderíamos dizer que se trata da *obra* tornando-se *texto*. A obra não tem mais um caráter finito e inalterável, quase sagrado, passando a ser mais da ordem do *processo* do que do *objeto*. Se as máquinas, por um lado, segundo Wisnik (1999:217), eliminam as "granulações dinâmicas", as "flutuações irrepetíveis" produzidas pelo intérprete artesanalmente, ao mesmo tempo, "os *samplers* e os seqüenciadores oferecem vivas perspectivas para a leitura do passado musical em seu diálogo com o presente".

Mas o que mais interessa para a argumentação aqui apresentada é a qualidade rítmica e repetitiva das batidas percussivas. Os ritmos dos estilos musicais eletrônicos estão sempre sujeitos ao pulso das batidas de percussão, como ferramenta hipnótica. As bpms (batidas por minuto) são uma das marcas de diferenciação entre um som e outro; assim, uma das diferenças entre a *disco music* e a *tecno* é que a primeira tem em média 70 bpms e a segunda pode chegar a 170 bpms, com alguma variabilidade.

A linguagem é subordinada às batidas e efeitos eletrônicos sonoros e assim é esvaziada de qualquer pretensão em termos de ter um *sentido*. É uma música feita para o corpo e não para a mente, por isso impera a potencialidade musical das *sensações* sobre os *significados*. (Reynolds, 1996; Hughes, 1994) Quase não há a linguagem no sentido semântico, ficando reduzida a uma repetição seqüencial, um mero eco vocal da própria batida. E é a partir do ritmo que se constrói a sintaxe.

---

[5] Entrevista realizada pelo Núcleo de Estudos Musicais (NUM/Cesap/Ucam), do qual sou pesquisadora, em 2003.

Segundo Deleuze e Guattari (1997:120),

> o *ritmo* é critico e não dogmático, ele liga os instantes críticos, ou se liga na passagem de um *meio* para outro. Mudar de *meio*, reproduzindo com energia, é o ritmo (...). Um meio existe efetivamente através de uma repetição periódica, mas esta não tem outro efeito senão produzir uma diferença pela qual ele passa para um outro *meio*. É a diferença que é rítmica, e não a repetição que, no entanto, a produz. Essa repetição produtiva não tinha nada a ver com uma medida reprodutora. (Deleuze & Guattari, 1997:120)

Talvez, o melhor modo de explicar seja por meio da imagem espectral (seguir imagem adiante). Nesta imagem há uma superposição de estratos horizontais. Cada um desses estratos é feito de um som diferente. O que a padroniza é o pulso que vai acompanhar toda a faixa da música. O pulso usualmente é levado pela primeira camada ou camada de base, que é composta pela batida, ou bumbo. A partir dessa camada vão se acrescentando diversos outros sons, e cada som conforma um estrato diferente da faixa.

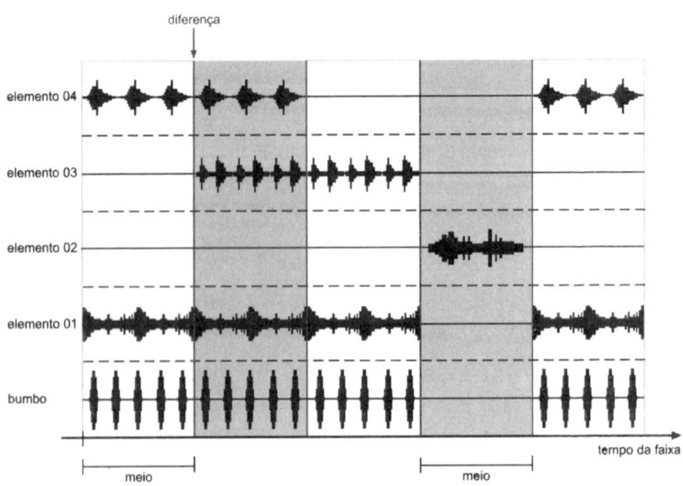

Agora, se desenharmos uma linha perpendicular aos estratos a cada vez que houver uma nuança de intensidade entre as sonoridades presentes, ou quando uma é extinta e outra sonoridade aparece, temos os intervalos, os *meios*, seguindo a terminologia de Deleuze e Guattari na citação anterior. Dentro dos *meios* encontram-se as *repetições periódicas*. Haverá mais ou menos camadas formadas por repetições periódicas dependendo do gênero. Quando a repetição periódica se transforma em outra repetição periódica, ou seja, quando nos damos conta de que estamos em outro *meio*, há a produção de diferença (ou de notícias de diferença), que produz informação – se entendermos, como Bateson, que "informação é a diferença que produz diferença".[6]

A jornada musical do *DJ*

Mesmo que os disc-jóqueis tenham estado presentes em várias esferas musicais, é somente com a música *disco* e com a música *hip-hop*, nos anos 1970, que os DJs se tornam agentes e inventores, mostrando por meio da tecnologia as suas capacidades como inventores de gêneros musicais. Desde o *reggae* e do *dub*, do *disco* e *hip-hop*, nos anos 1970, dos estilos *garage* e *chicago house* e do *tecno* de Detroit ao longo dos anos 1980, até, na Inglaterra, o *jungle* e todas as suas variantes e desenvolvimentos nos anos 1990 são todos gêneros musicais criados por DJs e produtores. *Mixar* discos tornava-se um modo de *performance*, e o uso do *sampling*, um modo novo de composição. Essa "composição" tem como fundamento o fato de que, como afirma Jacques Attali, "ritmos e sons são o modo supremo de relação entre corpos", um "pretexto para festival", uma "criação coletiva" de "intercâmbio entre corpos" (cf. Attali, 1985).

A partir de uma dupla atenção sensorial – a visual e a auditiva –, o DJ conseguirá criar uma nova unidade que vai além de organizar uma colagem do repertório disponível. Ele montará

[6] A ponte entre mapa e território é *diferença*. São somente as *notícias de diferença* que podem realizar o deslocamento do território ao mapa. E esse fato é a constatação epistemológica básica sobre a relação entre toda a realidade lá fora e a percepção aqui dentro.

uma jornada musical, como me afirmou o jornalista e DJ de *tecno* Camilo Rocha:

> O DJ tem que ter o dom de montar seqüências. Não é só colocar música e depois colocar outra. Você pensa toda uma viagem. Se você vai tocar por duas horas, você tem que pensar em termos de que direcionamento tomar. Você faz como se fosse uma *jornada musical.*

Também Jouvenet afirma que "o trabalho do DJ consiste em regular o jogo entre o seu plano de ação expressiva e as suas próprias emoções de auditor – é disso que se constitui a matéria-prima" de sua jornada musical (2001:46).

Ao contrário das *performances* de *punk rock*, em que tudo está sempre prestes a ser interrompido e terminar abruptamente, em que não há uma viagem possível a ser empreendida pelo público, só havendo o ruído e a dureza das apresentações, segundo Janice Caiafa (1985), as apresentações dos DJs, assim como a atmosfera da festa, são realizadas para levar o público a uma viagem sensorial e corpórea. Uma viagem que também se distancia daquela vivida em *shows* de *rock* dos anos 1970, quando as pessoas associavam esse tipo de som ao uso de LSD. Enquanto a "viagem" empreendida nesses concertos era mais "mental", a "viagem" percorrida nas festas de música eletrônica tem a ver com o efeito da música sobre os corpos na pista de dança.

O trabalho das sensações ou a produtividade da repetição rítmica na pista de dança

O trabalho das sensações se relaciona com a jornada musical empreendida pelo DJ, da qual falamos há pouco, e com a "produtividade da repetição rítmica", também já mencionada. Essas duas propriedades podem ajudar a descrever os "modos de estar nas festas" dos dançantes. (Csordas, 2002)

A produtividade da repetição rítmica na pista de dança é fundamental, e devemos retomar a metáfora das camadas estratificadas da música eletrônica. A acentuação inferida pelo DJ em momentos específicos em cada uma dessas camadas de diferentes texturas musicais, chamadas de *meios*, produz diferença, e são essas *notícias de diferença* que fazem dançar.

Em uma jornada musical, o DJ brinca com as possibilidades de tensão e repouso, tensão e relaxamento, e os dançantes, como um todo, acompanham essas nuanças com uma maior concentração dos corpos em momentos de maior intensidade e maior dispersão em momentos de menor intensidade. Essa sensação é caracterizada por uma menina, referindo-se a uma festa à qual havia comparecido:

> E enquanto o DJ *arrasava* com seu *set*... eu me arrasava na pista... na *montanha-russa*... Sobe... Sobe... Sobe... Tibum... Despenca... *putz*!... que noite!!!!!!... UFA!!!

Essa "montanha-russa" é o que estou chamando do trabalho das sensações nas experiências de música eletrônica, e a seguir falarei dos quatro elementos necessários para que se produzam os efeitos da repetição rítmica positiva: a diluição entre o eu e a música e o contínuo movimentar-se dos corpos.

1. A velocidade das bpms é um dos determinantes para o grau de velocidade dos corpos em movimento. A comparação entre uma pista em que esteja sendo tocado *drum'n'bass* e outra que esteja tocando *house* é proveitosa para ilustrar essa questão. As bpms do *drum'n'bass* podem chegar a uma velocidade muito alta, e por isso usualmente se vêem as pessoas em um movimento intenso e rápido, quase sacolejando para acompanhar as batidas, ao passo que, em uma pista de *house*, a intensidade das batidas é menor e os corpos se movimentam de acordo, em um balanço relativamente mais suave, mas nem por isso menos animado.

2. O ambiente sonoro é construído por meio de um muro de som potente em que todos os "tijolos são sonoros" (Deleuze & Guatari, 1997) e que produz a liberdade de uma comunicação não presa aos parâmetros da fala entre todos os participantes, já que a fala é impossível. Essa muralha de som retumba dentro dos próprios corpos através da sensação física propiciada pela linha-de-baixo das batidas eletrônicas.

À medida que você se afasta das caixas de som, para fora, passa a ter uma sensação definitiva de estar *saindo* de um ambiente, e, quanto maior a proximidade das caixas de som, maior a sensação de estar *entrando* no ambiente sonoro. Essa medida é habilitada pelas reverberações das batidas sentidas dentro do corpo. E essas reverberações causam sensação de euforia quase instantânea, mesmo se ouvidas ainda de longe, quando se está chegando ao espaço-festa. A possibilidade promissora de estar envolto pelo som e que este repercuta dentro do corpo engata essa sensação de euforia, como descrito por uma menina: "Quando entramos no elevador a gente ia subindo assim, ficando mais perto da festa e o BUM, BUM, BUM ficando mais e mais alto... Nossa, a maior *emoção*!"

3. À ambientação sonora devem ser somados os estímulos visuais, como as luzes estroboscópicas, os raios *laser* e as imagens em telões. As luzes coloridas atravessam a pista, levemente iluminando e tingindo os dançantes. Há vezes em que só se utiliza a luz branca e, de repente, no espaço escuro, vêem-se imagens dos outros dançantes e de si próprios como instantâneos fotográficos; a fumaça branca sai do chão e se espalha entre os dançantes, provocando a sensação de se perderem uns dos outros. Os raios *laser* são utilizados de diversos modos em diferentes festas, às vezes como raios coloridos que atravessam o teto, outras vezes formando uma verdadeira camada entre os dançantes, que é quase possível tocar. Os vídeos mostram imagens digitais repetitivas, toda vez que o olhar bate, sempre a mesma incitação à repetição.

As imagens repetitivas dos telões, confeccionadas especificamente para serem vistas nessas ocasiões, o jogo de luzes e a fumaça, além do som que cobre todo o ambiente e da escuridão proposital, geram uma atmosfera de liberdade na qual todos os corpos se sentem à vontade para se movimentar "livremente" entre os outros corpos. Como diz o DJ de *house* Gil Bárbara:

> O público está mais pela viagem do DJ. A música eletrônica é introspectiva, interna. Na verdade cada um sente uma coisa quando está dançando independente de droga ou de qualquer bobagem. É uma coisa muito tribal.

Em toda essa situação que venho descrevendo há a sensação de se estar "inventando um mundo", e o desconhecido ao seu lado é aceito por estar compartilhando e construindo essa experiência junto com você. A disposição dos corpos individuais pelo espaço da pista varia. Música eletrônica se dança sozinho; chega a se perder o formato de círculos em torno de conhecidos, como é de praxe em diversas festas. Mas, de qualquer modo, algumas pessoas dançando mais próximas podem indicar que se conhecem.

Tampouco se devem ignorar os vários estimulantes consumidos nas festas para potencializar e poder manter a energia durante várias horas seguidas. Por mais que o *ecstasy* seja a droga mais consumida nelas, outras drogas e bebidas alcoólicas misturadas com bebidas energéticas fazem parte das probabilidades. Relativamente, é possível afirmar que essas festas são pequenas esferas efêmeras de "*drug-free zones*", como alguns *shows* de *rock* e *reggae*. Do ponto de vista "dos dançantes", essas substâncias teriam seu lado *positivo*, podendo possibilitar uma sensação próxima, que Gregory Bateson descreve em algumas de suas experiências com LSD:

> O desaparecimento da divisão entre o *eu* e a *música* que estava ouvindo. Aquele que percebe e a coisa percebida tornam-se estranhamente unidas em uma entidade única. Este estado é certamente mais correto do que o estado em que parece que "eu ouço a música". (Bateson, 1972:463)

Esse desaparecimento entre a divisão do "eu" e da "música", já que esta pulsa dentro de cada um, habilita ao mesmo tempo uma total concentração e uma absoluta desconcentração em relação ao entorno. Essa união entre os elementos "eu" e "música" gera uma sensação em que se perde a noção de que movimentos estão sendo empregados; é como se os membros do corpo se movessem por si próprios. Como diz Bateson, sobre a dança balinesa:

> Qualquer um pode – ao ignorar ou reprimir a percepção das metainjunções que controlam os parâmetros – ter a experiência reflexiva de ver a própria perna mover-se invo-

> luntariamente; e este tremor oscilante pode desempenhar a mesma função que os movimentos involuntários da mão na indução do transe hipnótico. O movimento involuntário é primordialmente um objeto desvinculado de percepção: "eu" vejo a minha perna se mover mas "eu" não provoquei o movimento. Essa desvinculação do objeto sugere duas linhas de desenvolvimento: 1) a possibilidade de "uma experiência fora do corpo", e 2) a possibilidade de integração com fins de perceber o corpo como uma entidade autônoma e destituída do ego. Tanto o "eu" desvinculado quanto o "corpo" desvinculado podem se tornar focos de uma elaboração. (Bateson, 1991:85-86)

Ambas essas linhas de desenvolvimento – a de uma "experiência fora do corpo" e a de um "corpo desvinculado de si" – são cabíveis de ser vividas na experiência do dançar aos ritmos das batidas hipnóticas. Tem-se uma idéia de que há uma propriedade intrínseca à música, independente de quaisquer outros estimulantes, que levaria a se sentir, de algum modo, "alterado".

Independente das bpms e dos diferentes gêneros musicais da música eletrônica, as diversas sobreposições, camadas estratificadas, desses gêneros em geral disponibilizam ao longo da viagem sonora uma abertura para a criação de movimentos de acordo com os inúmeros ritmos possíveis dentro da estrutura, e o corpo vai escolhendo por si em cima de qual camada rítmica mover-se; movimentos que podem variar entre pequenos pulos, como um *jogging* sem sair do lugar, com leves deslocamentos das articulações em geral, a movimentos puramente da cabeça, para qualquer lado, ou até mesmo o único movimento do braço, da mão ou do pé. Formatos de ondulações ou cortes secos dos braços, de acordo com o ritmo. Ao contrário de outros estilos musicais, que têm um modo de dançar mais estilizado, o importante nesse caso é haver uma relação direta entre o movimento corporal e o ambiente sonoro e visual.[7] Isso não quer dizer

[7] Só para mencionar alguns gêneros contemporâneos, no *hip-hop*, o *break-dancing* é um modo bastante estilizado, envolvendo um preparo físico para rodopiar no chão, com os ombros, por exemplo, e fazer pequenas piruetas; o forró é também estilizado, envolvendo a necessidade de um

que não existam alguns modos de estilização. Os gritinhos, levantar os braços em alguns momentos todos juntos, os apitos (prática mais disseminada em *raves* atualmente), cantarolar em cima de um som conhecido, bater palmas após uma boa "virada" do DJ são algumas das possíveis estilizações dentro das festas.

As noções de intensidade, euforia e sensação são fundamentais para se compreender a contínua repetição dos movimentos corporais. Corpos em movimento geram calor – embora alguns estimulantes, inclusive o próprio *ecstasy*, possam dar a sensação de frio –, e em algumas ambientações com pouca refrigeração tem-se o efeito do suor acumulado subir ao teto e pingar em cima dos dançantes.

Ao longo da festa, a pista de dança é levada através de um jogo de intensidades, pequenas subidas e descidas, mas nunca a um clímax final. Estaria mais próxima de uma busca do *plateau* da música balinesa, tal como descrita por Bateson (1977).[8] Os freqüentadores da festa, profundamente envolvidos com o ambiente

---

par para se dançar. Além do mais, há vários cursos disponíveis para se aprender a dançar forró e para se aprender o *break*. O *funk* carioca seria, a princípio, menos estilizado do que os dois exemplos até agora apresentados, mas assim mesmo os dançarinos criam e copiam coreografias relacionadas aos vocais e no ritmo das batidas. Marcando uma bela oposição com os dançantes de música eletrônica, os *punks* também, a princípio menos estilizados, segundo Janice Caiafa, "empurram muito enquanto dançam. O movimento é de fustigar o chão com os cintos e as correntes, inclinando-se para frente e retrocedendo, inclinando-se novamente e girando o corpo para os lados como que isolando seu território com uma arma. Essa dança-luta não tem nenhum movimento mais ameno, nenhum volteio" (Caiafa, 1985:31). Entre outros modos de dança, é possível afirmar que a dança da era disco era mais estilizada, assim como a prática do *head-banging* em algumas modalidades de *rock*.

[8] Segundo Bateson, geralmente "*the lack of climax is characteristic for Balinese music, drama, and other art forms. The music typically has a progression, derived from the logic of its formal structure, and modifications of intensity determined by the duration and progress of the working out of these formal relations. It does not have the sort of rising intensity and climax structure characteristic of modern Occidental music, but rather a formal progression*" (Bateson, 1976).

sonoro, saem daquele clima com muita dificuldade. Trata-se de uma sensação parecida com a vivida diante dos *videogames* ou da televisão. Os corpos, muitas vezes regados a *ecstasy* e outros estimulantes, ou mesmo puramente pela música, sentem que podem continuar indefinidamente, e só param quando o DJ interrompe o som. Nesse momento, tem-se a sensação abrupta de acordar e, em diversas ocasiões, a festa continua, mais branda, em *chill-outs* que ocorrem no decorrer do dia seguinte. A euforia é tão grande que só aos poucos, e em uma extensão longa de tempo, tem-se a sensação de que o corpo está de fato cansado.

*

Parafraseando Benjamin (1986), poderíamos dizer que, no mundo de hoje, vivemos o dia a serviço da máquina. Não vivemos sem computadores, celulares, centenas de imagens digitais pelas ruas do mundo multicor e super-real. Nossa atenção tem de ser a cada momento mais aguçada para filtrar e lidar com tanta informação, como diria Simmel (1976).

Durante a noite, por outro lado, nas festas de música eletrônica, há de novo, como durante o dia, centenas de informações ocorrendo ao mesmo tempo: estão nos raios *laser*, na fumaça, nas luzes, nas imagens digitais dos telões, nas múltiplas *performances* envolvidas, sejam elas do DJ, que também proporciona "imagens" através das músicas repetitivas, sejam do próprio público. Estamos em um ambiente que, como o cinema, é tomado de informações, velocidade e cores, mas, nesse caso, você pode transitar entre os espaços, sentir-se dentro de uma *performance*, em um ambiente encharcado de tanto movimento. De noite, as pessoas trabalham de modo rítmico, repetitivo, encapsuladas em paredes de som dentro do corpo e do ritmo no ambiente. De noite, durante toda a noite e no dia seguinte, você pode burlar-se dos que trabalham de dia, dos que seguem o cotidiano repetitivo de contar horas, minutos, segundos. De noite, a superabundância de tecnologia está aí presente para o seu usufruto, não para virar uma ferramenta, uma necessidade básica indispensável. Tantas informações disponíveis para não haver pensamento possível, para se deixar levar, horas e horas, pelo trabalho do corpo.

Talvez as festas que temos hoje em variados cantos do mundo que têm um DJ como centro, mixando inúmeras faixas de música eletrônica, estejam simplesmente subvertendo a norma para depois confirmá-la. Mas talvez essas festas possam também ser o único modo de vingança desse mundo tecnotizado.

Referências Bibliográficas

ABÍLIO, Ludmila *et al. A mancha da avenida Waldemar Ferreira*. Relatório final apresentado para a disciplina "Pesquisa de Campo em Antropologia". São Paulo: Departamento de Antropologia – USP, 2000.

ABRAMO, Helena Wendell. *Cenas juvenis: punks e darks* no espetáculo urbano. São Paulo: Scritta/Anpocs, 1994.

ABREU, Carolina de Camargo. *O circuito das* raves *na cidade de São Paulo*: lazer e sociabilidade. Projeto de Mestrado (CNPq). Programa de Pós-graduação em Antropologia Social – USP. São Paulo, 2002.

ABU-LUGHOD, Lila. *Veiled sentiments*: honor and poetry in a bedouin society. Berkeley: University of California Press, 1988.

ALFONSI, Daniela do Amaral. *O forró universitário na cidade de São Paulo*. Relatório de pesquisa. Bolsa IC (Fapesp). São Paulo, 2003.

ALMEIDA, Maria Isabel Mendes de; TRACY, Kátia. *Noites nômades*: espaço e subjetividade nas culturas jovens contemporâneas. Rio de Janeiro: Rocco, 2003.

APPADURAI, Arjun. *Modernity at large*: cultural dimensions of globalization. Mineápolis: University of Minnesota Press, 1997.

__________. Disjuncture and difference in the global cultural economy. In: FEATHERSTONE, Mike (org.). *Global culture*: nationalism, globalization and modernity. Londres: Sage Publications, 1990.

ARNOLD, Matthew. *Culture and anarchy*. New Haven; Londres: Yale University Press, 1994 [1869].

ATTALI, Jacques. Noise. The political economy of music. In: *Theory and history of literature*, v. 16. Mineápolis: University of Minnesota Press, 1985.

AUGÉ, Marc. *Não lugares*: introdução a uma antropologia da supermodernidade. 2. ed. São Paulo: Papirus, 2001.

BANNERJI, Himani. *Returning the gaze:* essays on racism, feminism and politics. Toronto: Sister Vision Press, 1993.

BARSTED, *Hermann Vieira de Mello (orgs.). As mulheres e a legislação contra o racismo.* Rio de Janeiro: Cepia (Cidadania, Estudo, Pesquisa, Informação e Ação), 2001.

BARTHES, Roland. *Éléments de sémiologie.* Paris: Seuil, 1964.

__________. *Système de la mode.* Paris: Seuil, 1967.

BATESON, Gregory. Style, grace, and information in primitive art. In: *Steps to an ecology of mind.* Nova Iorque: Ballantine Books, 1972.

__________. Form, substance, and difference. In: *Steps to an ecology of mind.* Nova Iorque: Ballantine Books, 1972.

__________. The logical categories of learning and communication. In: *Steps to an ecology of mind.* Nova Iorque: Ballantine Books, 1972.

__________. Some components of socialization for trance. In: DONALDSON, Rodney E. (ed.). *Sacred unity*: further steps to an ecology of mind. Nova Iorque: Cornelia and Michael Bessie Book, 1991.

__________. Afterword. In: BROCKMAN, John (ed.). *About Bateson.* Nova Iorque: E. P. Dutton, 1977.

BAUDRILLARD, Jean. *A sociedade de consumo.* Lisboa: Edições 70, 1981.

__________. *O sistema dos objetos.* São Paulo: Perspectiva. 1973.

__________. *A ilusão vital.* Rio de Janeiro: Civilização Brasileira, 2000.

BAUMAN, Zygmunt *O mal-estar da pós-modernidade.* Rio de Janeiro: Jorge Zahar, 1997.

__________. *Modernidade líquida.* Rio de Janeiro: Jorge Zahar, 2001.

BAUMGARDNER, Jennifer; RICHARDS, Amy. *Manifesta*: young women, feminism and the future. Nova Iorque: Farrar, Straus, and Giroux, 2000.

BECKER, Howard. *The outsiders.* Nova Iorque: Free Press, 1963.

BENJAMIN, Walter. A obra de arte na era de sua reprodutibilidade técnica. In: *Magia e técnica, arte e política*: ensaios sobre literatura e história da cultura. Obras escolhidas. São Paulo: Brasiliense, 1986. v. 1.

BEZERRA JÚNIOR, Benilton. O ocaso da interioridade. In: __________; PLASTINO, Carlos Alberto (orgs.). *Corpo, afeto e linguagem*: a questão do sentido hoje. Rio de Janeiro: Rio Ambiciosos, 2001.

BIRMAN, Joel. Entre o gozo cibernético e a intensidade ainda possível: sobre Denise está chamando, de Hal Salwer. In: *Estilo e modernidade em psicanálise.* São Paulo: Editora 34, 1997. p. 221-233.

BIVAR, Antônio. *O que é* punk. São Paulo: Brasiliense, 1982.

BLAZQUEZ, Gustavo. El uso del espacio: los modos de estar en el baile de cuartetos. Mimeo. 2002.

BOURDOUKAN, Adla Youssef. Carpe noctem: a sociabilidade virtual de um grupo gótico. Projeto de pesquisa. Núcleo de Antropologia Urbana - USP. São Paulo, 2003.

BRITTO, Sulamita (org.). *Sociologia da juventude*. Rio de Janeiro: Jorge Zahar, 1968. Coleção "Textos Clássicos das Ciências Sociais". 4 v.

BUTLER, Judith. *Problemas de gênero*: feminismo e subversão de identidade. Rio de Janeiro: Civilização Brasileira, 2003.

CAIAFA, Janice Pereira e Silva. *A invasão dos bandos sub*: o movimento *punk* na cidade. Rio de Janeiro, 1985.

CALIL, Marines Antunes. O retrato do Nation Disco Club: os neodândis no final dos anos 80. In: MAGNANI; TORRES. *Na metrópole*. São Paulo: Edusp, 1996.

CAMPBELL, Colin. *The romantic ethic and the spirit of modern consumerism*. Oxford: Blackwell Publishers, 1987.

CAMPBELL, Colin; FALK, Pasi. *The shopping experience*. Londres: Sage, 1997.

CANCLINI, Nestor. *Consumidores e cidadãos*. Rio de janeiro: UFRJ, 1996.

CANNEVACCI, Massimo. Diversidade nômade e a mutação cultural. In: SANTOS, Rafael dos; TRINDADE, Azoilda Loretto (orgs.). *Multiculturalismo*: mil e uma faces da escola. Rio de Janeiro: DP&A, 1999.

CASTELLS, Manuel. *A sociedade em Rede*. São Paulo: Paz e Terra, 2000.

CERTEAU, Michel de. *A invenção do cotidiano*: artes de fazer. Petrópolis: Vozes, 1994. v. 1.

CEVASCO, Maria Elisa. Importing feminist criticism. In: OLIVEIRA, Solange Ribeiro; STILL, Judith. (orgs.). *Brazilian feminisms*. Nottingham: The University of Nottingham, 1999.

CHANG, Jung. *Cisnes selvagens*: três filhas da China. São Paulo: Companhia das Letras, 1994.

CLASTRES, Pierre. *Arqueologia da violência*. São Paulo: Brasiliense, 1982.

COHEN, Stanley (ed.). *Images of deviance*. Harmondsworth: Penguin, 1971.

__________. *Folk devils and moral panics*: the creation of the mods and rockers. Oxford: Blackwell, 1980 [1972].

COHEN, Stanley; YOUNG, Jock (eds.). *The manufacture of the news*: deviance, social problems and the mass media. Londres: Constable, 1973.

COSTA, Delaine Martins; NEVES, Maria da Graça Ribeiro das (orgs.). *A condição feminina nos países do Mercosul*. Rio de Janeiro: Núcleo de Estudos Mulher e Políticas Públicas - Ibam, 2002.

COSTA, Márcia Regina da. *Os carecas do subúrbio*: caminhos de um nomadismo moderno. Petrópolis: Vozes, 1993.

CSORDAS, Thomas J. Embodiment as a paradigm for anthropology. In: *ETHOS*, mar. 1990, v. 18, n. 1.

__________. What is embodiment?. Palestra pronunciada no PPGAS-MN-UFRJ, 2002.

DAMATTA, Roberto. Prefácio prazeroso para Everardo Rocha. In: ROCHA, Everardo. *Magia e capitalismo*. São Paulo: Brasiliense, 1985.

__________. *A casa e a rua*. Rio de Janeiro: Guanabara-Koogan, 1991.

DELEUZE, Gilles. *Post-scriptum*: sobre a sociedade de controle. In: *Conversações*: 1972-1990. Rio de Janeiro: Editora 34, 1992.

DELEUZE, Gilles; GUATTARI, Félix. 1837. Acerca do ritornelo. In: DELEUZE, Gilles; GUATTARI, Félix. *Mil platôs*: capitalismo e esquizofrenia. Rio de Janeiro: Editora 34, 1997. v. 4.

__________. Introdução ao rizoma. In: *Mil platôs*: capitalismo e esquizofrenia. Rio de Janeiro: Editora 34, 1995. v. 1, p. 11-37.

__________. 587 a.C. - sobre alguns regimes de signos. In: *Mil platôs*: capitalismo e esquizofrenia. Rio de Janeiro: Editora 34, 1995. v. 5, p. 61-107.

__________. 1227 - tratado de nomadologia: a máquina de guerra. In: *Mil platôs*: capitalismo e esquizofrenia. Rio de Janeiro: Editora 34, 1997. v. 5, p. 11-110.

__________. 1440 - o liso e o estriado. In: *Mil platôs*: capitalismo e esquizofrenia. Rio de Janeiro: Editora 34, 1997. v. 5, p. 179-214.

DOMINGUES, José Maurício. *Criatividade social, subjetividade coletiva e a modernidade brasileira contemporânea*. Rio de Janeiro: Contra Capa Livraria Ltda., 1999.

DOUGLAS, Mary; ISHERWOOD, Baron. *The world of goods*. Middlesex: Penguin, 1978.

DUARTE, Luiz Fernando Dias. O império dos sentidos: sensibilidade, sensualidade e sexualidade na cultura ocidental moderna. In: HEILBORN, Maria Luiza (org.). *Sexualidade*: o olhar das ciências sociais. Rio de Janeiro: Jorge Zahar, 1999.

DURKHEIM, Émile. Representações individuais e representações coletivas. In: *Sociologia e filosofia*. Rio de Janeiro: Forense, 1970.

__________. *As regras do método sociológico*. São Paulo: CEN, 1977.

ECO, Umberto. *Apocalípticos e integrados*. São Paulo: Perspectiva, 1976.

ERIKSON, Erik. Identidade, juventude e crise. 2. ed. Rio de Janeiro: Guanabara, 1987.

FELD, Steven. Sound as a symbolic system: the Kaluli Drum. In: HOWES, David (ed.). *The varieties of sensory experience*: a sourcebook in the anthropology of the senses. Toronto: University of Toronto Press, 1991.

__________. From schizophonia to schismogenesis: the discourses and practices of world music and world beat. In: MARCUS, George E.; MEYERS, Fred R. *The traffic in culture*: refiguring art and anthropology. Berkely; Los Angeles: University of California Press, 1995.

FIUZA, Silvia. Identidade jovem em camadas médias urbanas. In: *Comunicação do PPGAS*, n. 18, p. 47-82, 1990.

FOUCAULT, Michel. Des espaces autres. In: *Dits et écrits*. Paris: Gallimard, 1984. p. 752-762.

__________. *Em defesa da sociedade*: curso no Collège de France (1975-1976). São Paulo: Martins Fontes, 1999.

FREIRE FILHO, João. *A elite ilustrada e os "clamores anônimos da barbárie"*: gosto popular e polêmicas culturais no Brasil moderno. Tese de Doutorado em Literatura Brasileira. Rio de Janeiro: Departamento de Letras - PUC-Rio, 2001.

__________. O *rock* está morto, viva o *rap*! O *rap* morreu: a nostalgia da autenticidade na crítica cultural contemporânea. In: *Ícone*, v. 1, n. 6, p. 47-77, 2003a.

__________. Mídia, consumo cultural e estilo de vida na pós-modernidade. In: *Revista Eco-Pós*, v. 6, n. 2, p. 15-32, 2003b.

FREIRE FILHO, João; HERSCHMANN, Micael. Debatable tastes! Rethinking hierarchical distinctions in brazilian music. In: *Journal of Latin American Cultural Studies*, v. 12, n. 3, p. 347-358, 2003.

FRY, Peter. *Para inglês ver*. Identidade e política na cultura brasileira. Rio de Janeiro: Jorge Zahar, 1982.

GADAMER, Hans-Georg. *A atualidade do belo*: a arte como jogo, símbolo e festa. Rio de Janeiro: Tempo Brasileiro, 1985. Coleção "Diagrama", n.14.

GEERTZ, Clifford. *A interpretação das culturas*. Rio de Janeiro: LTc, 1989.

__________. Cultura, mente cérebro/cérebro, mente, cultura. In: *Nova luz sobre a antropologia*. Rio de Janeiro: Jorge Zahar, 2001.

GELL, Alfred. *Art and agency*: an anthropological theory. Oxford: Clarendon Press, 1998.

GIDDENS, Anthony. *A transformação da intimidade*. Sexualidade, amor e erotismo nas sociedades modernas. São Paulo: Editora da Universidade Estadual Paulista, 1993.

GILROY, Paul. *O Atlântico negro*. Modernidade e dupla consciência. São Paulo; Rio de Janeiro: Editora 34; Ucam, 2003.

GOFFMAN, Erving. *Gender advertisements*. Nova Iorque: Harper & Row, 1979.

GONÇALVES, Márcio Souza. *Comunicação, virtual e amor na sociedade contemporânea*. Tese de Doutorado. Rio de Janeiro: Escola de Comunicação da Universidade Federal do Rio de Janeiro, 2000.

GOODE, Erich; BEN-YEHUDA, Nachman. *Moral panics*: the social construction of deviance. Cambridge: Mass: Blackwell, 1994a.

__________. Moral panics: culture, politics and social construction. *Annual Review of Sociology*, v. 29, p. 149-171, 1994b.

GRAZIA; FURLOUGH. *The sex of things*. Califórnia: University of California Press, 1996.

GREENFIELD, David. *Virtual addiction*: help for netheads, cyberfreaks, and those who love them. Nova Iorque: New Harbinger Publications, 1999.

__________. *The net effect*: internet addiction and compulsive internet use. Disponível em: <http://www.virtual-addiction.com/neteffect.htm>. Acessado em: 19.2.2001 [2000].

GUERREIRO, Goli. *Retratos de uma tribo urbana*: *rock* brasileiro. Salvador: UFBA, 1994.

HALL, Edward. *The silent language*. Nova Iorque: Anchor Books, 1973.

__________. *Beyond culture*. Nova Iorque: Doubleday, 1976.

__________. *A dimensão oculta*. Rio de Janeiro: Francisco Alves, 1977.

HALL, Stuart *et al*. *Policing the crisis*: mugging, the State, and law and order. Londres: Macmillan, 1978.

__________. *A identidade cultural na pós-modernidade*. São Paulo: DP&A, 1998.

HANNERZ, Ulf. Cosmopolitans and locals in world culture. In: FEATHERSTONE, Mike (org.). *Global culture*: nationalism, globalization and modernity. Londres: Sage Publications, 1990.

__________. Fluxos, fronteiras, híbridos: palavras-chave na antropologia transnacional. In: *Mana*, v. 3, n. 1, 1997.

HARDT, Michael; NEGRI, Antonio. *Império.* Rio de Janeiro: Record, 2001.

HEILBORN, Maria Luiza; SORJ, Bila. Estudos de gênero no Brasil. In: MICELI, Sérgio (org.). O que ler na Ciência Social brasileira (1970-1995). *Sociologia.* São Paulo: Sumaré, 1999. v. II, p. 183-235.

HERSCHMANN, Micael. *O* funk *e o* hip-hop *invadem a cena.* Rio de Janeiro: UFRJ, 2000.

___________. Um tapinha não dói. *Funk* – zona de contato da cidade do Rio de Janeiro. In: VILLAÇA; NIZIA; GÓES, Frederico (orgs.). *Nas fronteiras do contemporâneo.* Rio de Janeiro: Mauad, 2001. p. 114-119.

HERSCHMANN, Micael; PEREIRA, Carlos Alberto (orgs.). *Mídia, memória & celebridades.* Rio de Janeiro: E-Papers, 2003.

HERZFELD, Michael. *Anthropology.* Theoretical practice in culture and society. Oxford: Blackwell Publishers Inc., 2001.

HOOKS, Bell. *Feminist theory*: from margin to center. Cambridge: South End Press, 2000.

HOUAISS, Antônio. *Dicionário Houaiss da língua portuguesa.* Rio de Janeiro: Objetiva, 2001.

HOWES, David (ed.). *The varieties of sensory experience.* Toronto: University of Toronto Press, 1992.

HUGHES, Walter. In the empire of the beat: discipline and disco. In: ROSS, A.; TRICIA, R. (eds.). *Microphone fiends*: youth music & youth culture. Routledge: Nova Iorque; Londres, 1994.

IBGE. Censo de 2000, National Household Sample Survey (PNAD), 1999.

INGOLD, Tim. The perception of the environment: essays on livelihood, dwelling and skill. Londres: Routledge, 2000.

IRIGARAY. Luce. *Speculum of the other woman.* Cornell University Press, 1985.

___________. *This sex which is not one.* Ithaca: Cornell University Press, 1988.

IWASAKI, Camila. *O improviso de todo dia*: jovens instrumentistas na cidade de São Paulo. Relatório de pesquisa bolsa IC (CNPq). São Paulo, 2003.

JAMESON, Fredric. *Pós-modernismo*: a lógica cultural do capitalismo tardio. São Paulo: Ática, 1997.

JANE, Felipe. Cachorras, tigrões e outros bichos: problematizando gênero e sexualidade no contexto escolar. In: *Revista Fazendo Escola.* Alvorada: Secretaria Municipal de Educação, 2003. v. 2.

JOUVENET, Morgan. Emportés par le mix: les *DJ* et le travail de l'émotion. In: *Terrain*. Musique et émotion, 2001. 37, p. 45-60.

KOPOMOAA, Timo. *Speaking mobile*: the city in your pocket. Helsinki: Gaudeamus, 2000.

KRAUT, R.; KIESLER, S. The social impact of internet use. In: *Psychological Science Agenda*, v. 16, n. 3, p. 8-10, 2003.

KRUGER, Heinz Herman; RICHARD, Birgit. Ravers' paradise? German youth cultures in the 1990s. In: SKELTON, Tracey; VALENTINE, Gill (eds.). *Cool places*: geographies of youth cultures. Londres; Nova Iorque: Routledge, 1998.

LEAVITT, John. Meaning and feeling in the anthropology of emotions. In: *American ethnologist*. The Journal of the American Ethnological Society, v. 23, n 3, ago. 1996.

LE BRETON, David. *L'adieu au corps*. Paris: Métailié, 1999.

LEITÃO, Carla Faria. *Os impactos subjetivos da Internet*: reflexões teóricas e clínicas. Tese de Doutorado em Psicologia Clínica. Rio de Janeiro: Departamento de Psicologia da PUC-Rio, 2003.

LEITÃO, Carla Faria; NICOLACI-DA-COSTA, Ana Maria. A psicologia no novo contexto mundial. In: *Estudos de psicologia*, v. 8, n. 3, p. 421-430, 2003.

__________. Psicologia clínica e informática: por que essa inusitada aproximação?. In: *Psicologia clínica*, v. 12, n. 2, p. 189-205, 2000.

LEITÃO, Eliane Vasconcellos. *A mulher na língua do povo*. Itatiaia Ltda., 1988.

LÉVI-STRAUSS, Claude. *O pensamento selvagem*. São Paulo: Edusp, 1970.

__________. *O totemismo hoje*. Vozes: Petrópolis, 1975.

LÉVY, Pierre. *O que é virtual*. São Paulo: Editora 34, 1995.

LIPOVETSKY, Gilles. *O império do efêmero*. São Paulo: Companhia da Letras, 1989.

LOPES, Juliana. *Nome de produto, marca de pessoa*: consumo, publicidade e classificação. Dissertação de Mestrado. Programa de Pós-graduação em Comunicação. Rio de Janeiro: Departamento de Comunicação Social - PUC-Rio, 2005.

LUTZ, Catherine; WHITE, Geoffrey M. The anthropology of emotions. In: *Annual Review of Anthropology*, n. 15, p. 405-436, 1986.

MACEDO, Suzana. *DJ Marlboro na terra do* funk. Rio de Janeiro: Dantes/ Prefeitura do Rio de Janeiro, 2003.

MAFFESOLI, Michel. *No fundo das aparências*. Petrópolis: Vozes, 1996.

MAGNANI, José Guilherme C. *Festa no pedaço*: cultura popular e lazer na cidade. São Paulo: Hucitec/Unesp, 1998.

__________. Tribos urbanas: metáfora ou categoria. In: *Cadernos de Campo*, ano 2, n. 2, São Paulo, 1992.

__________. De perto e de dentro: notas para uma etnografia urbana. In: *Revista Brasileira de Ciências Sociais*, v. 17, n. 49, 2002.

__________. A antropologia urbana e os desafios da metrópole. In: *Tempo social* – Revista de Sociologia da USP, v. 15, n. 1, out. 2003.

MANTESE, Bruna. *O movimento* straight edge *em São Paulo*: um jogo de identidades na metrópole. Projeto de Mestrado (Fapesp). Programa de Pós-graduação em Antropologia Social – USP, São Paulo, 2003.

MAUSS, Marcel. Ensaio sobre a dádiva. In: *Sociologia e antropologia*. São Paulo: Edusp, 1974.

McCRAKCEN, Grant. *Culture and consumption*. Indiana: Indiana Univesity Press, 1988.

McRROBBIE, Angela. The moral panic in the age of the postmodern mass media. In: *Postmodernism and popular culture*. Londres: Routledge, 1994. p. 198-219.

MILLET, Kate. *Sexual politics*. Nova Iorque: Avon Books, 1971.

MIRANDA, J. A. BRAGANÇA DE. *Analítica da actualidade*. Lisboa: Veja, 1994.

MISSE, Michel. *Malandros, marginais e vagabundos*: acumulação social da violência no Rio de Janeiro. Tese de Doutorado. Rio de Janeiro: Iuperj, 1989.

NICOLACI-DA-COSTA, Ana Maria. Questões metodológicas sobre a análise de discurso. In: *Psicologia*: reflexão e crítica, v. 4, n. 1/2, p. 103-108, 1989.

__________. A análise de discurso em questão. In: *Psicologia*: teoria e pesquisa, v. 10, n. 2, p. 317-331, maio/ago. 1994.

__________. *Na malha da Rede*: os impactos íntimos da Internet. Rio de Janeiro: Campus, 1998.

__________. Caught in a world wide web: the Internet and the new man. In: LARRETA, Enrique R. (org.). *Media and social perception*. Rio de Janeiro: Unesco, ISSC, Educam, 1999. p. 155-177.

__________. Internet: a negatividade do discurso da mídia *versus* a positividade da experiência pessoal. A qual dar crédito?. In: *Estudos de psicologia*, v. 7, n. 1, p. 25-35, 2002a.

__________. Quem disse que é proibido ter prazer online. Identificando o positivo no quadro de mudanças atual. In: *Psicologia*: ciência e profissão, v. 22, n. 2, p. 12-21, 2002b.

__________. Revoluções tecnológicas e transformações subjetivas. In: *Psicologia*: teoria e pesquisa, v. 18, n. 2, p. 193-202, 2002c.

NOVAES, Regina Reyes. Ouvir para crer: os Racionais e a fé na palavra. In: *Religião e sociedade*, v. 20, n. 1, 1999.

__________ *et al. Caminhos cruzados.* Juventude, conflitos e solidariedade. Rio de Janeiro: Iser, 1996.

__________ *et al.* (org.). *Juventude, cultura e cidadania.* Rio de Janeiro: Iser/Unesco, 2002.

ORTEGA, Francisco. *Utopias corporais substituindo utopias sociais: identidades somáticas e marcas corporais na cultura contemporânea.* Comunicação apresentada no Seminário Culturas Jovens e Novas Sensibilidades. Rio de Janeiro: Universidade Candido Mendes, ago. 2003.

ORTIZ, Renato. *Mundialização e cultura.* São Paulo: Brasiliense, 1994.

PAIS, José Machado. Transition and youth cultures: forms and performances. In: *International Social Sciences Journal. Special Issue: Youth in transition.* Nova Iorque: Blackwell Publishers/Unesco, 2000. n. 164, p. 219-232.

PAZ, Octavio. *Los hijos del limo.* México: Planeta Mexicana, 1991.

PEREIRA, Alexandre Barbosa. *De rolê pela cidade: um estudo sobre os pichadores em São Paulo.* Projeto de mestrado. Programa de Pós-graduação em Antropologia Social - USP. São Paulo, 2003.

PLANT, Sadie. *On the mobile*: the effects of mobile telephones on social and individual life. Disponível em: <http://www.motorola.com/mot/documents/0,1028,296,00.pdf> Acesso em: maio de 2002.

READDY, William. Against constructionism. The historical etnhography of emotions. In: *Current anthropology*, n. 38, (3), 1997.

RESENDE, Beatriz. *Apontamentos de crítica cultural.* Rio de Janeiro: Aeroplano Editora, 2002.

REYNOLDS, Simon. *Generation ecstasy*: into the world of techno and rave culture. Nova Iorque: Little Brown and Company, 1998.

REZENDE, Claudia Barcellos. Diversidade e identidade: discutindo jovens de camadas médias urbanas. In: *Comunicação do PPGAS*, n. 18, p. 5-24, 1990.

RHEINGOLD, Howard. *Smart mobs*: the next social revolution. Cambridge: Mass: Perseus Books, 2003.

RIGAMONTE, Rosani. *Sertanejos contemporâneos*: entre a metrópole e o sertão. São Paulo: Humanitas/Fapesp, 2001.

ROBERTS, S.; CRABTREE, J.; NATHAN, M. *MobileUK – Mobile phones and everyday life*. iSociety Disponível em: <http://www.theworkfoundation.com/research/isociety/MobileUK_main.jsp>. Acesso em: março de 2003.

ROCHA, Everardo. *Magia e capitalismo*. São Paulo: Brasiliense, 1985.

__________. *A sociedade do sonho*. Rio de Janeiro: Mauad, 1995.

__________. *Jogo de espelhos*. Rio de Janeiro: Mauad, 2003.

ROCHA, Everardo; DIAS, Patrícia. *Reality shows*: um estudo sobre a produção e a transformação da subjetividade na cultura contemporânea. Relatório Pibic. Rio de Janeiro: CNPq/PUC-Rio, 2005.

ROCHE, Daniel. *História das coisas banais*. Rio de Janeiro: Rocco, 2000.

RODRIGUES, José Carlos. *Ensaios de antropologia do poder*. Rio de Janeiro: Terra Nova, 1992.

ROSALDO, Michelle. Toward an anthropology of self and feeling. In: SEWEDER, Richard; LeVINE, Robert A. (org.). *Culture theory*. Essays on mind, self and emotion. Cambridge: University Press, 1984.

ROSS, Andrew. The gangsta and the diva. In: GOLDEN, Thelma (org.). *Black male representations of masculinity in contemporary american anthropology*. Nova Iorque: Whitney Museum of American Art, 1994.

RUSHKOFF, Douglas. *Um jogo chamado futuro*: como a cultura dos garotos pode nos ensinar a sobreviver na era do caos. Rio de Janeiro: Revan, 1997.

SAHLINS, Marshall. *Cultura e razão prática*. Rio de Janeiro: Jorge Zahar, 1979.

SENNETT, Richard. *A corrosão do caráter:* conseqüências pessoais do trabalho no novo capitalismo. Rio de Janeiro: Record, 1998.

SHERRY, John. *Contemporary marketing and consumer behavior*. Londres: Sage, 1995.

SPOSITO, Marília P. A sociabilidade juvenil e a rua: novos conflitos e ação coletiva na cidade. In: *Tempo social*, v. 5, n. 1-2, São Paulo, 1994.

STILL, Judith. Introduction. Identity and difference. In: STILL, Judith; OLIVEIRA, Solange Ribeiro de (orgs.). *Brazilian feminisms*. Nottingham: The University of Nottingham, Monographs in the Humanities, 1999.

STRAUS, Tamara. "Lipstick Feministas". Disponível em: <http://www.metroactive.com/papers/cruz/11.29.00/feminism-0048.html>. Acessado em: 6/12/2000.

SUGARMAN, Jane. *Engendering song*: singing and subjectivity at prespa albanian weddings. Chicago: University of Chicago Press, 1997.

TAPSCOTT, Don. *Growing up digital*: the rise of the net generation. Nova Iorque: McGraw-Hill, 1997.

THOMAS, Jim. Issues in search of an agenda. White gay racism, gay news. In: CHAPMAN; ROWENA; RUTHERFORD, Jonathan (orgs.). *Male order*. Unwrapping masculinity. Londres: Lawrence & Whishart, 1988.

THORNTON, Sarah. *Club cultures*: music, media and subcultural capital. Hanover; Londres: Wesleyan University Press, 1996.

TORRES, Lilian de Lucca. Programa de paulista: lazer no Bexiga e na avenida Paulista com a rua da Consolação. In: MAGNANI, José Guilherme C.; TORRES, Lilian de Lucca (orgs.). *Na metrópole*: textos de antropologia urbana. São Paulo: Edusp, 2000.

TURKLE, Sherry. *Life on screen*: identity in the age of the Internet. Nova Iorque: Touchstone Edition, 1995.

VATTIMO, Gianni. *The mass-overman*. In: LARRETA, Enrique Rodriguez (org.). *Media and social perception*. Rio de Janeiro: Unesco, ISSC, Educam, 1999.

__________. *O fim da modernidade*: niilismo e hermenêutica na cultura pós-moderna. São Paulo: Martins Fontes, 1985.

VEBLEN, Thorstein. *A teoria da classe ociosa*. São Paulo: Pioneira, 1965.

VIANNA, Hermano. *O mundo* funk *carioca*. Rio de Janeiro: Jorge Zahar, 1988.

__________. O *funk* como símbolo de violência. In: VELHO, Gilberto; ALVITO, Marcos (orgs.). *Cidadania e violência*. Rio de Janeiro: UFRJ, 1996. p. 78-188.

__________. (org.). *Galeras cariocas*: território de conflitos e encontros culturais. Rio de Janeiro: UFRJ, 1997.

VIRILIO, Paul. *O espaço crítico e as perspectivas do tempo real*. Rio de Janeiro: Editora 34, 1993.

WISNIK, José Miguel. *O som e o sentido*: uma outra história das músicas. São Paulo: Companhia das Letras, 1999.

WOODWARD, Kathryn. Identidade e diferença: uma introdução teórica e conceitual. In: SILVA, Tomaz Tadeu da (org.). *Identidade e diferença*: a perspectiva dos estudos culturais. Petrópolis: Vozes, 2000.

YOUNG, Jock. *The drugtakers*: the social meaning of drug use. Londres: Paladin, 1971.

YOUNG, Kimberly S. *Internet addiction*: the emergence of a new disorder. Disponível em: <http://www.netaddiction.com>. Acessado em: 20.2.2001 [1996].

____________. *Caught in the Net*: how to recognize the signs of the Internet addiction and winning strategy for recovery. Nova Iorque: John Wiley & Sons, 1998.

ZALUAR, Alba. Gangues, galeras e quadrilhas: globalização, juventude e violência. In: VIANNA, Hermano (org.). *Galeras cariocas*: territórios de conflitos e encontros culturais. Rio de Janeiro: UFRJ, 1997.

Características deste livro:

Formato: 14 x 21 cm

Tipologia: Agfa Rotis Serif 11/14 para texto,

10/12 para notas,

BentonSans 11 para títulos

Papel do miolo: Offset $75g/m^2$.

Papel de capa: Cartão Supremo 250 g/m^2

Gráfica: Sermograf

Para saber mais sobre nossos títulos e autores, acessem:

www.mauad.com.br

www.puc-rio.br/editorapucrio